Richard Koch-Sembdner

**Das Rückrufsrecht des Urhebers
bei Unternehmensveräußerungen**

Schriften zum deutschen und internationalen
Persönlichkeits- und Immaterialgüterrecht
Band 6

Herausgegeben von Professor Dr. Haimo Schack, Kiel
Direktor des Instituts für Europäisches und
Internationales Privat- und Verfahrensrecht

Richard Koch-Sembdner

Das Rückrufsrecht des Urhebers bei Unternehmensveräußerungen

V&R unipress

Bibliografische Information Der Deutschen Bibliothek

Die Deutsche Bibliothek verzeichnet diese Publikation in der
Deutschen Nationalbibliografie; detaillierte bibliografische Daten
sind im Internet über ‹http://dnb.ddb.de› abrufbar.

1. Aufl. 2004
© 2004 Göttingen, V&R unipress GmbH
Einbandgestaltung: Tevfik Göktepe
Herstellung: Books on Demand GmbH, Norderstedt

Alle Rechte vorbehalten
Printed in Germany

ISBN 3-89971-141-6

Inhalt

ABKÜRZUNGEN				13
VORWORT				17
A.	EINLEITUNG			19
I.	Problemstellung			19
II.	Gang der Untersuchung			21
B.	DIE DEUTSCHE RECHTSLAGE			23
I.	Grundlagen			23
	1.	Nutzungsrechte des Verwerters		23
	a)	Einräumung		23
	b)	Weiterübertragung		24
	c)	Rückruf		25
	d)	Besonderheiten bei Arbeitnehmerurhebern		26
		aa)	Schöpferprinzip	26
		bb)	Erwerb und Weiterübertragung der Nutzungsrechte	26
		cc)	Arbeitnehmerähnliche Personen	28
	2.	Der Verlagsbereich		28
	a)	Das Verlagsrecht als urheberrechtliches Nutzungsrecht		28
	b)	Der Verlagsvertrag		29
		aa)	Abgrenzung von anderen Verträgen	29
		bb)	Vertragsinhalt	30
		cc)	Das Vertrauensmoment	31
	3.	Der Filmbereich		33
	a)	Die Nutzungsrechte des Filmherstellers		33
		aa)	Das Verfilmungsrecht, § 88 UrhG	33
		bb)	Rechte am Filmwerk, § 89 UrhG	34

		b)	Der Verfilmungsvertrag 34

- b) Der Verfilmungsvertrag 34
  - aa) Abgrenzung zu anderen Verträgen 34
  - bb) Vertragsinhalt 35
  - cc) Das Vertrauensmoment 36
- c) Verträge mit den Filmschaffenden 36
  - aa) Abgrenzung von anderen Verträgen 36
  - bb) Vertragsinhalt 37
  - cc) Das Vertrauensmoment 38

II. Unternehmensveränderungen i.S.d. § 34 III UrhG 38
   1. Grundlagen 38
      a) Das Unternehmen als Gegenstand des Rechtsverkehrs 38
      b) Unternehmen i.S.d. § 34 III UrhG 39
      c) Motive für Unternehmensveräußerungen 40
   2. Der Unternehmensverkauf 40
      a) Gesamtveräußerung 40
         aa) Asset deal 41
         bb) Share deal 41
            (1) Konkretisierung des Kaufgegenstandes 42
            (2) Gesamtveräußerung durch Teilübertragungen 43
      b) Teilveräußerung 44
   3. Beteiligungsänderungen 46
      a) Beteiligungsverhältnisse und gesellschaftliche
         Abhängigkeit 47
         aa) Aktiengesellschaft 48
            (1) Mehrheitsbeteiligung 48
            (2) Minderheitsbeteiligung 48
            (3) Sperrminorität 49
         bb) Gesellschaft mit beschränkter Haftung 49
         cc) Personengesellschaften 50
      b) Wesentliche Beteiligungsänderungen 50
   4. Konzernbildung 53
      a) Unterordnungskonzern 53
      b) Gleichordnungskonzern 54

		c)	Einordnung unter § 34 III UrhG 54
		5.	Unternehmensverträge 55
		a)	Betriebspachtvertrag 55
		b)	Betriebsüberlassungsvertrag 56
		c)	Betriebsführungsvertrag 56
		d)	Einordnung unter § 34 III UrhG 57
		6.	Umwandlungsvorgänge 57
		a)	Verschmelzung 58
		b)	Spaltung 59
		7.	Einbringung in Gesellschaften 60
		a)	Einbringung in eine Personengesellschaft 60
			aa) Begriff 60
			bb) Einordnung unter § 34 III UrhG 60
		b)	Einbringung in eine Kapitalgesellschaft 61
			aa) Begriff 61
			bb) Einordnung unter § 34 III UrhG 61
		8.	Unternehmensveräußerung bei Unterlizenznehmern 62
		a)	Begriff der Lizenz und Unterlizenz 62
		b)	Einordnung unter § 34 III UrhG 63
		9.	Insolvenz des Verwerters 64
		a)	Nutzungsrecht und -vertrag in der Insolvenz 65
			aa) Nutzungsrecht 65
			bb) Nutzungsvertrag 66
		b)	Einordnung unter § 34 III UrhG 67
		c)	§ 36 VerlG 70
III.			Von § 34 III UrhG nicht erfasste Unternehmensveränderungen 71
	1.		Erbfall 71
	2.		Umwandlung durch Formwechsel 72
	a)		Begriff 72
	b)		Einordnung unter § 34 III UrhG 72
	3.		Programmänderungen 73
	4.		Personelle Veränderungen 74
	a)		Wechsel des Verlegers oder Filmherstellers 74

	b)	Wechsel des Lektors 75
	5.	Tendenzveränderung 75
IV.		Das Rückrufsrecht bei Unternehmensveräußerungen 77
	1.	Die Rechtslage bis zum 30.06.2002 77
	a)	Vertragsbeendigung nach UrhG 77
		aa) § 34 III a.F. UrhG 77
		bb) §§ 41, 42 UrhG 78
		cc) § 90 a.F. UrhG 78
	b)	Vertragsbeendigung nach VerlG 79
		aa) § 28 VerlG 79
		bb) Rücktritt nach den §§ 30 ff. VerlG 79
	c)	Vertragsbeendigung nach BGB 80
		aa) Anfechtung 80
		bb) Störung der Geschäftsgrundlage – § 313 BGB 81
		cc) Außerordentliche Kündigung 82
		(1) Rechtsgrundlage 82
		(2) Voraussetzungen 83
	d)	Vertragliche Vereinbarungen 85
		aa) § 13 Normvertrag 85
		bb) Individualvertragliche Vereinbarungen 87
		cc) Autorenstatut 87
	e)	Arbeitnehmerurheber und arbeitnehmerähnliche Personen 90
		aa) § 613a BGB 90
		bb) § 626 BGB 92
		cc) Betriebsverfassungsgesetz 92
		dd) Tarifverträge 93
	2.	Die Rechtslage seit dem 01.07.2002 94
	a)	Vorgeschichte: Professoren- und Regierungsentwurf 94
	b)	Inhalt der Gesetzesänderung 94
		aa) § 34 III UrhG 94
		(1) Rechtsnatur des Rückrufsrechts 95
		(2) Unzumutbarkeit 97
		(3) Frist 101

			(4)	Wirksamwerden 104

- (4) Wirksamwerden 104
- (5) Entschädigung 105
- (6) Gegenleistung 106
- bb) Haftung des Erwerbers 107
  - (1) § 34 IV UrhG 107
  - (2) § 25 HGB 108
- cc) § 34 V UrhG 109
- dd) § 90 UrhG 111
- ee) § 28 VerlG 113
- ff) Besonderheiten beim Arbeitnehmerurheber 114
- c) Gründe für die Gesetzesänderung 115
- d) Kritik an der Gesetzesänderung 115
  - aa) Kritik am Professorenentwurf 116
    - (1) Haftungsrisiko des Erwerbers 116
    - (2) Streichung von § 90 UrhG 116
  - bb) Kritik am Gesetz vom 22.03.2002 117
    - (1) Wertvernichtung bei Medienunternehmen 117
    - (2) Erschwerung von Unternehmenssanierungen 118
    - (3) Fehlende Befristung 119
    - (4) Rechtsunsicherheit 120
    - (5) Rückrufswelle 121
    - (6) Verfassungsrechtliche Bedenken 121
      - (aa) Art. 12 GG 121
      - (bb) Art. 14 GG 122
      - (cc) Art. 103 II GG 124
3. Vom Rückrufsrecht nicht betroffene Rechtsgeschäfte 125
   - a) Rein schuldrechtliche Rechtsgeschäfte 125
   - b) Optionsverträge 125
     - aa) Begriff und Rechtsnatur 125
     - bb) Unanwendbarkeit von § 34 III 2 UrhG 126
4. Zeitlicher Geltungsbereich 129
5. Zwischenergebnis 130

C.	WIRTSCHAFTSWISSENSCHAFTLICHE PROBLEMATIK	133
I.	Volkswirtschaftliches Potential des Rückrufsrechts	133
	1. Verlagsbereich	134
	2. Filmbereich	136
	3. Stellungnahme	137
II.	Auswirkungen des Rückrufsrechts auf die Urhebervergütung	137
	1. Arten der Vergütung	138
	2. Die Vergütungshöhe beeinflussende Faktoren	139
	a) Kosten	139
	b) Erwarteter und tatsächlicher Absatz	140
	c) Risiko	140
	d) Gesetzesvorgaben	141
	3. Mischkalkulation und Quersubventionierung als Konsequenz	142
	4. Einordnung des Rückrufsrisikos	142
III.	Auswirkungen des Rückrufsrechts auf den Unternehmenskauf	144
	1. Rückrufsrisiko und Due diligence	144
	2. Rückrufsrisiko und Unternehmenswert	146
	a) Grundlagen der Unternehmensbewertung	146
	aa) Substanzwertverfahren	147
	bb) Vergleichsverfahren	148
	cc) Ertragswert- und DCF-Verfahren	149
	(1) Grundsätzliches Vorgehen	149
	(2) Berücksichtigung des Risikos	150
	b) Berücksichtigung des Rückrufsrisikos	152
	3. Rückrufsrisiko und Vertragsgestaltung	152
	a) Earn-out Verfahren	153
	b) Garantien	155
IV.	Zwischenergebnis	155

D.	Die Rechtslage im Ausland		157
I.	Grundlagen des Internationalen Urhebervertragsrechts		157
	1.	Urheberrechtsstatut	157
	2.	Vertragsstatut	159
	a)	Freie Wählbarkeit, Art. 27 I 1 EGBGB	160
	b)	Engste Verbindung, Art. 28 I 1 EGBGB	160
	c)	Arbeitnehmerurheber, Art. 30 EGBGB	160
	3.	Die Verfügung zwischen Urheberrechts- und Vertragsstatut	161
	a)	Spaltungstheorie	161
	b)	Einheitstheorie	161
	c)	Modifizierte Spaltungstheorie	162
	d)	Stellungnahme	163
	4.	Einordnung des Rückrufsrechts aus § 34 III 2 UrhG	163
II.	Die Rechtslage in ausgewählten Staaten		164
	1.	Österreich	164
	a)	Grundzüge des Urhebervertragsrechts	164
	b)	Rückrufsrecht bei Unternehmensveräußerungen	165
	2.	Schweiz	166
	a)	Grundzüge des Urhebervertragsrechts	166
	b)	Rückrufsrecht bei Unternehmensveräußerungen	167
		aa) Gesetzliches Rückrufsrecht	167
		bb) Vertragliches Rückrufsrecht	168
	3.	Frankreich	169
	a)	Grundzüge des Urhebervertragsrechts	169
	b)	Rückrufsrecht bei Unternehmensveräußerungen	170
		aa) Verlagsvertrag	170
		bb) Filmverträge	171
	4.	Großbritannien	172
	a)	Grundzüge des Urhebervertragsrechts	172
	b)	Rückrufsrecht bei Unternehmensveräußerungen	173
	5.	Schweden	175

	a)	Grundzüge des Urhebervertragsrechts	175
	b)	Rückrufsrecht bei Unternehmensveräußerungen	176
	6.	USA	177
	a)	Grundzüge des Urhebervertragsrechts	177
	b)	Gesetzliches Rückrufsrecht bei Unternehmensveräußerungen	178
	c)	Vertragliches Rückrufsrecht bei Unternehmensveräußerungen	180
III.	Zwischenergebnis		181
E.	SCHLUSSBETRACHTUNG		183

LITERATUR 187

ANHANG 203

Anhang 1 203

Anhang 2 207

Anhang 3 209

Anhang 4 210

Abkürzungen

a.A.	anderer Ansicht
AcP	Archiv für die civilistische Praxis
a.E.	am Ende
a.F.	alte Fassung
AfP	Archiv für Presserecht, ab 1994 Zeitschrift für Medien- und Kommunikationsrecht
AG	Aktiengesellschaft
AGB	Allgemeine Geschäftsbedingungen
AktG	Aktiengesetz
Alt.	Alternative
AöR	Archiv des öffentlichen Rechts
APV	Adjusted Present Value
Art.	Artikel
AZ	Aktenzeichen
BAG	Bundesarbeitsgericht
BB	Der Betriebs-Berater
Bd.	Band
Begr.	Begründung
BetrVG	Betriebsverfassungsgesetz
BGBl.	Bundesgesetzblatt
BGB	Bürgerliches Gesetzbuch
BGH	Bundesgerichtshof
BGHZ	Entscheidungen des Bundesgerichtshofs in Zivilsachen
Br	Bundesrat
BT	Bundestag
BVerfG	Bundesverfassungsgericht
BVerfGE	Entscheidungen des Bundesverfassungsgerichts
bzw.	beziehungsweise

Abkürzungen

DB	Der Betrieb
DCF	Discounted cash-flow
ders.	derselbe
d.h.	das heißt
Diss.	Dissertation
DStR	Deutsches Steuerrecht
E	Entwurf
EGBGB	Einführungsgesetz zum Bürgerlichen Gesetzbuch
EGInsO	Einführungsgesetz zur Insolvenzordnung
Einf.	Einführung
Einl.	Einleitung
EuGH	Gerichtshof der Europäischen Gemeinschaften
e.V.	eingetragener Verein
f.	folgende
FB	Finanz-Betrieb
ff.	fortfolgende
Fn.	Fußnote
FS	Festschrift
FuR	Film und Recht
GbR	Gesellschaft bürgerlichen Rechts
GG	Grundgesetz der Bundesrepublik Deutschland
GmbH	Gesellschaft mit beschränkter Haftung
GmbHG	Gesetz betreffend die Gesellschaften mit beschränkter Haftung
GmbHR	GmbH-Rundschau
GRUR	Gewerblicher Rechtsschutz und Urheberrecht
GRUR Int.	Gewerblicher Rechtsschutz und Urheberrecht, Internationaler Teil
GWB	Gesetz gegen Wettbewerbsbeschränkungen
HGB	Handelsgesetzbuch
Hrsg.	Herausgeber
IDW	Institut der Wirtschaftsprüfer
IG	Industriegewerkschaft
InsO	Insolvenzordnung

IPRax	Praxis des internationalen Privat- und Verfahrensrechts
iSd	im Sinne des/der
iVm	in Verbindung mit
JuS	Juristische Schulung
KGaA	Kommanditgesellschaft auf Aktien
KO	Konkursordnung
K&R	Kommunikation und Recht
KSchG	Kündigungsschutzgesetz
KTS	Zeitschrift für Insolvenzrecht
LG	Landgericht
MMR	MultiMedia und Recht
MP	Media Perspektiven
M&A	Mergers & Acquisitions
MTV	Manteltarifvertrag
mwN	mit weiteren Nachweisen
n.F.	neue Fassung
NJW	Neue Juristische Wochenschrift
Nr.	Nummer
NZA	Neue Zeitschrift für Arbeitsrecht
NZI	Neue Zeitschrift für Insolvenzrecht
ÖJZ	Österreichische Juristenzeitung
OHG	Offene Handelsgesellschaft
OLG	Oberlandesgericht
RabelsZ	Rabels Zeitschrift für ausländisches und internationales Privatrecht
RG	Reichsgericht
RGZ	Entscheidungen des Reichsgerichts in Zivilsachen
Rn.	Randnummer
str.	streitig
TVG	Tarifvertragsgesetz
UFITA	Archiv für Urheber-, Film-, Funk- und Theaterrecht, ab 2000: Archiv für Urheber- und Medienrecht
UmwG	Umwandlungsgesetz

Abkürzungen

UrhG	Gesetz über Urheberrecht und verwandte Schutzrechte vom 09.09.1965
VerlG	Gesetz über das Verlagsrecht vom 19.06.1901
v.g.	vorgenannte(n)
vgl.	vergleiche
WACC	Weighted average cost of capital
WM	Wertpapier-Mitteilungen
WPg	Die Wirtschaftsprüfung
ZfbF	Zeitschrift für betriebswirtschaftliche Forschung
ZHR	Zeitschrift für das gesamte Handelsrecht und Wirtschaftsrecht
ZPO	Zivilprozessordnung
ZUM	Zeitschrift für Urheber- und Medienrecht

Vorwort

Die vorliegende Arbeit ist im Sommersemester 2003 von der juristischen Fakultät der Christian-Albrecht-Universität zu Kiel als Dissertation angenommen worden. Dank schulde ich Herrn Prof. Dr. Haimo Schack für die vorzügliche Betreuung der Arbeit, Herrn Prof. Dr. Joachim Jickeli für die Anfertigung des Zweitgutachtens und der Studienstiftung ius vivum für den großzügigen Druckkostenzuschuß. Ermöglicht wurde die Arbeit durch ein Promotionsstipendium der Fazit-Stiftung (Frankfurter Allgemeine Zeitung), gewidmet ist sie meiner Familie.

Hamburg, im November 2003   Richard Koch-Sembdner

A. Einleitung

I. Problemstellung

Am 01.07.2002 ist das neue Urhebervertragsrecht in Kraft getreten.[1] § 34 III 2 UrhG gewährt dem Urheber seitdem ein Rückrufsrecht bei Unternehmensveräußerungen. Dieses neu eingeführte Rechtsinstitut soll im Folgenden näher untersucht werden:

Der Urheber verwertet sein Werk üblicherweise nicht selbst, sondern vertraut es einem Verwerter – etwa einem Verleger oder Filmhersteller – an, damit dieser es zum gemeinsamen Vorteil nutze. Bei den Verwertungshandlungen soll die im jeweiligen Werk zum Ausdruck gekommene Persönlichkeit des Urhebers möglichst authentisch erhalten bleiben. Daher hat der Urheber in aller Regel ein Interesse an einer Verwertung durch bestimmte Personen bzw. in einer bestimmten Art und Weise. Aus Sicht des Urhebers kann der Wahl des Verwertungsunternehmens auch deshalb herausragende Bedeutung zukommen, weil er von der Öffentlichkeit zwangsläufig mit politischen oder weltanschaulichen Tendenzen des Verwerters in Verbindung gebracht wird. Aber auch der Verwerter wird sich seinen Vertragspartner wohl überlegt aussuchen. Er verlässt sich auf den Wert des Werkes und wagt die betriebswirtschaftliche Prognose, dass er mit der Investition in die Verwertung einen Gewinn erwirtschaftet.

Die Beziehung zwischen Urheber und Verwerter ist also durch ein besonderes Maß an Vertrauen geprägt. Auf Seiten des Verwerters wird das dadurch problematisch, dass er am Markt meist nicht als Einzelperson, sondern als gesellschaftsrechtliches Unternehmen auftritt. Ändern sich die Beteiligungen am Verwertungsunternehmen oder wird das Unternehmen aufgekauft, so fragt sich, wie mit den eingeräumten Nutzungsrechten verfahren werden soll, da die Veränderungen das Vertrauensmoment auf Seiten des Urhebers stören und eine Interessenkollision zwischen Urheber und Verwerter hervorrufen können: Der Verwerter möchte in seinem unternehmerischen Handeln nicht

---

1 Gesetz zur Stärkung der vertraglichen Stellung von Urhebern und ausübenden Künstlern vom 22.03.2002, BGBl. I, S. 1155–1158.

eingeschränkt werden, der Urheber aber nicht »schlichte Verfügungsmasse«[2] des Unternehmens sein.[3]

Diese insbesondere durch Konzentrationsprozesse im Medienbereich[4] auftretende Interessenkollision regelt § 34 III UrhG. Erfolgt die Übertragung eines Nutzungsrechts im Rahmen einer Gesamt- oder Teilveräußerung des Verwertungsunternehmens, so bedarf es (als Ausnahme von § 34 I 1 UrhG) der Zustimmung des Urhebers nicht. Der Urheber kann jedoch ein eingeräumtes Nutzungsrecht gemäß § 34 III 2 UrhG zurückrufen, wenn ihm die Ausübung durch den Unternehmenserwerber nach Treu und Glauben nicht zugemutet werden kann. Gleiches gilt gemäß § 34 III 3 UrhG, wenn sich die Beteiligungsverhältnisse am Unternehmen des Nutzungsrechtsinhabers wesentlich ändern. Ein solches Rückrufsrecht des Urhebers bei Unternehmensveräußerungen war bislang gesetzlich nicht normiert.

Die Neufassung des § 34 III UrhG ist im Gesetzgebungsverfahren heftig kritisiert worden. So wird der Regelung etwa vorgeworfen, sie reduziere den Unternehmenswert der Verlage, der sich zu einem beträchtlichen Anteil aus den eingeräumten Nutzungsrechten berühmter Urheber zusammensetzt, da kein Käufer das Risiko des Rückrufs der Rechte übernehmen wolle.[5] Außerdem schaffe sie Rechtsunsicherheit, da das Rückrufsrecht an die unbestimmten Rechtsbegriffe »Treu und Glauben« sowie »Zumutbarkeit« geknüpft ist.[6]

Vor diesem Hintergrund soll das Rückrufsrecht des Urhebers gemäß § 34 III 2 UrhG in rechtlicher, wirtschaftswissenschaftlicher und rechtsver-

---

2 Schack, GRUR 2002, 858.
3 Die Interessenlage bei der Übertragung eines urheberrechtlichen Nutzungsrechts wird am Beispiel des Verlagsvertrags dargestellt bei Beck, S. 8 f.; Haberstumpf in FS Hubmann, S. 127.
4 »Verlagsverkäufe wie im Supermarkt« titelt beispielsweise der buchreport.express Nr. 45 vom 07.11.2002: Nie zuvor waren in Deutschland so viele Verlage zu kaufen wie im Augenblick. Ausführlich zur Medienkonzentration Röper, MP 2002, 406 ff. und 478 ff.
5 Zusammenfassung der Stellungnahme des Verbandes Bayerischer Verlage und Buchhandlungen e.V. zum Gesetz zur Stärkung der vertraglichen Stellung von Urhebern und ausübenden Künstlern in der Fassung des vom Kabinett verabschiedeten Regierungsentwurfs vom 30. Mai 2001, S. 4., zu finden unter www.urheberrecht.org.
6 Stellungnahme der KirchGruppe zum »Entwurf eines Gesetzes zur Stärkung der vertraglichen Stellung von Urhebern und ausübenden Künstlern«, S. 6 f., zu finden unter www.urheberrecht.org.

gleichender Hinsicht untersucht werden. Den Schwerpunkt dieser Untersuchung bilden das Verlags- und das Filmrecht.[7]

II. Gang der Untersuchung

Behandelt wird zunächst die deutsche Rechtslage. Dem einführenden Grundlagenteil folgt eine knappe Darstellung der Rechtslage bis zum 01.07.2002. Hiervon ausgehend wird die seitdem geltende Fassung der Normen analysiert.

Im Anschluss werden wirtschaftswissenschaftliche Aspekte des Rückrufsrechts beleuchtet. Dabei soll zunächst das volkswirtschaftliche Potential des neuen § 34 III 2 UrhG geklärt werden. Dann wird untersucht, ob sich das Rückrufsrecht auf die Höhe der Urhebervergütung auswirkt. Schließlich wird aufgezeigt, welchen Einfluss das Rückrufsrecht auf den Verkauf von Verwertungsunternehmen hat.

Der dritte Teil widmet sich der Darstellung des Rückrufsrechts im internationalen Kontext. Zunächst werden Grundzüge des internationalen Urhebervertragsrechts untersucht. Anhand der gewonnenen Erkenntnissen soll überlegt werden, inwiefern dem deutschen Rückrufsrecht auch bei Verträgen mit Auslandsberührung Geltung zukommt. Anschließend wird rechtsvergleichend untersucht, wie andere Rechtsordnungen den Interessenkonflikt zwischen Urheber und Nutzungsrechtsinhaber bei Unternehmensveräußerungen lösen.

Den Schluss bildet eine zusammenfassende Bewertung des Rückrufsrechts.

---

7 Zur Anwendbarkeit von § 34 III 2 UrhG auf die Weiterveräußerung von Computerprogrammen Wandtke/Bullinger/Grützmacher, § 69a, Rn. 70 a.E.; Joppich, K&R 2003, 216.

B. Die deutsche Rechtslage

I. Grundlagen

1. Nutzungsrechte des Verwerters

a) Einräumung

Der Urheber einer persönlichen geistigen Schöpfung im Sinne des § 2 II UrhG kann als Ausfluss der in Deutschland herrschenden monistischen Theorie[8] sein Urheberrecht nicht übertragen, § 29 I UrhG. Da ihm im Normalfall[9] jedoch aus materiellen und ideellen Interessen daran gelegen sein wird, dass sein Werk von einem Verwertungsunternehmen vervielfältigt und verbreitet oder sonst im Sinne der §§ 15 ff. UrhG verwertet wird, muss dem Urheber ermöglicht werden, das Werk im rechtsgeschäftlichen Verkehr zu nutzen.[10] Zulässig ist deshalb gemäß §§ 29 II, 31 UrhG unter anderem die Einräumung von Nutzungsrechten, die ihren Erwerber berechtigen, das Werk des Urhebers auf bestimmte Arten zu verwerten.[11] Inhaber des Urheberrechts und der Verwertungsrechte bleibt jedoch der Urheber, es handelt sich um eine konstitutive Rechtsübertragung.[12] Das Nutzungsrecht ist dogmatisch somit eine dem Pfandrecht oder Nießbrauch an einer Sache vergleichbare Belastung des Urheberrechts.[13] § 31 I UrhG sieht vor, dass das Nutzungsrecht als einfaches

---

8 Hierzu Schack, Urheberrecht, Rn. 306 ff. mwN; ausführlich zur historischen Entwicklung der Übertragbarkeit des Urheberrechts Eggersberger, S. 3 ff.
9 Anders beispielsweise beim Selbstverlag, bei dem der Verfasser Herstellung und Vertrieb seines Werkes im eigenen Namen und für eigene Rechnung betreibt, vgl. Schricker, § 1 VerlG, Rn. 81.
10 Der wirtschaftliche Wert des Urheberrechts kann andernfalls nur unzulänglich realisiert werden, vgl. Kraßer, GRUR Int. 1973, 230, 231.
11 Neben der Einräumung von Nutzungsrechten kann der Urheber auch schuldrechtlich wirkende Einwilligungen und Vereinbarungen hinsichtlich seiner Verwertungsrechte sowie Rechtsgeschäfte über seine Urheberpersönlichkeitsrechte abschließen, § 29 II UrhG. Vgl. Rehbinder, Urheberrecht, S. 244.
12 Götting in FS Schricker, S. 66.
13 Schack, Urheberrecht, Rn. 530; Ulmer, Urheber- und Verlagsrecht, S. 359.

B. Die deutsche Rechtslage

oder ausschließliches erteilt werden kann, und dass räumliche, zeitliche und inhaltliche Beschränkungen erfolgen können.[14]

Die Einräumung eines Nutzungsrechtes erfolgt mangels gesonderter Regelung in entsprechender Anwendung der §§ 398 ff., 413 BGB.[15] Der zur Einräumung notwendige Vertrag kann formfrei und sogar stillschweigend abgeschlossen werden, üblicherweise erfolgt er jedoch schriftlich. Mangels eines Publizitätsträgers ist ein gutgläubiger Erwerb des Nutzungsrechtes – wie grundsätzlich auch bei Forderungen – ausgeschlossen.[16] Haben die Parteien den Umfang der Nutzungsrechtseinräumung nicht näher bezeichnet, so bestimmt er sich nach der sog. »Zweckübertragungstheorie«[17], die in § 31 V UrhG[18] kodifiziert ist. Hiernach räumt der Urheber im Zweifel Nutzungsrechte nur insoweit ein, als es der Zweck des Vertrags erfordert. Diese Auslegungsregel ist Ausdruck des Grundsatzes, dass das Urheberrecht so weit irgend möglich beim Urheber verbleibt.[19]

b) Weiterübertragung

Der Erwerber kann sein Nutzungsrecht durch ein Rechtsgeschäft unter Lebenden[20] gemäß § 34 UrhG weiterübertragen. Hierzu bedarf er wegen der persönlichen Bindung des Urhebers an sein Werk (§ 11 UrhG) grundsätzlich dessen Zustimmung gemäß § 34 I 1 UrhG. Der Urheber hat regelmäßig ein berechtigtes Interesse daran, die Person des Verwertenden und damit zu-

---

14 Vgl. nur Schack, Urheberrecht, Rn. 539 ff.; Schricker, vor §§ 28 ff. UrhG, Rn. 53 ff.; §§ 31/32 UrhG, Rn. 4 ff.; Rehbinder, Urheberrecht, S. 246 ff.; Haas, Rn. 83 ff.
15 von Gamm, § 31 UrhG, Rn. 11; Kraßer, GRUR Int. 1973, 230, 231.
16 von Gamm, § 31 UrhG, Rn. 6; Fromm/Nordemann/Hertin, vor § 31, Rn. 9; Ulmer, Urheber- und Verlagsrecht, S. 360.
17 Hierzu statt vieler Schack, Urheberrecht, Rn. 546 ff.; Möhring/Nicolini/Spautz, § 31, Rn. 47 ff. jeweils mwN; zur Entwicklung der Zweckübertragungstheorie durch die Rechtsprechung Schweyer, S. 18 ff.
18 Sprachlich neugefasst durch das Reformgesetz (oben Fn. 1). Zu § 31 V UrhG a.F. ausführlich Donle, S. 1 ff.
19 Schack, Urheberrecht, Rn. 547 formuliert »in dubio pro auctore«. Für Rechte am Filmwerk ist allerdings § 89 I UrhG lex specialis zu § 31 V UrhG: Hiernach räumen die Filmmitwirkenden dem Filmhersteller im Zweifel das Recht ein, das Filmwerk auf alle bekannten Nutzungsarten zu nutzen.
20 Zur Vererbung von Nutzungsrechten vgl. von Gamm, § 34 UrhG, Rn. 7.

gleich die näheren Umstände der Werknutzung zu erfahren.[21] Daraus erklärt sich die Konstruktion des Zustimmungserfordernisses als Rechtsbedingung für die Wirksamkeit der Rechtsübertragung.[22] Außer im Falle der erleichterten Übertragbarkeit für Nutzungsrechte an Sammelwerken gemäß § 34 II UrhG[23] kann lediglich in den Ausnahmefällen der §§ 34 III, 90 UrhG sowie bei abweichenden Vereinbarungen zwischen Urheber und Nutzungsrechtsinhaber gemäß § 34 V UrhG auf das Zustimmungserfordernis verzichtet werden.[24]

Allerdings darf der Urheber gemäß § 34 I 2 UrhG seine Zustimmung zur Übertragung des Nutzungsrechtes nicht wider Treu und Glauben verweigern. Der hierdurch entstehende Beurteilungsspielraum verlangt eine umfassende Interessenabwägung zwischen vornehmlich von der Urheberpersönlichkeit geprägten Aspekten auf Werkschöpferseite und meist wirtschaftlich motivierten Interessen des Nutzungsrechtsinhabers. Im Ergebnis entscheiden immer die Unstände des Einzelfalles.[25]

c) Rückruf

Unter bestimmten Voraussetzungen darf der Urheber das bereits eingeräumte Nutzungsrecht zurückrufen. Ein solches Rückrufsrecht normiert § 41 UrhG für den Fall, dass der Inhaber eines ausschließlichen Nutzungsrechts dieses nicht hinreichend ausübt; § 42 UrhG gewährt ein Rückrufsrecht wegen gewandelter Überzeugung, und seit dem 01.07.2002 erlaubt § 34 III 2 UrhG den Rückruf, wenn dem Urheber nach einer Veräußerung »seines« Verwertungsunternehmens die Ausübung des Nutzungsrechts durch den Erwerber nicht zuzumuten ist. Die drei Rückrufsrechte sind unverzichtbare[26] Gestal-

---

21 Fromm/Nordemann/Hertin, § 34, Rn. 2; Möhring/Nicolini/Spautz, § 34, Rn. 1.
22 von Gamm, § 34 UrhG, Rn. 10.
23 Bei Sammelwerken genügt die Zustimmung des Urhebers des Sammelwerkes. Die Zustimmung der Verfasser der einzelnen Beiträge ist nicht erforderlich. Jedoch steht es den Verfassern der Beiträge frei, auf vertraglicher Ebene die Übertragung der Nutzungsrechte am Sammelwerk von ihrer Zustimmung abhängig zu machen, vgl. Fromm/Nordemann/Hertin, § 34, Rn. 11; Rehbinder, Urheberrecht, S. 254 f.
24 Hierzu näher unten S. 109.
25 Schricker, § 34 UrhG, Rn. 16; Wandtke/Grunert in Wandtke/Bullinger § 34, Rn. 11 ff.
26 §§ 41 IV 1, 42 II 1, 34 V 1 UrhG; vgl. auch Götting in FS Schricker, S. 74 f.

B. Die deutsche Rechtslage

tungsrechte und gewähren nach Abwägung mit den entgegengesetzten Verwerterinteressen dem Urheber persönlichkeitsrechtlichen Schutz.[27]

d) Besonderheiten bei Arbeitnehmerurhebern

aa) Schöpferprinzip

Viele Urheber – insbesondere im Hochschul-, Medien- und Bühnenbereich – arbeiten nicht als freischaffende Künstler, sondern erstellen ihre Werke als Arbeitnehmer oder Beamte.[28] Denkbar wäre daher, das Urheberrecht unmittelbar beim Arbeitgeber – etwa dem Filmhersteller – entstehen zu lassen, da dieser mit den finanziellen Rahmenbedingungen überhaupt erst die Voraussetzungen für die Werkschöpfung geschaffen hat.[29] Das widerspräche aber dem in § 7 UrhG niedergelegten Schöpferprinzip, wonach das Urheberrecht durch den Realakt der Schöpfung in der natürlichen[30] Person entsteht, die das Werk geschaffen hat. Das gilt auch und gerade für Arbeitnehmerurheber, so dass der Arbeitgeber mangels originären Erwerbes des Urheberrechts auf den derivativen Erwerb von Nutzungsrechten angewiesen ist, um das Werk zu verwerten.[31]

bb) Erwerb und Weiterübertragung der Nutzungsrechte

§ 43 I UrhG bestimmt, dass die Regelungen der §§ 31 ff. UrhG auch zwischen Arbeitgeber und Arbeitnehmer gelten. Der Arbeitgeber muss sich also vom Arbeitnehmerurheber Nutzungsrechte einräumen lassen, wenn er das im

---

27 Schack, Urheberrecht, Rn. 559 ff.; Ulmer, Urheber- und Verlagsrecht, S. 372 ff.
28 Man denke etwa an Zeitschriftenredakteure, Filmautoren, Regisseure, Journalisten, Übersetzer usw. Zur Abgrenzung zwischen selbständigen Urhebern, Arbeitnehmerurhebern und arbeitnehmerähnlichen Personen Schricker/Rojahn, § 43 UrhG, Rn. 10 ff.; Wandtke/Bullinger/Wandtke, § 43, Rn. 4 ff.; teils abweichend Fromm/Nordemann/Vinck, § 43, Rn. 2, jeweils mwN.
29 Das ist in anderen Rechtsordnungen auch der Fall, vgl. Schack, Urheberrecht, Rn. 979 und in ZUM 1989, 274; Schricker/Rojahn, § 43 UrhG, Rn. 3.
30 Eine juristische Person – wie es in aller Regel ein Filmhersteller sein wird – kann nach deutschem Recht deshalb niemals Urheber sein, vgl. nur von Gamm, § 7 UrhG, Rn. 4; Möhring/Nicolini/Ahlberg, § 7, Rn. 7.
31 Schack, Urheberrecht, Rn. 267 ff.; Kraßer in FS Schricker, S. 83; Schricker/Rojahn, § 43 UrhG, Rn. 2 mwN.

Arbeits- oder Dienstverhältnis geschaffene Werk[32] verwerten möchte. Der Arbeitnehmer ist zu dieser Rechtseinräumung vertraglich verpflichtet, da dem Arbeitgeber das Arbeitsergebnis zusteht.[33] Enthalten Arbeits vertrag oder Tarifverträge[34] keine urheberrechtlichen Bestimmungen, so ist von einer stillschweigenden Nutzungsrechtseinräumung auszugehen.[35] Gemäß § 43 II UrhG erwirbt der Arbeitgeber im Zweifel ausschließliche Nutzungsrechte. Maßgeblich für den Umfang der Rechtseinräumung ist nach § 43 II UrhG der Betriebszweck.[36] Für den Filmbereich enthalten die §§ 88 I, 89 I UrhG besondere Auslegungsregeln.[37]

Da über § 43 I UrhG im Arbeits- oder Dienstverhältnis ebenfalls die allgemeinen Vorschriften des UrhG gelten, kann auch der Arbeitgeber oder Dienstherr ein Nutzungsrecht grundsätzlich nur mit Zustimmung des Arbeitnehmer- oder des beamteten Urhebers an Dritte weiterübertragen.[38] Die Zustimmung kann arbeitsvertraglich geregelt und sowohl für künftige Werke als auch stillschweigend erteilt werden.[39] Bei einem Betriebsübergang gehen die bis zu diesem Zeitpunkt entstandenen Nutzungsrechte gemäß § 34 III UrhG auch ohne einen Übergang des Arbeitsverhältnisses des Urhebers auf den Erwerber des Betriebs über.[40]

---

32 Außervertragliche bzw. nichtdienstliche Werke unterfallen § 43 UrhG nicht, vgl. Schricker/Rojahn, § 43 UrhG, Rn. 21. Bei diesen besteht jedoch nach h.M. eine Anbietungspflicht, vgl. Schricker/Rojahn, § 43 UrhG, Rn. 100, Rehbinder in FS Hubmann, S. 361 f.; a.A. Wandtke/Bullinger/Wandtke, § 43, Rn. 34.
33 Schaub, § 115 IX; Schricker/Rojahn, § 43 UrhG, Rn. 37; Wandtke/Bullinger/ Wandtke, § 43, Rn. 30.
34 Hierzu Wandtke/Bullinger/Wandtke, § 43, Rn. 121 ff. Gemäß § 12a TVG können Tarifverträge auch für arbeitnehmerähnliche Personen geschlossen werden.
35 Schack, Urheberrecht, Rn. 536 f., 983; Schricker/Rojahn, § 43 UrhG, Rn. 40.
36 Das ergibt sich bereits aus der Zweckübertragungstheorie, Schricker/Rojahn, § 43 UrhG, Rn. 48 ff. Der zum 01.07.2002 neu gefasste § 43 II UrhG hat insoweit lediglich klarstellende Bedeutung. Vgl. zum Anwendungsbereich von § 43 UrhG nach der Urhebervertragsrechtsreform Ory, AfP 2002, 95.
37 Speziell zur Rechtsübertragung im Filmbereich Schack, ZUM 1989, 269 ff.
38 Schricker/Rojahn, § 43 UrhG, Rn. 56 ff; Möhring/Nicolini/Spautz, § 43, Rn. 9.
39 Schricker/Rojahn, § 43 UrhG, Rn. 56 f; Möhring/Nicolini/Spautz, § 43, Rn. 9.
40 Rehbinder, Urheberrecht, S. 282; zum Rückrufsrecht des Urhebers für diesen Fall unten S. 114.

B. Die deutsche Rechtslage

cc) Arbeitnehmerähnliche Personen

Zwischen Arbeitnehmern und freien Urhebern sind die arbeitnehmerähnlichen Personen angesiedelt. Sie arbeiten zwar für fremde Rechnung, stehen aber nicht im Dienste eines anderen im Sinne einer persönlichen, sondern lediglich einer wirtschaftlichen Abhängigkeit. Außerdem muss ihre soziale Schutzbedürftigkeit mit der eines Arbeitnehmers vergleichbar sein.[41] Auf diese Gruppe ist § 43 UrhG, der den Arbeitgeber begünstigen möchte, nach überwiegender Ansicht nicht anwendbar.[42] Arbeitnehmerähnliche Personen sind also im Hinblick auf die Einräumung und Übertragung von Nutzungsrechten wie freie Urheber zu behandeln.

Trotz fehlender Arbeitnehmereigenschaft ermöglicht § 12a TVG den Abschluss von Tarifverträgen.[43]

2. *Der Verlagsbereich*

a) Das Verlagsrecht als urheberrechtliches Nutzungsrecht

Ein Nutzungsvertrag verpflichtet den Urheber schuldrechtlich, dem Verwerter bestimmte Nutzungsrechte an seinem Werk einzuräumen.[44] Ist der Nutzungs- ein Verlagsvertrag, so räumt der Verfasser eines Werkes der Literatur oder der Tonkunst dem Verleger gemäß §§ 1, 8 VerlG das ausschließliche Nutzungsrecht der Vervielfältigung und Verbreitung (§§ 16 und 17 UrhG) ein. Dieses absolute subjektive Recht ist das Verlagsrecht. Es entsteht gemäß § 9 VerlG mit der Ablieferung des Werkes an den Verleger und erlischt mit der Beendigung des Verlagsverhältnisses.[45] Sein Umfang bestimmt sich, ausgehend von §§ 16, 17 UrhG, nach §§ 2 bis 7 VerlG sowie besonderen Abreden zwischen Verleger und Urheber. Zum Schutz des Verlagsrechts

---

41 Legaldefinition in § 12a I Nr. 1 TVG; vgl. von Olenhusen, GRUR 2002, 12 mwN in Fn. 13.
42 Schack, Urheberrecht, Rn. 981; von Olenhusen, GRUR 2002, 14 f.
43 Schack, Urheberrecht, Rn. 953; von Olenhusen, GRUR 2002, 12 f., der auf S. 15 ff. die einzelnen Tarifverträge kurz erläutert.
44 Schack, Urheberrecht, Rn. 944.
45 Zu dieser Durchbrechung des Abstraktionsprinzips Schack, Urheberrecht, Rn. 526. Zur umstrittenen analogen Anwendbarkeit von § 9 VerlG auf andere Urheberrechtsverträge Kraßer, GRUR Int. 1973, 230, 236 ff; insbesondere zur Anwendbarkeit von § 9 VerlG auf Filmlizenzverträge Wente/Härle, GRUR 1997, 96, 98 f. mwN zum Streitstand in Fn. 18 f. und Hausmann in FS Schwarz (1999), S. 92 ff.

sowie zur Absicherung des mit dem Verlag verbundenen wirtschaftlichen Risikos erlaubt § 9 II VerlG dem Verleger, die zum Schutz des Urheberrechts vorgesehenen Befugnisse – insbesondere die Verletzungsansprüche aus § 97 UrhG – geltend zu machen. Das Verlagsrecht ist also ein aus dem Urheberrecht abgeleitetes, in seinem Inhalt und Umfang durch den Verlagsvertrag bestimmtes, ausschließliches Recht des Verlegers zur Vervielfältigung und Verbreitung.[46]

b) Der Verlagsvertrag

aa) Abgrenzung von anderen Verträgen

Rechtsprechung und Lehre sehen den im VerlG geregelten Verlagsvertrag heute einhellig als Vertrag sui generis an, der keiner der im BGB geregelten Vertragsarten zuzuordnen ist.[47] Von anderen gegenseitigen Schuldverhältnissen wie dem Kaufvertrag unterscheidet sich der Verlagsvertrag dadurch, dass kein punktueller, rein sachlicher Leistungsaustausch stattfindet, sondern eine langfristige persönliche Bindung der Parteien zueinander besteht, die eine besondere Treuepflicht begründet. Bereits die Vervielfältigung und Verbreitung des Werkes ist ein auf Dauer angelegter Vorgang. Zudem werden Verlagsverträge oft nicht nur für ein Werk, sondern für sämtliche – auch zukünftigen – Werke eines Urhebers geschlossen, da sich gerade bei jüngeren Urhebern der wirtschaftliche Erfolg oft erst einstellt, wenn ein gewisser Bekanntheitsgrad auf dem Markt erreicht ist. Der Verleger möchte dann mit den späteren Werken des Urhebers in die Gewinnzone gelangen.[48] Der Verlagsvertrag ist, wie auch der Dienst- und der Gesellschaftsvertrag, ein Dauerschuldverhältnis.[49]

Wesentlich für die Abgrenzung von anderen Vertragstypen ist weiterhin, dass der Verleger gemäß § 1 S. 1 VerlG auf eigene Rechnung handeln muss und ihm somit das Gewinn- und Verlustrisiko zugewiesen ist. Trägt dagegen allein der Autor dieses Risiko, so liegt statt eines Verlagsvertrages ein Werk-

---

46 Vgl. die Legaldefinition in § 8 VerlG; Allfeld, S. 50.
47 RGZ 74, 381; 81, 283; Ulmer, Urheber- und Verlagsrecht, S. 435.
48 Vgl. Schulze, S. 615.
49 BGHZ 15, 209, 213; Schricker, § 1 VerlG, Rn. 20; Herschel, UFITA 83 (1978), 92; Krüger-Nieland, UFITA 89 (1981), 29; allgemein zum Dauerschuldverhältnis Palandt/Heinrichs, § 314 BGB, Rn. 2; MünchKomm/Kramer, Bd. 2a, Einl., Rn. 96 ff.

B. Die deutsche Rechtslage

vertrag gemäß § 631 BGB oder ein Kommissionsgeschäft gemäß §§ 383, 384, 406 I 1 HGB vor.[50] Wenn das wirtschaftliche Wagnis gemeinsam getragen und nicht lediglich ein Pauschalhonorar oder eine prozentuale Beteiligung des Urhebers am Reingewinn des Verlegers vereinbart wird, handelt es sich um einen Gesellschaftsvertrag.[51]

bb) Vertragsinhalt

Der Verlagsvertrag verpflichtet gemäß § 1 VerlG den Verfasser eines Werkes der Literatur oder der Tonkunst, dem Verleger das Verlagsrecht einzuräumen; der Verleger seinerseits muss das Werk auf eigene Rechnung vervielfältigen und verbreiten – also das Verlagsrecht ausüben. Nur diese Pflichten stehen im Synallagma, nicht jedoch die Vergütungspflicht des Verlegers.[52] Es besteht also auch dann ein Verlagsvertrag, wenn der Verleger dem Urheber kein Honorar zahlt, sondern ihm womöglich noch einen Druckkostenzuschuss abverlangt, um das Werk zu verlegen. Jedoch bestimmt § 22 VerlG, dass eine Vergütung zumindest stillschweigend vereinbart ist, falls die Umstände dies erwarten lassen.

Das Verlagsrecht kann gemäß § 31 I UrhG räumlich, zeitlich oder inhaltlich beschränkt eingeräumt werden. Der Umfang der Rechtseinräumung richtet sich, wenn nichts Näheres vereinbart ist, nach der Zweckübertragungstheorie.[53] Im Übrigen wird der Verlagsvertrag durch §§ 2 ff. VerlG näher ausgestaltet, die sämtlich dispositives Recht darstellen.[54] Wenn also das Verlagsgesetz den Inhalt des Verlagsrechts im Wesentlichen kennzeichnet, bleibt doch ein nahezu unbegrenzter Spielraum für individuelle Vereinbarungen. Um diese zu kanalisieren, haben sich der Verband deutscher Schriftsteller und der Börsenverein des Deutschen Buchhandels e.V. auf einen Normvertrag für den Abschluss von Verlagsverträgen geeinigt.[55] Der Normvertrag spiegelt zwar im Wesentlichen die Verkehrssitten im Buchverlagswesen

---

50 Schack, Urheberrecht, Rn. 996; Schricker, § 1 VerlG, Rn. 74 ff.
51 RGZ 78, 301; 81, 235; 140, 275; Krüger-Nieland, UFITA 89 (1981), 18 f. Zu weiteren Arten des Verlagsvertrages vgl. Rintelen, S. 257 ff.
52 Schricker, § 1 VerlG, Rn. 8; Knaak in FS Schricker, S. 277.
53 Vgl. oben S. 24.
54 Schack, Urheberrecht, Rn. 993.
55 In der seit 01.04.1999 geltenden Fassung abgedruckt in der dtv-Textausgabe Urheber- und Verlagsrecht, 9. Auflage 2002, unter Nr. 7, oder zu finden unter www.boersenverein.de

wieder, entfaltet jedoch, anders als ein Tarifvertrag, keine unmittelbare normative Wirkung.[56] Daher gewährleistet er nicht, dass sich die Vertragspraxis auch tatsächlich an seine Vorgaben hält.

cc) Das Vertrauensmoment

Urheber und Verleger sind durch wirtschaftliche und personale Überlegungen miteinander verbunden:

Der Urheber vertraut sein Werk dem Verleger an, damit dieser es der Öffentlichkeit möglichst in seinem Sinne präsentiert. Das Werk soll meist nicht nur ein großes Publikum erreichen und dadurch den Bekanntheitsgrad und Ruf des Urhebers mehren, sondern auch – im Interesse beider Vertragspartner – wirtschaftlich erfolgreich sein. Es kommt daher entscheidend darauf an, dass der Verleger das Werk gut vermarktet und sein Verlagsrecht auch tatsächlich ausübt. Der Verleger ist ein Mittler zwischen dem Urheber und seinem Publikum. Bereits diese Stellung begründet ein besonderes Vertrauensmoment.[57]

Hinzu kommen je nach Werk- und Verwertungsart unterschiedliche Aspekte. Bei einem wissenschaftliche Werk etwa wird dem Urheber an der wissenschaftlichen Reputation des Verlages auf dem jeweiligen Forschungsgebiet, an besonders sorgfältiger Erstellung der Druckvorlage sowie an Werbung in einschlägigen Fachzeitschriften gelegen sein. Möchte hingegen ein Politiker seine Memoiren veröffentlichen, so wird er entscheidenden Wert auf die politischen und weltanschaulichen Ansichten sowie den einwandfreien gesellschaftlichen Ruf des Verlegers legen. Dem Verfasser eines Kunstbandes wiederum mögen eine hochwertige Umschlaggestaltung und ein bestimmtes Druckverfahren wichtig sein, dem Urheber von Unterhaltungsliteratur günstige Massenproduktion und ein effektiver Vertriebsweg. Aus solchen Erwägungen heraus wird sich der Urheber, wenn er die Wahl hat, meist bewusst für einen bestimmten Verleger entscheiden.[58]

---

56 Knaak in FS Schricker, S. 266 f.; näher insbesondere zu § 13 des Normvertrages unten S. 85 ff.
57 Schricker, § 1 VerlG, Rn. 20; ausführlich Hainz, S. 12 f.; speziell zum Kunstverlag Schneider, S. 125 f. und 203.
58 Hierfür nur zwei Beispiele: »Lieber Suhrkamp, natürlich möchte ich unter allen Umständen in dem Verlag sein, den Sie leiten. Herzlichst Ihr bertold brecht«, zitiert nach Marré, S. 94. Nachdem Wolfgang Frenzl, Programmleiter und Geschäftsführer des Eichborn Verlags, nach fünfeinhalb Jahren kündigte und zum Pi-

B. Die deutsche Rechtslage

Aber auch der Verleger tätigt seine für die Nutzung des Werkes erforderlichen Investitionen nicht ungeprüft. Vielmehr geht er das betriebswirtschaftliche Risiko nur dann ein, wenn er der Meinung ist, dass das jeweilige Werk den Verwertungsaufwand wert ist oder zumindest künftige Werke eines langfristig unter Vertrag stehenden Urhebers die Anfangskosten rechtfertigen werden.[59] Außerdem spielt es gerade für kleinere spezialisierte Verlage eine wichtige Rolle, ihr Verlagsprogramm inhaltlich abgerundet präsentieren zu können. Die weltanschauliche, politische und inhaltliche Ausrichtung des Programms muss harmonieren, um glaubhaft und mit Profil auf den Markt treten zu können. Daher wird auch der Verleger genau darauf achten, für welche Urheber er die Verwertung übernimmt.[60]

Zusammenfassend lässt sich sagen, dass eine gedeihliche Zusammenarbeit zwischen Urheber und Verleger nur bei intaktem Vertrauensverhältnis möglich ist. Deshalb wird der Verlagsvertrag auch als »Vertrag uberrimae fidei«, also als Vertrag höchsten Vertrauens, bezeichnet.[61]

---

per Verlag wechselte, wechselte auch Walter Moers, »Starautor« des Eichborn Verlags, dorthin, vgl. von Lovenberg, FAZ vom 06.12.2002, S. 41.

59 Schulze, S. 615; vgl. schon Gierke, S. 751: »Der Urheber vertraut dem Verleger sein Persönlichkeitsgut an; der Verleger traut dem inneren Werte und der äußeren Verwertbarkeit der fremden geistigen Schöpfung«.

60 Vgl. Schulze, S. 615; Kühnke, UFITA 9 (1936), S. 123 f. Blumig formuliert Anton Kippenberg in einem Brief an Rilke vom 02.12.1925: »Ihr Verleger sein zu dürfen, ist mein Glück und mein Stolz, ist doch unter dem Strahlen Ihrer Sonne die Insel blühend geworden und gereift. Erhalten Sie mir und uns Ihr Vertrauen und Ihre Freundschaft.«, zitiert nach Frohne, UFITA 316 (2002), 124.

61 Heymann, RabelsZ 11 (1937), 17. Thomas Mann schreibt über das Verhältnis zu seinem Verleger S. Fischer: »Unsere Charaktere passten zu einander, und ich habe immer gefühlt, dass ich der geborene Autor für ihn und er mein geborener Verleger war.«, zitiert nach Mendelsohn, S. XVII. Ein beredtes Zeugnis über das Vertrauensverhältnis zwischen Autor und Verleger geben die anlässlich des Todes von Siegfried Unseld in der FAZ veröffentlichten Beiträge, vgl. Frankfurter Allgemeine Sonntagszeitung vom 27.10.2002, S. 23 f., sowie in der FAZ vom 28.10.2002, S. 39 f.

3. Der Filmbereich

a) Die Nutzungsrechte des Filmherstellers

aa) Das Verfilmungsrecht, § 88 UrhG

Das Verfilmungsrecht berechtigt den Filmhersteller, sich so genannte »filmunabhängig vorbestehende Werke« wie Novellen, Romane oder Theaterstücke, bzw. »filmbestimmt vorbestehende Werke« wie Drehbuch, Filmmusik oder Filmkostüme für die Filmherstellung nutzbar zu machen.[62] Als vorbestehende Werke kommen dabei alle persönlichen geistigen Schöpfungen gemäß § 2 UrhG in Betracht, die vom Filmwerk selbst unterscheidbar und – zumindest auch – eigenständig verwertbar sind.[63] In aller Regel impliziert die Verfilmung eines vorbestehenden Werkes dessen Veränderung und ist daher ein Unterfall der Bearbeitung gemäß § 23 UrhG. Das verdeutlicht auch die ausdrückliche Nennung der Verfilmung in § 23 S. 2 UrhG. Lediglich wenn das verfilmte Werk unverändert oder nicht schöpferisch übernommen wird – etwa ein Werk der bildenden Kunst gefilmt oder ein bereits existierendes Musikstück als Filmmusik auf die Tonspur eines Filmes übertragen wird – liegt statt einer Bearbeitung eine bloße Vervielfältigung gemäß § 16 II UrhG vor.[64]

Das Verfilmungsrecht wird dem Filmhersteller gemäß § 88 I UrhG im Zweifel als ein ausschließliches urheberrechtliches Nutzungsrecht (§ 31 III UrhG) vertraglich eingeräumt. Die Ausgestaltung des Verfilmungsrechts als ausschließliches Nutzungsrecht und seine Erstreckung auf alle bekannten Nutzungsarten trägt dem Umstand Rechnung, dass der Filmhersteller die hohen Produktionskosten[65] nur aufbringen kann und wird, wenn man ihm eine möglichst umfassende und ungestörte Verwertung des Filmwerkes zugesteht.[66]

---

62 von Hartlieb, S. 209; Schack, Urheberrecht, Rn. 1092; Schricker/Katzenberger, vor §§ 88 ff. UrhG, Rn. 27.
63 Schricker/Katzenberger, § 88 UrhG, Rn. 13; Henning-Bodewig in FS Schricker, S. 394.
64 Schricker/Katzenberger, vor § 88 UrhG, Rn. 24; Wallner, S. 88 ff.
65 Das müssen nicht notwendig Rekordsummen wie bei der letzten Verfilmung von »Titanic« (etwa 220 Mio. USD) oder »Lord of the Rings« (etwa 300 Mio. USD) sein. Ein Kinospielfilm kostete Ende der 1990er Jahre in Deutschland durchschnittlich 4,5 Mio. DM, in den USA etwas über 50 Mio. USD, vgl. Eggers, S. 35,

B. Die deutsche Rechtslage

bb) Rechte am Filmwerk, § 89 UrhG

Vom Verfilmungsrecht zu unterscheiden sind die Rechte am Filmwerk selbst. Hieran können verschiedene am Filmwerk mitwirkende Personen ein Urheberrecht erwerben, vor allem der Regisseur, aber z.B. auch der Cutter und der Kameramann.[67] Im Unterschied zu den in § 88 UrhG behandelten vorbestehenden Werken sind die Beiträge hier jedoch gegenüber dem Filmwerk unselbständig und gehen in diesem auf.

Gemäß § 89 I UrhG räumen die Urheber des Filmwerkes dem Filmhersteller im Zweifel ausschließliche Nutzungsrechte für alle bekannten Nutzungsarten ein. § 89 I bildet also eine schlichte Parallele zu § 88 I UrhG und würdigt die hohen Produktionskosten des Filmherstellers.

b) Der Verfilmungsvertrag

aa) Abgrenzung zu anderen Verträgen

Anders als beim Verlags- ist beim Verfilmungsvertrag nicht die unveränderte Übernahme eines vorbestehenden Werkes zur Vervielfältigung und Verbreitung Vertragsgegenstand, sondern die in aller Regel mit einer schöpferischen Tätigkeit einhergehende Umsetzung eines vorbestehenden Werks ins Optische. Außerdem ist der Filmhersteller wegen des hohen finanziellen Risikos nicht zur Verfilmung verpflichtet,[68] wohingegen der Verleger gemäß § 1

Gaitanides, S. 9; Durchschnittliche Produktionskosten zwischen 3,3 und 5,1 Mio € im Jahre 1999 errechnet Hennerkes, S. 37 und 74.
Differenzierend www.vdfkino.de/presse/pdf/vdf_20001114-001.pdf vom 10.04.2003: 1998–2000 wurden 43 deutsche Kinofilme untersucht. Die Herstellungskosten betrugen bei fünf Filmen bis zu 3 Mio. DM, bei fünf weiteren Filmen lagen sie zwischen 3 und 5 Mio. DM, 16 Filme hatten Herstellungskosten von zwischen 5 und 10 Mio. DM, 16 weitere zwischen 10 und 20 Mio. DM und ein Film zwischen 20 und 30 Mio. DM.

66 BT-Drs. IV/270, S. 35 f., 98 ff.; Schricker/Katzenberger, vor §§ 88 ff. UrhG, Rn. 9.

67 Schack, Urheberrecht, Rn. 299; Schricker/Katzenberger, § 89 UrhG, Rn. 1; vgl. zum hier nicht näher darzustellenden Streit um die Filmurheberschaft Schrikker/Katzenberger, vor § 88 UrhG, Rn. 57 ff.; Ulmer, GRUR 1955, 518 ff.; Peifer, S. 188 ff.; rechtsvergleichend Ulmer, Urheber- und Verlagsrecht, S. 198 ff.

68 RGZ 107, 62; Schricker, § 1 VerlG, Rn. 98; Möhring/Nicolini/Lütje, § 88, Rn. 35; Ulmer, Urheber- und Verlagsrecht, S. 498.

S. 2 VerlG das Werk vervielfältigen und verbreiten muss. Wegen dieser grundlegenden Unterschiede verbietet sich eine analoge Anwendung der Vorschriften des VerlG auf den Verfilmungsvertrag.[69]

bb) Vertragsinhalt

Durch den Verfilmungsvertrag verpflichtet sich der Urheber eines vorbestehenden Werks gegen Zahlung einer Vergütung zur Einräumung des Nutzungsrechtes der filmischen Bearbeitung an den Filmhersteller.[70] Explizit geregelt ist dieser Vertragstypus im UrhG nicht, gesetzliche Grundlage sind die §§ 31 V, 88, 90, 93 UrhG.

Auch wenn für den Filmhersteller keine Verpflichtung besteht, das vorbestehende Werk tatsächlich zu verfilmen, kann der Urheber bei Nichtausübung des Verfilmungsrechts bis zum Beginn der Dreharbeiten[71] von seinem Rückrufsrecht gemäß §§ 90 S. 2, 41 UrhG Gebrauch machen.[72]

Der Verfilmungsvertrag ist an keine bestimmte Form gebunden, er kann also – vorbehaltlich von § 40 UrhG – auch mündlich abgeschlossen werden. Jedoch dominiert in der Praxis aus Gründen der Rechtssicherheit die Schriftform[73], die sich nicht zuletzt wegen der in Rede stehenden Höhe des Honorars empfiehlt.[74]

---

69 von Hartlieb, S. 307; Schricker, § 1 VerlG, Rn. 98; Ulmer, Urheber- und Verlagsrecht, S. 498; zur Frage der analogen Anwendbarkeit insbesondere von § 9 VerlG im Filmurheberrecht Wente/Härle, GRUR 1997, 96, 98 f.
70 von Hartlieb, S. 307; Möhring/Nicolini/Lütje, § 88, Rn. 2.
71 Der Begriff »Beginn der Dreharbeiten« ist eng zu verstehen und kann nicht auf die oft kostenintensive Vorbereitungsphase für die Dreharbeiten ausgedehnt werden, vgl. Möhring/Nicolini/Lütje, § 88, Rn. 34; Haas, Rn. 398.
72 Rehbinder, Urheberrecht, S. 324.
73 von Hartlieb, S. 306.
74 Für eine Serienfolge von 30 Minuten erhält ein Autor etwa 10.000 Euro, für einen 90 Minuten Film leicht 50.000 Euro. Bekannte Drehbuchautoren können entsprechend mehr verlangen. Der höchste in Deutschland bezahlte Betrag für eine Buchverfilmung belief sich angeblich auf zwei Mio. DM – für das »Kleine Arschloch« von Walter Moers, erschienen im Eichborn Verlag, verfilmt von Senator Film; Zahlen nach Plinke, S. 110 ff.

cc) Das Vertrauensmoment

Das Verfilmungsrecht an einem Werk eröffnet dem Nutzungsrechtsinhaber einen großen interpretatorischen Spielraum, den der Urheber des vorbestehenden Werkes in aller Regel nur von bestimmten Personen ausgefüllt wissen möchte. So wird dem Autor eines filmunabhängig vorbestehenden Romans daran gelegen sein, dass nur ein Filmhersteller bzw. Regisseur die Schauspieler, Kulisse, Filmmusik usw. auswählt, von dem er sein Werk in seinem Sinne interpretiert glaubt. Natürlich bedarf es auch im Filmbereich der Differenzierung zwischen einer künstlerisch anspruchsvollen Verfilmung eines hochwertigen Romans und einem holzschnittartigen Seriendrehbuch. Jedoch wird sich der Urheber – wenn er die Wahl hat – insbesondere vor dem Hintergrund der weitreichenden Ausgestaltung des Verfilmungsrechts als ausschließliches Nutzungsrecht für alle Nutzungsarten, einschließlich der Übersetzung und weiteren filmischen Bearbeitung, meist genau überlegen, wem er seine Schöpfung anvertraut.[75] Schließlich ermöglicht § 93 UrhG[76] dem Filmhersteller sogar Entstellungen und Beeinträchtigungen vorbestehender Werke.[77]

Auf Seiten des Filmherstellers ist vornehmlich Vertrauen in die Qualität des vorbestehenden Werkes erforderlich, weil es Grundbestandteil seines finanziell oft sehr aufwendigen Projektes wird. Ein Film mit miserablem Drehbuch und unterdurchschnittlicher Filmmusik wird im Zweifel kein Kassenschlager.

c) Verträge mit den Filmschaffenden

aa) Abgrenzung von anderen Verträgen

Im Unterschied zum Verfilmungsvertrag sind hier statt der Urheber vorbestehender Werke die Filmschaffenden – d.h. die an der Herstellung des Filmes

---

[75] Die Gegenansicht von Eckstein, S. 28 f., der dem Verfilmungsrecht jeden persönlichkeitsrechtlichen Einschlag abspricht und behauptet, dass es einem Autor bis auf wenige Ausnahmefälle ganz gleichgültig sei, von wem und wie sein Werk verfilmt wird, stammt von 1924 und ist nicht mehr zeitgemäß.

[76] Einen Überblick über die Kritik an § 93 UrhG gibt Wallner, S. 100 ff.

[77] Beispielsweise musste Michael Ende die tendenzverändernde Verfilmung seines Romans »Die unendliche Geschichte« akzeptieren, OLG München, GRUR 1986, 460 ff.; kritisch hierzu Schack, Urheberrecht, Rn. 365 und Fromm/Nordemann/Hertin, § 93, Rn. 5 a.E.

unmittelbar Beteiligten – Vertragspartner des Filmherstellers. Das müssen nicht notwendig Mitwirkende sein, die dank der Schöpfungshöhe ihrer Tätigkeit ein Urheberrecht am Filmwerk erwerben, sondern können auch solche sein, die künstlerische Leistungen erbringen oder kaufmännische, technische oder organisatorische Funktionen wahrnehmen.[78] Vorliegend interessiert jedoch nur der urheberrechtlich relevante Bereich.

Anders als ein Verfilmungsvertrag weist der Vertrag mit einem Filmschaffenden meist arbeitsrechtlichen Charakter auf, da der Filmschaffende während seiner Mitwirkung an der Filmherstellung in aller Regel den Anordnungen des Filmproduzenten unterliegt und es sich daher um in persönlicher Abhängigkeit erbrachte Dienstleistungen handelt.[79]

bb) Vertragsinhalt

Durch den Vertrag verpflichtet sich der Filmschaffende gegenüber dem Filmhersteller gegen Zahlung einer bestimmten Vergütung zur Mitwirkung bei der Herstellung des Filmwerkes. Damit räumt er dem Filmhersteller kraft § 89 I UrhG im Zweifelsfall ein ausschließliches Nutzungsrecht für alle Nutzungsarten an seinem Urheberrecht am Filmwerk ein. Durch diese gesetzliche Vermutung bedarf es keiner weiteren Vereinbarung über die Einräumung von Nutzungsrechten, da bereits die Mitwirkung am Filmwerk genügt, um dem Filmhersteller im Zweifelsfall alle notwendigen Rechte zu sichern.[80] Durch diese weitreichende Rechtseinräumung erhält der Filmhersteller praktisch die Stellung eines Alleinnutzungsberechtigten.[81]

Ihre rechtliche Grundlage finden die Verträge mit den Filmschaffenden in den §§ 31 V, 89, 90, 92, 93 UrhG. Der genaue Vertragsinhalt ergibt sich dann aus dem jeweils abgeschlossenen Einzelvertrag, zu dem der Tarifvertrag für

---

78 Henning-Bodewig in FS Schricker, S. 397; von Hartlieb, S. 315.
79 OLG München UFITA 44 (1965), 207, 210; BAG UFITA 92 (1982), 242; Schricker, vor §§ 28 ff. UrhG, Rn. 104; von Hartlieb, S. 315; kritisch Reupert, S. 254 ff.; abweichend OLG München ZUM 1989, 146, 149.
80 von Hartlieb, S. 316.
81 Hinweise auf Kritik an dieser insbesondere im Vergleich zum Regisseur sehr weitreichenden rechtlichen Stellung des Filmherstellers finden sich in Henning-Bodewig in FS Schricker, S 398, Fn. 33.

B. Die deutsche Rechtslage

Film- und Fernsehschaffende vom 24.05.1996[82] ergänzend herangezogen werden muss.

cc) Das Vertrauensmoment

Die Filmschaffenden räumen dem Filmhersteller umfassende Nutzungsrechte an ihren persönlichen geistigen Schöpfungen ein und müssen zudem wegen §§ 90, 93 UrhG nicht nur auf bestimmte Rückrufsrechte, sondern weitgehend auch auf Schutz vor Entstellung ihrer Werke verzichten. Daher ist es auch für sie von Belang, mit wem sie zusammenarbeiten und wem sie diese weitreichenden Befugnisse zugestehen.

II. Unternehmensveränderungen i.S.d. § 34 III UrhG

1. Grundlagen

a) Das Unternehmen als Gegenstand des Rechtsverkehrs

Von anderen Gegenständen des Rechtsverkehrs unterscheidet sich ein Unternehmen durch seine Komplexität. Zum Rechtsobjekt »Unternehmen« gehören neben körperlichen Gegenständen, wie etwa einem Betriebsgrundstück, und in verbindliche rechtliche Formen gekleideten unkörperlichen Vermögensgegenständen, wie Forderungen und Immaterialgüterrechten, auch immaterielle Werte wie der Kundenstamm, der gute Ruf und Geschäftschancen. Ein Unternehmen kann daher als Gesamtheit von Sachen und Rechten, tatsächlichen Beziehungen und Erfahrungen sowie von, im und für das Unternehmen erbrachten Leistungsergebnissen verstanden werden.[83] Im Urheberrecht wird das Unternehmen üblicherweise definiert als eine auf Dauer angelegte Zusammenfassung wirtschaftlicher und finanzieller Mittel, die als wirtschaftliche Einheit am Wirtschaftsleben teilnimmt.[84] Obwohl Gesetz, Rechtsprechung und Literatur keine einheitliche Definition des »Unternehmens« kennen, besteht Einigkeit darüber, dass ein Unternehmen Gegenstand des Rechtsverkehrs sein kann, mithin kauf- und verkauffähig ist.[85]

---

82 Auszugsweise abgedruckt in der dtv-Textausgabe Urheber- und Verlagsrecht, 9. Auflage 2002, Nr. 10a.
83 Beisel/Klumpp, Kapitel 1, Rn. 14.
84 von Gamm, § 34 UrhG, Rn. 14; Wandtke/Grunert in Wandtke/Bullinger, § 34, Rn. 18.
85 Beisel/Klumpp, Kapitel 1, Rn. 19.

Schuldrechtlich ist das wenig problematisch, da mit abstrakten Begriffen gearbeitet werden kann. Hier kann das Unternehmen über seinen Unternehmensträger[86] als Einheit auftreten.[87] Auf sachenrechtlicher Ebene jedoch verlangt der Bestimmtheitsgrundsatz bei einer Veräußerung die Einzelübertragung aller Sachen und Rechte.[88] Außerdem muss der Veräußerer den Erwerber derart in den Tätigkeitsbereich des Unternehmens einweisen, dass letzterer das Unternehmen so fortführen kann, wie er es beim Veräußerer vorfand.[89]

b) Unternehmen i.S.d. § 34 III UrhG

Unternehmen i.S.d. § 34 III UrhG können nur solche sein, die Nutzungsrechte innehaben. Hierzu zählen vornehmlich Buch-, Zeitungs-, Zeitschriften- und Musikverlage, Filmproduktionsgesellschaften, Theaterunternehmen, Hochschulen und Forschungsstätten.[90] Es ist aber nicht notwendig, dass sich das Unternehmen speziell mit der Verwertung urheberrechtlicher Nutzungsrechte befasst, um dem Anwendungsbereich von § 34 III UrhG zu unterfallen. Vielmehr reicht es aus, wenn ein auf anderem Gebiet tätiges erwerbswirtschaftliches Unternehmen urheberrechtliche Nutzungsrechte – zum Beispiel an bestimmten Werbegestaltungen – innehat.[91] Unerheblich ist also, ob es sich um ein künstlerisch, gewerblich oder industriell ausgerichtetes Unternehmen handelt. Ferner ist es ohne Bedeutung, in welcher Rechtsform das Unternehmen organisiert ist.[92]

In den hier behandelten Bereichen Verlag und Film nimmt der des Verlags in der Praxis die bedeutendere Rolle ein, da die deutsche Verlagslandschaft

---

[86] Dies kann eine natürliche oder juristische Person sein, vgl. hierzu näher K. Schmidt, S. 88 ff; Hölters/Semler, S. 522.
[87] K. Schmidt, S. 140 ; Holzapfel/Pöllath, Rn. 130.
[88] BGH WM 1986, 594; MünchKomm/Westermann, § 433 BGB, Rn. 10; MünchKomm/Quack, § 929 BGB, Rn. 75 ff.; speziell zum Bestimmtheitserfordernis beim Unternehmenskauf Beisel/Klumpp, Kapitel 4, Rn. 17 ff.
[89] K. Schmidt, S. 141, 148.
[90] Vgl. die Aufzählung bei Wandtke/Grunert in Wandtke/Bullinger, § 34, Rn. 18.
[91] von Gamm, § 34 UrhG, Rn. 14; Schricker, § 34 UrhG, Rn. 20.
[92] Wandtke/Grunert in Wandtke/Bullinger, § 34, Rn. 18.

mit ihren zahlreichen kleinen und mittelständischen Unternehmen mehr Unternehmensveränderungen hervorbringen kann als der Filmbereich.[93]

c) Motive für Unternehmensveräußerungen

Die Beweggründe für eine Unternehmensveräußerung sind vielfältig. Sie können persönlicher Natur sein, wie etwa das Erreichen einer Altersgrenze, das Fehlen von Nachfolgern, Krankheits- oder Todesfall. Auslöser für einen Verkauf können auch ungünstig gewordene Rahmenbedingungen sein. Wirtschaftliche und politische Parameter, wie beispielsweise gestiegene oder steigende Steuerbelastung, zunehmender gewerkschaftlicher Einfluss oder Gesetzesänderungen, können einen Verkauf nahe legen. Gründe für einen Verkauf sind nicht selten auch vom Unternehmer zu vertreten oder im Unternehmen selbst zu suchen. Zu dieser Gruppe zählen eine schlechte Standortwahl, Fehlverhalten am Markt, fehlende Flexibilität, Mangel an Eigenkapital und Ähnliches mehr.[94] Schließlich sind klassische strategische Motive Anlass für M&A–Transaktionen: die Sicherung des Zugangs zu erfolgversprechenden Inhalten, die Expansion in neue Geschäftsfelder oder neue geografische Märkte, Sicherung und Ausbau der Wettbewerbsposition in den bestehenden Geschäftsfeldern durch Beteiligung an Konkurrenten (Konzentration) oder die Errichtung von Markteintrittsbarrieren gegenüber potenziellen Konkurrenten.

2. *Der Unternehmensverkauf*

a) Gesamtveräußerung

Die Gesamtveräußerung eines Unternehmens kann auf zwei verschiedene Arten erfolgen. Entweder man trennt das Unternehmen von seinem bisherigen Rechtsträger und überträgt seine einzelnen Wirtschaftsgüter (Asset deal) oder man überträgt den Rechtsträger des Unternehmens (Share deal). Funktionell sind die beiden Verfahren austauschbar, rechtstechnisch jedoch zu unterscheiden.[95]

---

93 So sind über 2000 Verlage Mitglied im Börsenverein des Deutschen Buchhandels e.V., vgl. www.boersenverein.de. Vgl. auch die Anlagen 1 und 4.
94 Vgl. zu den Motivgruppen Beisel/Klumpp, Kapitel 1, Rn. 1 ff.
95 K. Schmidt, S. 143; zu den steuerlichen Unterschieden zwischen den beiden Alternativen Holzapfel/Pöllath, Rn. 137 ff.

aa) Asset deal

Beim Asset Deal erfolgt die Übertragung des Unternehmens durch eine Abtrennung vom Rechtsträger, verbunden mit der Einzelübertragung seiner Wirtschaftsgüter. Wirtschaftsgüter können unbewegliche und bewegliche Sachen, Forderungen, Rechte und immaterielle Vermögenswerte sein. Hierzu zählen auch die urheberrechtlichen Nutzungsrechte,[96] die im Verlags- und Filmbereich oft das wichtigste Wirtschaftsgut des Unternehmens verkörpern.[97]

Zusätzlich zur Übertragung aller zum Unternehmen gehörenden Gegenstände muss der Verkäufer den Käufer als Unternehmensträger in den Tätigkeitsbereich einsetzen, da ein Unternehmen mehr als die Summe aller Sachen und Rechte ist und erst hierdurch das Unternehmen als »Organismus« übertragen wird. Hinsichtlich der einzelnen Sachen und Rechte finden die jeweils für ihre Übertragung geltenden Vorschriften Anwendung.[98] Gehört beispielsweise ein Grundstück zum Unternehmen, so ist für den Kaufvertrag die Formvorschrift des § 311b I BGB zu beachten, die Übereignung erfolgt dann gemäß §§ 925, 873 BGB. Bei der Übertragung der urheberrechtlichen Nutzungsrechte etwa muss § 34 UrhG berücksichtigt werden. Verfügungsgegenstand sind beim Asset deal also die einzelnen Vermögensgegenstände[99], was insbesondere bei größeren Unternehmen kompliziert und komplex sein kann, da dann die Erfassung, Bezeichnung und Bewertung der einzelnen Wirtschaftsgüter erheblichen Aufwand erfordern, zumal die Bewertung schnelllebigen Änderungen ausgesetzt sein kann.

bb) Share deal

Beim Share deal verbleibt das Unternehmen bei seinem Rechtsträger, jedoch wird dieser selbst übertragen. Der Käufer erwirbt somit Beteiligungsrechte am Unternehmensträger, also Gesellschaftsanteile an einer Personen- oder Kapitalgesellschaft.[100] Verfügungsgegenstand ist beim Share deal daher der Rechtsträger. Das vereinfacht den dinglichen Vollzug, da hier trotz des sa-

---

96 Kraft/Kreutz, S. 132.
97 Kästing/Klock/Haag, S. 60; Schleifenbaum, S. 34; Löffler/Gaitzsch, AfP 1976, 161 f.
98 BGH JW 1968, 392, 393.
99 K. Schmidt, S. 143 f.; Holzapfel/Pöllath, Rn. 827; Hölters/Semler, S. 557 ff.
100 *Hölters/Semler*, S. 523 f.

B. Die deutsche Rechtslage

chenrechtlichen Bestimmtheitsgrundsatzes keine Einzelübertragung aller Wirtschaftsgüter notwendig ist.[101] Die Bewertung von Gesellschaftsanteilen stößt jedoch oftmals auf Schwierigkeiten, zumal wenn strategische Interessen zu berücksichtigen sind. Der Kauf von Gesellschaftsanteilen ist ein Rechtskauf gemäß § 453 BGB. Die Abtretung der Gesellschaftsrechte erfolgt durch einen Abtretungsvertrag gemäß §§ 398, 413 BGB, der teils bestimmten Form-, Zustimmungs- und Genehmigungserfordernissen unterliegt.[102]

(1)   Konkretisierung des Kaufgegenstandes

Da beim Share deal Beteiligungsrechte übergehen, bedarf es der genauen Klärung, welche Vermögenswerte mit dem Unternehmen verbunden sind und in welchem Umfang sowie zu welchem Preis sie übergehen sollen. Klärungsbedürftig ist beispielsweise, ob neben dem Kapitalanteil auch weitere Rechte und Pflichten des veräußernden Gesellschafters wie etwaige Guthaben auf den Gesellschaftskonten oder Verpflichtungen aus unberechtigten oder auszugleichenden Entnahmen mitübertragen werden. Wenn abweichende Vereinbarungen nicht vorliegen, gelten im Zweifel die aus dem Rechenwerk der Gesellschaft ersichtlichen Rechte und Pflichten in ihrem am Tag der Abtretung vorhandenen Umfang als verkauft.[103] Steht die objektive Zugehörigkeit der urheberrechtlichen Nutzungsrechte zum Unternehmen nicht eindeutig fest, kommt es somit für ihren Übergang im Rahmen des Beteiligungserwerbs darauf an, ob sie im Rechenwerk der Gesellschaft auftauchen.

Für nicht entgeltlich erworbene immaterielle Vermögenswerte des Anlagevermögens darf als Ausprägung des Vorsichtsprinzips gemäß § 248 II HGB kein Aktivposten angesetzt werden.[104] Da die urheberrechtlichen Nutzungsrechte jedoch in aller Regel nur gegen Entgelt übertragen werden, greift für sie die aus dem Vollständigkeitsgebot resultierende Aktivierungspflicht ge-

---

101 *K. Schmidt*, S. 143 f; *Hölters/Semler*, S. 524.
102 Hier ist insbesondere an § 15 III GmbHG zu denken, vgl. *Beisel/Klumpp*, Kapitel 1, Rn. 86 ff. Ausführlich *Hölters/Semler*, S. 580 ff.
103 BGHZ 45, 221, 223; *Beisel/Klumpp*, Kapitel 4, Rn. 8; *Hölters/Semler*, S. 564. Der Begriff des Rechenwerks wird weit verstanden, er umfasst Bilanzen, Konten usw. Maßgeblich ist das Zahlenmaterial, in das der Erwerber beim Kauf üblicherweise Einsicht nimmt.
104 *Staub/Kleindiek*, § 248, Rn. 11.

mäß § 246 I HGB.[105] Handelt es sich indes um einen Arbeitnehmerurheber, so überträgt er seine Nutzungsrechte an das Verwertungsunternehmen meist nicht gegen zusätzliches Entgelt, sondern erhält nur den Arbeitslohn. Solche Nutzungsrechte sind nicht aktivierbar. Da jedoch die Gesellschaft als Arbeitgeber Nutzungsrechtsinhaber ist, kann auch ein Erwerber von Gesellschaftsanteilen diese Rechte nutzen.[106]

Ist das Nutzungsrecht indes weder in der Bilanz enthalten noch der Urheber Arbeitnehmer, so muss der Anteilskäufer prüfen, ob das Nutzungsrecht nicht der Gesellschaft, sondern einem Gesellschafter privat gehört. Es handelt sich dann um Sonderbetriebsvermögen eines Personengesellschafters.[107] In diesem Fall bedarf es des Abschlusses eines zusätzlichen Kaufvertrages und der Übertragung des Nutzungsrechts im Wege der Einzelrechtsnachfolge.[108]

(2)   Gesamtveräußerung durch Teilübertragungen

Beim Share deal müssen nicht zwangsläufig alle Gesellschaftsanteile übertragen werden. Es ist möglich und üblich, lediglich Beteiligungsanteile zu veräußern. Ab wann es sich in diesem Fall um eine Gesamtveräußerung handelt, ab wann also ein Anteilsrechtskauf wie ein Unternehmenssachkauf zu behandeln ist, ist unklar.[109] Indiz für eine Gesamtveräußerung ist, ob der Erwerber über seinen Anteil Einfluss auf die Unternehmensleitung nehmen kann, wovon bei einem Erwerb von 75 % der Anteile einer GmbH oder AG sicher ausgegangen werden kann. Handelt es sich um eine GmbH, so liegt wohl auch schon bei einer Veräußerung von 50 % der Gesellschaftsanteile

---

105 *Staub/Kleindiek*, § 248, Rn. 13; ausführlich problematisiert wird die Aktivierungsfähigkeit von Nutzungsrechten von *Kußmaul* in BB 1987, 2053 ff.
106 *Hemler*, S. 31.
107 *Beisel/Klumpp*, Kapitel 4, Rn. 10.
108 *Beisel/Klumpp*, Kapitel 4, Rn. 11; *Hemler*, S. 31.
109 *Beisel/Klumpp*, Kapitel 1, Rn. 27 f.; *Holzapfel/Pöllath*, Rn. 401. In der Rechtsprechung wurde der Erwerb einer 40 %igen (BGH GmbHR 2001, 516, 517), 49 %igen (BGHZ 65, 246, 250) und 60 %igen (BGH WM 1980, 1006 f.) Beteiligung als nicht ausreichend angesehen, wegen der damit verbundenen Möglichkeit einer Satzungsänderung (§§ 53 II 1 GmbHG, 179 II 1 AktG) eine Beteiligung von 75 % (BGH NJW 1980, 2408, 2409) hingegen als ausreichend. Vor der Schuldrechtsmodernisierung war die Abgrenzung für die Anwendbarkeit der Gewährleistungsvorschriften des Kaufrechts relevant. Durch die Einführung des § 453 I BGB 2001 hat die Abgrenzung insoweit an Bedeutung verloren.

B. Die deutsche Rechtslage

eine Gesamtveräußerung vor, da – sofern im Gesellschaftsvertrag nichts Abweichendes vereinbart ist – gemäß § 37 I GmbHG der Gesellschafterversammlung die Befugnis zusteht, mit einfacher Mehrheit Weisungen an die Geschäftsführung zu erteilen.[110]

Aus urheberrechtlicher Sicht ist im Einzelfall ausschlaggebend, ob durch die Teilübertragung die Verwertung des Nutzungsrechts in einem derart veränderten Umfeld erfolgt, dass sich für den Urheber eine der Gesamtveräußerung vergleichbare Situation ergibt. Im einzelnen muss nicht entschieden werden, ob es sich um eine Gesamtveräußerung handelt, da in Zweifelsfällen jedenfalls eine wesentliche Änderung der Beteiligungsverhältnisse[111] vorliegt, die § 34 III 3 UrhG einer Gesamtveräußerung gleichstellt.

b) Teilveräußerung

§ 34 III 1, 2. Alt UrhG trägt dem Umstand Rechnung, dass nicht immer das ganze Unternehmen veräußert wird. Häufiger sind Veräußerungen von abgrenzbaren Unternehmensteilen[112]. Für die Abgrenzbarkeit können Kriterien wie Inhalt, Gegenstand oder Tendenz des zur Verwertung stehenden Werkes ebenso herangezogen werden wie die Verwertungsform.[113] Veräußerungsgegenstand kann etwa die Kinder- oder Taschenbuchabteilung eines Buchverlags oder die Klassikabteilung eines Musikverlags sein.[114] So hat beispielsweise der zum internationalen Verlag John Wiley & Sons, Inc., New York gehörende Verlag Wiley-VCH GmbH im Zuge strategischer Überlegungen

---

110 *Scholz/Schneider*, § 37, Rn. 30 ff.; *Wandtke/Grunert* in *Wandtke/Bullinger*, § 34, Rn. 22.
111 Hierzu sogleich unten S. 51.
112 Der Ablauf einer Teilveräußerung gemäß § 34 III 1, 2. Alt UrhG ist am Beispiel des Übergangs der »Werkstatt-Reihe« vom Poeschel Verlag auf den Münchner Verlag Dokumentation anschaulich beschrieben bei *Delp*, S. 94 ff.
113 *von Gamm*, § 34 UrhG, Rn. 14.
114 Vgl. die Aufzählung bei *Wandtke/Grunert* in *Wandtke/Bullinger*, § 34, Rn. 19. Wird ein Tochterunternehmen veräußert, so ließe sich dieser Vorgang auch als Gesamtveräußerung qualifizieren, wenn man das Tochterunternehmen als eigene Einheit ansieht. Im Ergebnis kann die Einordnung dahinstehen, da § 34 III 1 UrhG sowohl die Gesamt-, als auch die Teilveräußerung umfasst.

seinen Programmbereich »Recht« an den Verlag C.H. Beck OHG übertragen.[115]

Einzelne Verlagszweige lassen sich je nach Art und Umfang weiter untergliedern. So kann etwa die juristische Fachabteilung eines Verlages aus einer rechtshistorischen und einer steuerrechtlichen Unterabteilung bestehen, die jeweils teilveräußert werden können. Jedoch darf die Aufspaltung nicht so weit gehen, dass das grundsätzliche Zustimmungserfordernis des Urhebers gemäß § 34 I UrhG ad absurdum geführt und aus der Ausnahme die Regel wird.[116] Es muss sich stets um einen sinnvoll abgrenzbaren Unternehmensteil handeln, was für gewöhnlich bei einzelnen Werkgruppen oder Nutzungsrechten an Werken nur eines Autors seltener der Fall sein wird als bei der Veräußerung eines größeren Verlagszweiges. Denkbar ist im Extremfall indes auch ein Unternehmensteil, der aus nur einem Werk besteht.[117]

Unerheblich ist, wie der bisherige organisatorische Zuschnitt des Unternehmens war; es genügt, wenn die Abgrenzung des Unternehmensteils mit der Veräußerung erfolgt. Eine vorherige organisatorische und wirtschaftliche Trennung innerhalb des Gesamtunternehmens muss nicht bestanden haben.[118]

---

115 Die Veräußerung umfasste neben Büchern und elektronischen Produkten auch die renommierten Zeitschriften GRUR, GRUR International und IIC und ist typisches Beispiel für eine Teilveräußerung i.S.d. § 34 III 1, 2. Alt UrhG mit der Folge, dass es einer Zustimmung der Urheber nicht bedurfte. Das Buchprogramm ging zum 01.11.2000 über, die Zeitschriften erscheinen, verstärkt um einen neu gegründeten GRUR-Rechtsprechungsreport, seit Januar 2001 bei C.H. Beck. Der strategische Transfer wurde damit begründet, dass ein juristischer Verlag wie C.H. Beck die größere Kompetenz in der Marktbearbeitung habe – Wiley-VCH hingegen ist ein führender Verlag auf dem Gebiet der Naturwissenschaften. Vgl. hierzu die Mitteilung der Wiley-VCH GmbH, Weinheim vom 22.09.2000, abrufbar unter www.wiley-vch.de/publish/dt/company/news/archive. Da die GRUR überdies ein Sammelwerk gemäß § 4 UrhG ist, hätte – sofern die Voraussetzungen des § 34 III UrhG nicht vorgelegen hätten – für die Übertragung der Nutzungsrechte die Zustimmung des Urhebers des Sammelwerkes ausgereicht, § 34 II UrhG.
116 *Schricker*, § 28 VerlG, Rn. 6; *Leiss*, § 28, Rn. 7.
117 Zu denken wäre hier etwa an eine Enzyklopädie oder ein Literaturlexikon. Zur Frage, wie weit eine Untergliederung des Unternehmensteils gehen kann, *Lößl*, S. 76 f.
118 *von Gamm*, § 34 UrhG, Rn. 14; *Haas*, Rn. 105.

Beweggrund für eine Teilveräußerung können insbesondere die angestrebte Glättung des Unternehmensprofils, ein lukratives Angebot von Konkurrentenseite oder eine Tendenzveränderung bzw. Neuorientierung des Unternehmens sein.

3. Beteiligungsänderungen

Durch § 34 III 3 UrhG wird seit dem 01.07.2002 eine wesentliche Änderung der Beteiligungsverhältnisse an der Trägergesellschaft des Verwertungsunternehmens der Gesamt- oder Teilveräußerung gleichgestellt. Bereits vor dieser Neuerung wurden gesellschaftsrechtliche Zuordnungsänderungen wie die Aufnahme eines neuen Gesellschafters von einem Teil der Literatur der Unternehmensveräußerung gleichgestellt – allerdings nur, wenn sie zu einer Änderung der Rechtszuständigkeit führten.[119]

Der insoweit eindeutige Wortlaut von § 34 III 3 UrhG stellt klar, dass nun bereits eine bloße Beteiligungsänderung ausreicht, um den Anwendungsbereich des § 34 III UrhG zu eröffnen und dem Urheber ein Rückrufsrecht zuzubilligen. Eine konkrete Einflussnahme des Beteiligungserwerbers ist nicht notwendig.[120] Die Rückrufsmöglichkeit für den Urheber ist somit lediglich an die Erwartung einer in Zukunft möglicherweise eintretenden Beeinträchtigung der Urheberinteressen infolge der künftigen Ausübung des Nutzungsrechtes durch den Erwerber geknüpft, nicht an einen konkreten Anlass.[121]

Beim Share deal ist die Abgrenzung zwischen Unternehmensveräußerung und Beteiligungsänderung unklar, die Übergänge sind fließend. Sofern die Beteiligungsänderung gleichzeitig eine Unternehmensveräußerung gemäß § 34 III 1 darstellt, ist § 34 III 3 UrhG überflüssig bzw. hätte lediglich klarstellende Bedeutung.[122] Relevant wird Satz 3 daher vornehmlich in den Fällen, in denen ersichtlich die Schwelle zur Unternehmensveräußerung noch nicht überschritten ist, es aber zu Beteiligungsänderungen gekommen ist, die

---

119 *Schricker*, § 34 UrhG, Rn. 7, 20; a.A. *Fromm/Nordemann/Hertin*, § 34, Rn. 12, wonach die Einbringung eines Verlages in eine Kapitalgesellschaft und die Fusion zweier Verlage nicht unter § 34 III UrhG fallen.
120 Gegen *Hemler*, S. 106 ff., der allerdings die alte Rechtslage behandelt, bei der die Beteiligungsänderung keine Erwähnung im Gesetzestext fand.
121 *Nordemann*, Urhebervertragsrecht, S. 111 f.
122 *Wandtke/Grunert* in *Wandtke/Bullinger*, § 34, Rn. 26.

sich für den Urheber ähnlich wie eine Unternehmensveräußerung auswirken. Zwar findet bei einer bloßen Beteiligungsänderung eine grundsätzlich zustimmungsbedürftige Übertragung des Nutzungsrechts gerade nicht statt, da der Unternehmensträger sich nicht ändert. Es handelt sich also um keinen Fall der Unternehmensveräußerung. Jedoch kann auch eine veränderte Zusammensetzung der Gesellschafterverhältnisse die Fortsetzung der Vertragsverhältnisse für den Urheber unzumutbar werden lassen.[123] Zusätzliche Bedeutung bekommt die Beteiligung eines Unternehmens an einem anderen dadurch, dass sie oft die erste Stufe einer Unternehmensübernahme ist:[124] Dem Ausbau der Beteiligung folgt die Abhängigkeit, die Begründung eines faktischen Konzerns und nach der Überleitung in einen Vertragskonzern schließlich die Verschmelzung der Unternehmen.[125]

a) Beteiligungsverhältnisse und gesellschaftliche Abhängigkeit

Erwirbt ein Unternehmen eine Beteiligung an einem anderen, so sind beide Unternehmen miteinander verbunden und können in gewissem Maße aufeinander Einfluss nehmen. Das Recht der verbundenen Unternehmen wird als Konzernrecht bezeichnet und findet seine rechtliche Verankerung vornehmlich in §§ 15 ff., 291 ff. AktG.[126] Der Anwendungsbereich der §§ 15–22 AktG beschränkt sich indes nicht auf Aktiengesellschaften und KGaA, sondern umfasst als eine Art »Allgemeiner Teil« des deutschen Konzernrechts Unternehmen jeder Rechtsform, sofern bei ihnen eine Anteils- oder Stimmenmehrheit denkbar ist.[127] Die in §§ 16 und 17 AktG enthaltenen Regelungen zur Mehrheitsbeteiligung und Abhängigkeit gelten daher vorbehaltlich einiger Abweichungen auch für die GmbH und Personengesellschaften.

---

123 *Haas*, Rn. 117; im einzelnen zur Unzumutbarkeit unten S. 79 ff.
124 So hat beispielsweise der Holtzbrinck-Konzern allein auf dem Taschenbuchsektor erst über Minderheits-, dann Mehrheitsbeteiligungen die Verlage Droemer-Knaur, Fischer, Kindler und Rowohlt schließlich ganz erworben, vgl. *Schönstedt*, S. 44.
125 *Emmerich/Sonnenschein/Habersack*, S. 10, 158.
126 Einzelheiten bei *Emmerich/Habersack*, Einleitung, Rn. 1 ff.
127 *Emmerich/Habersack*, § 16, Rn. 4; insbesondere zum Unternehmensbegriff *Emmerich/Sonnenschein/Habersack*, S. 31 ff.; *Eisenhardt*, Rn. 838 ff.

B. Die deutsche Rechtslage

aa) Aktiengesellschaft

(1) Mehrheitsbeteiligung

§ 16 I AktG unterscheidet zwei Arten der Mehrheitsbeteiligung, die Anteils- oder Kapitalmehrheit und die Stimmenmehrheit. Meist besteht zwischen diesen Alternativen kein Unterschied. Abweichungen können jedoch durch die Ausgabe von Mehrstimmrechtsaktien oder stimmrechtslosen Vorzugsaktien oder durch die Einführung von Stimmrechtsbeschränkungen durch die Satzung entstehen.[128]

Erlangt wird die Mehrheit an einer Aktiengesellschaft durch Erwerb der Mehrheit der Anteile, also der Aktienmehrheit. Zur näheren Berechnung der Mehrheit enthält § 16 II-IV AktG weitergehende Bestimmungen.[129]

Liegt eine Mehrheitsbeteiligung vor, so wird gemäß § 17 II AktG vermutet, dass das in Mehrheitsbesitz stehende Unternehmen von dem an ihm mit Mehrheit beteiligten Unternehmen abhängig ist. Der Mehrheitsaktionär besitzt zwar keinen unmittelbaren, wohl aber einen mittelbaren Einfluss auf die unternehmerischen Aktivitäten der Gesellschaft, da er über die Wahl der von ihm wegen § 101 AktG abhängigen Aufsichtsratsmitglieder gemäß § 84 AktG die Zusammensetzung des Vorstandes beeinflussen kann. Letzterem obliegt gemäß § 76 I AktG die Leitung der Gesellschaft – zwar in eigener Verantwortung, jedoch kann sich der Vorstand dem Einfluss des Aufsichtrates nicht entziehen. Dem Mehrheitsaktionär ist es also möglich, über die Personalpolitik mittelbar auch die Geschäftspolitik der Aktiengesellschaft zu beeinflussen.[130]

(2) Minderheitsbeteiligung

Auch bei einer Minderheitsbeteiligung kann der Einfluss der erwerbenden Gesellschaft auf die Personal- und damit die Unternehmenspolitik erheblich sein. Bedeutet zum Beispiel die durchschnittliche Hauptversammlungspräsenz, dass die Minderheitsbeteiligung eine sichere Hauptversammlungsmehrheit bildet, so ist auch sie geeignet, die Abhängigkeit der Gesellschaft zu begründen.[131] Außerdem kann die Minderheitsbeteiligung durch Stimmbin-

---

128 *Emmerich/Habersack*, § 16, Rn. 3.
129 Hierzu *Emmerich/Habersack*, § 16, Rn. 10 ff.
130 *Emmerich/Sonnenschein/Habersack*, S. 45 f.
131 BGHZ 69, 334, 347; 135, 107, 114 f.; *Emmerich/Habersack*, § 17, Rn. 17.

dungsverträge, Stimmrechtsvollmachten oder auch familiäre Beziehungen aufgewertet werden und dadurch erheblichen Einfluss auf die Gesellschaft gewinnen.[132]

(3) Sperrminorität

Schließlich ist die Beeinflussung der Gesellschaft auch über eine Sperrminorität möglich. Durch eine Sperrminorität können gemäß § 179 II 1 AktG Grundlagenentscheidungen blockiert werden, so dass die Verwaltung der Gesellschaft auf die Gesellschafter, die über eine Sperrminorität verfügen, Rücksicht nehmen wird. Die »negative Beherrschung« in Form einer Sperrminorität wird konzernrechtlich allerdings höchstens unter bestimmten Voraussetzungen[133] als Abhängigkeit i.S.d. § 17 AktG anerkannt, da eine Sperrminorität allein noch keinen Einfluss auf die Zusammensetzung der Organe der Beteiligungsgesellschaft verleiht.[134]

bb) Gesellschaft mit beschränkter Haftung

In vielerlei Hinsicht vergleichbar ist die Situation bei der GmbH, allerdings gibt es einige wesentliche Abweichungen.

Im Unterschied zur Aktiengesellschaft (vgl. § 76 I AktG) ist es bei einer GmbH der Gesellschafterversammlung und, falls er eingerichtet ist, dem Aufsichtsrat möglich, den Geschäftsführern in allen wichtigeren Fragen der Geschäftspolitik Weisungen zu erteilen, vgl. §§ 37 I, 38 I, 46 Nr. 5 und 6 GmbHG i.V.m. der jeweiligen Satzung.[135] Erwirbt ein fremdes Unternehmen die Mehrheit der Gesellschaftsanteile, so sind seine Möglichkeiten zur Einflussnahme dementsprechend groß. Dadurch wiegt die Vermutung der Ab-

---

132 *Hüffer*, § 17, Rn. 9; *Emmerich/Habersack*, § 17, Rn. 19; *Emmerich/Sonnenschein/Habersack*, S. 49 f.

133 Denkbar wäre, dass abweichend von § 133 I AktG die Satzung für die Wahl des Aufsichtsrats eine höhere Mehrheit fordert und deshalb gegen die Sperrminorität eine Wiederbestellung des Vorstandes nicht möglich ist. Dann wäre nicht auszuschließen, dass die Unternehmensleitung zur Vermeidung persönlicher Nachteile den Wünschen eines nur mit Sperrminorität beteiligten Unternehmens nachkommt, vgl. MünchKomm zum AktG/*Bayer*, § 17, Rn. 43.

134 *Hüffer*, § 17, Rn. 10; *Emmerich/Habersack*, § 17, Rn. 25; *Emmerich/Sonnenschein/Habersack*, S. 49.

135 *Emmerich/Sonnenschein/Habersack*, S. 56 f.; *Hachenburg/Mertens*, § 37, Rn. 19.

hängigkeit gemäß § 17 II AktG im Fall der Mehrheitsbeteiligung bei der GmbH noch schwerer als bei der Aktiengesellschaft.[136]

Ein weiterer Unterschied zur Aktiengesellschaft besteht darin, dass es bei einer GmbH wegen der im Innenverhältnis geltenden Vertragsfreiheit gemäß § 45 I GmbHG möglich ist, in beliebigem Umfang satzungsmäßige Sonderrechte auf Beteiligung an der Geschäftsführung einzuführen. Solche Sonderrechte können die Bestellung oder Abberufung der Geschäftsführer, die Besetzung des Aufsichtsrates oder die Erteilung von Weisungen an die Geschäftsführer zum Gegenstand haben. Wenn ein Unternehmensgesellschafter durch solche Sonderrechte maßgeblichen Einfluss auf die Geschäftsführung der Gesellschaft ausüben kann, liegt ebenfalls eine gesellschaftsrechtliche Abhängigkeit vor.[137]

Ebenso wie bei der Aktiengesellschaft ist die Situation hinsichtlich der Sperrminorität zu bewerten, hier ist lediglich § 53 II 1 GmbHG statt § 179 II 1 AktG Grundlage der Argumentation.

cc) Personengesellschaften

Mehrheitsbeteiligungen sind auch bei Personengesellschaften möglich. So kommt eine Anteilsmehrheit jedenfalls dann in Betracht, wenn der Gesellschaftsvertrag feste Kapitalanteile vorsieht. Auch eine Stimmenmehrheit ist denkbar: Zwar haben gemäß § 119 I HGB alle Gesellschafter im Grundsatz das gleiche Stimmrecht, und das Einstimmigkeitsprinzip ist die gesetzliche Regel. Hiervon kann aber abgewichen werden, vgl. §§ 109, 119 II HGB. So lässt sich etwa eine Abstimmung nach Kapitalanteilen einführen.[138]

b) Wesentliche Beteiligungsänderungen

Der Gesamt- und Teilveräußerung gleichgestellt sind gemäß § 34 III 3 UrhG nicht jegliche, sondern nur wesentliche Änderungen der Beteiligungsverhältnisse. Wann eine Änderung i.S.v. § 34 III 3 UrhG wesentlich ist, bedarf der Konkretisierung. Klar ist, dass bereits Änderungen unterhalb der 75 %-Schwelle wesentlich sein können, da andernfalls stets eine Gesamtveräußerung des Unternehmens im Wege des Share deals vorläge und § 34 III

---

136 MünchKomm zum AktG/*Bayer*, § 17, Rn. 123 f.
137 *Emmerich/Sonnenschein/Habersack*, S. 57; MünchKomm zum AktG/*Bayer*, § 17, Rn. 125.
138 *Emmerich/Habersack*, § 16, Rn. 6.

II. Unternehmensveränderungen i.S.d. § 34 III UrhG

3 UrhG dann nur deklaratorische Bedeutung hätte.[139] Grundsätzlich ist eine Änderung dann wesentlich, wenn sie zugleich eine der oben dargestellten gesellschaftsrechtlichen Abhängigkeiten begründet oder aufhebt.

Ein Mehrheitserwerb ist deshalb nicht notwendig, damit eine Beteiligungsänderung wesentlich im Sinne von § 34 III 3 UrhG ist. Auch der Erwerb einer Minderheitsbeteiligung kann ausreichen, um maßgeblichen Einfluss auf das Verwertungsunternehmen ausüben zu können.[140] So ist in § 13 lit. b des Normvertrages für den Abschluss von Verlagsverträgen[141] bereits eine Änderung der Kapital- oder Stimmrechtsanteile um 25 % als wesentlich erachtet worden.[142] Beteiligungsänderungen dieser Größenordnung können somit wesentlich im Sinne von § 34 III 3 UrhG sein.

Aber auch Beteiligungen deutlich unter 25% können eine hinreichende Einflussmöglichkeit auf die Gesellschaft eröffnen.[143] Bereits eine 10%-Beteiligung des Springer-Konzerns wird nicht spurlos an einem Unternehmen vorübergehen und bei Gesellschafterversammlungen seine Wirkung entfalten. In Einzelfällen können also schon Beteiligungsänderungen dieser Größenordnung wesentlich sein.[144]

---

139 A.A. wohl *Wandtke/Grunert* in *Wandtke/Bullinger*, § 34, Rn. 40, die davon ausgehen, dass eine wesentliche Beteiligungsänderung gemäß § 34 III 3 UrhG zugleich eine Unternehmensveräußerung ist. Abweichend erläutert indes Rn. 26, dass dies lediglich so sein *kann*, also auch Fälle denkbar sind, in denen eine unterhalb der für eine Unternehmensveräußerung notwendigen Schwelle liegende Beteiligungsänderung wesentlich ist.
140 So hat der Filmhändler Leo Kirch 1995 als Minderheitsaktionär des Springer-Verlags-Konzerns (35 %) von den Vorsitzenden von Vorstand und Aufsichtsrat die Absetzung des Chefredakteurs der »Welt« gefordert, nachdem dieser in einem Kommentar Verständnis für das Kruzifix-Urteil des BVerfG geäußert hatte. Im Ergebnis scheiterte er zwar am erbitterten Widerstand von Vorstand und Aufsichtsrat. Dennoch wird der potentielle Einfluss bereits eines Minderheitsaktionärs deutlich. Vgl. die Darstellung des Falles bei *Lößl*, S. 80.
141 Hierzu S. 85 ff.
142 Die starre 25 %-Klausel des Normvertrages wird indes nicht allen Beteiligungsänderungen gerecht und ist deshalb als zu schematisch abzulehnen.
143 Vgl. *Emmerich/Habersack*, § 15, Rn. 14.
144 Vgl. *Nordemann*, Urhebervertragsrecht, S. 111; a.A. *Partsch/Reich*, NJW 2002, 3290 und AfP 2002, 302 die davon ausgehen, dass eine wesentliche Änderung der Beteiligungsverhältnisse nur vorliegt, wenn sich die einfache Mehrheit verschiebt.

B. Die deutsche Rechtslage

Für den Urheber kann schließlich sogar der Erwerb oder Wegfall einer Sperrminorität ausreichen, um die Fortsetzung des Nutzungsvertrages unzumutbar werden zu lassen, da hier nicht nur rein gesellschaftsrechtliche, sondern auch urheberpersönlichkeitsrechtliche Erwägungen anzustellen sind.[145]

Zu beachten ist vor allem, dass es in § 34 III 3 UrhG nicht um die absoluten Beteiligungsanteile geht, sondern um die relative Änderung der Beteiligungsverhältnisse. Eine Änderung um nur wenige Prozentpunkte kann aber bereits wesentlich sein, wenn sie aus einer Minderheitsbeteiligung eine Mehrheitsbeteiligung werden lässt oder durch sie eine Sperrminorität entsteht oder wegfällt.[146]

Eine Orientierung, ob eine Beteiligungsänderung als wesentlich qualifiziert werden kann oder nicht, bietet über die gesellschaftsrechtliche Abhängigkeit hinaus die Rechtsprechung zu § 37 I Nr. 1 und 4 GWB.[147] § 37 GWB regelt die Zusammenschlusstatbestände als Eingriffsvoraussetzung der deutschen Fusionskontrolle. Ein Zusammenschluss liegt danach unter anderem dann vor, wenn ein Unternehmen das Vermögen eines anderen Unternehmens ganz oder zu einem wesentlichen Teil erwirbt, oder irgendeine Verbindung von Unternehmen vorliegt, auf Grund deren zumindest mittelbar ein wettbewerblich erheblicher Einfluss auf ein anderes Unternehmen ausgeübt werden kann. Bereits der Erwerb eines kleinen Vermögensteiles kann als wesentlich eingestuft werden. Wettbewerblich erheblicher Einfluss kann auch bei einem Anteilserwerb deutlich unter 25% vorliegen. Eine konkrete Untergrenze besteht nicht, so dass grundsätzlich auch schon der Erwerb einer 1%igen Beteiligung ausreichend sein könnte.[148]

Ein allgemeingültiger, abschließender Katalog für eine wesentliche Beteiligungsänderung lässt sich nicht aufstellen. Verfehlt ist jedenfalls eine schematische Orientierung an bestimmten Prozentzahlen. Maßgeblich sind letztlich stets die Auswirkungen der Beteiligungsänderung für den Urheber im konkreten Einzelfall.

---

145 So im Ergebnis auch *Nordemann*, Urhebervertragsrecht, S. 111; *Haas*, Rn. 117.
146 *Haas*, Rn. 117 a.E.
147 *Nordemann*, Urhebervertragsrecht, S. 111.
148 *Immenga/Mestmäcker/Veelken*, § 37, Rn. 17 f., 86 ff.; *Bechtoldt*, § 37, Rn. 33 ff., 38, jeweils mwN.

II. Unternehmensveränderungen i.S.d. § 34 III UrhG

4. Konzernbildung

Die engste Zusammenfassung mehrerer rechtlich selbständiger Unternehmen zu einer wirtschaftlichen Einheit unter einer einheitlichen Leitung ist der in § 18 AktG geregelte Konzern.[149] § 18 I, II AktG unterscheidet den Unterordnungs- und Gleichordnungskonzern.

a) Unterordnungskonzern

Der Unterordnungskonzern ist der praktische Hauptfall eines Konzerns. Er liegt vor, wenn rechtlich selbständige Unternehmen unter einheitlicher Leitung zusammengefasst und darüber hinaus voneinander abhängig im Sinne von § 17 AktG sind. Zentrales Merkmal ist die einheitliche Leitung. Was darunter im einzelnen zu verstehen ist, ist nicht abschließend geklärt.[150] Jedenfalls kann die Leitung in unterschiedlichen Formen ausgeübt werden und dadurch lockere oder auch sehr enge Bindungen zwischen den Unternehmen herstellen. Die Leitung kann in ständigen Anweisungen, Erteilung von lediglich grundsätzlichen Richtlinien für die Unternehmenspolitik und Geschäftsführung, aber auch in der Behandlung der Geschäftsleitung des abhängigen Unternehmens als rein ausführendes Organ erfolgen. Umgesetzt wird die Leitung etwa durch die Schaffung eines gemeinsamen Verwaltungs- bzw. Aufsichtsrats, die Gründung eines gemeinsamen Geschäftsführungsorgans oder eine Personalunion in den Organen.[151]

Der Unterordnungskonzern kann als Vertragskonzern oder als faktischer Konzern in Erscheinung treten. Vertragskonzerne werden durch Abschluss eines Beherrschungsvertrages gemäß § 291 I 1 AktG[152] oder durch Eingliede-

---

149 Vielfach stößt man auch auf den Begriff der »Holding«. Die typische Führungs- und Mischholding ist stets ein Konzern im Sinne des § 18 AktG und § 290 I HGB mit der Holding als herrschendem Unternehmen an der Spitze, vgl. *Lutter*, S. 19 ff, 32. Daher wird hier auf die Holding nicht gesondert eingegangen.
150 Je nachdem, was man unter der einheitlichen Leitung versteht, gelangt man zum engen oder weiten Konzernbegriff. Vgl. hierzu *Hüffer*, § 18, Rn. 9 mwN.
151 *Eisenhardt*, Rn. 860 f.
152 Zum Beherrschungsvertrag *Emmerich/Sonnenschein/Habersack*, S. 157 ff. Meist wird der Beherrschungsvertrag mit einem Gewinnabführungsvertrag gemäß § 291 I 1, 2. Alt. AktG zu einem Organschaftsvertrag verknüpft, vgl. *Hüffer*, § 291, Rn. 24.

rung i.S.d. §§ 319, 320 AktG begründet. Hier ist die Leitungsmacht des herrschenden Unternehmens gesetzlich anerkannt, vgl. §§ 308 bzw. 323 AktG. Fehlt es an rechtlich anerkannter Leitungsmacht, so handelt es sich um einen faktischen Konzern. Auf ihn finden die §§ 311–318 AktG Anwendung.[153]

b)   Gleichordnungskonzern

Auch die Unternehmen im Gleichordnungskonzern sind rechtlich selbständig und stehen unter einheitlicher Leitung. Jedoch sind sie im Unterschied zum Unterordnungskonzern nicht voneinander abhängig, sondern gleichberechtigt. Auch hier unterscheidet man zwischen vertraglichem und faktischem Gleichordnungskonzern.

Ein vertraglicher Gleichordnungskonzern liegt vor, wenn die einheitliche Leitung auf einem Vertrag beruht, durch den sich die verbundenen Unternehmen freiwillig einer gemeinsamen einheitlichen Leitung unterstellen. Diese einheitliche Leitung kann eines der beteiligten Unternehmen ausüben oder ein zu diesem Zweck gegründetes Leitungsorgan. Zusätzlich sind die beteiligten Unternehmen meist durch Personal und Kapital verflochten, um die einheitliche Leitung abzusichern. Der zu Grunde liegende Vertrag ist kein Beherrschungsvertrag, vgl. § 291 II AktG, allerdings kann die Grenze zum Unterordnungskonzern fließend sein.

Werden die Unternehmen dagegen nur tatsächlich, also ohne vertragliche Grundlage, dauerhaft unter einheitlicher Leitung zusammengefasst, so liegt ein faktischer Gleichordnungskonzern vor. Das meist durch enge personelle Verflechtung – etwa im Familienkonzern – abgesicherte Faktum der einheitlichen Leitung ist hier ausreichend.[154]

c)   Einordnung unter § 34 III UrhG

Die Konzernbildung ist kein Fall der Unternehmensveräußerung, weil die beteiligten Unternehmen rechtlich selbständig bleiben. Nutzungsrechte werden also nicht übertragen. Da die Konzernbildung ohne eine Änderung der Beteiligungsverhältnisse möglich ist, lässt sich auch § 34 III 3 UrhG seinem Wortlaut nach nicht in jedem Fall direkt anwenden. Jedoch ist die Interessenlage des Urhebers identisch, wenn ein bisher selbständiges Verwertungsun-

---

153 *Hüffer*, § 18, Rn. 3.
154 *Emmerich/Sonnenschein/Habersack*, S. 70 f; MünchKomm zum AktG/*Bayer*, § 18, Rn. 15.

ternehmen in einen Konzern gerät und sich innerhalb des Konzerns eine neue Geschäftspolitik durchsetzt. Dies ist vor allem denkbar, wenn das Verwertungsunternehmen als abhängiges Unternehmen in einen Unterordnungskonzern gerät. Maßgeblich für die Anwendung von § 34 III UrhG ist, ob im Ergebnis durch die gesellschaftsrechtliche Änderung andere natürliche Personen derart Einfluss auf die Auswertung des Nutzungsrechts erlangen, dass die ideellen Interessen des Urhebers beeinträchtigt werden können. Solch eine Situation kann bei der Konzernbildung entstehen. Die Konzernbildung ist daher eine Unternehmensveränderung im Sinne von § 34 III UrhG.

5. Unternehmensverträge

Neben dem bereits erwähnten Beherrschungsvertrag kennt das AktG in §§ 291, 292 weitere Unternehmensverträge, von denen im Hinblick auf § 34 III UrhG vornehmlich Betriebspachtvertrag, Betriebsüberlassungs- und Betriebsführungsvertrag relevant werden können. Abschluss, Änderung und Beendigung der Verträge richten sich einheitlich nach §§ 293–299 AktG, insbesondere ist zur Wirksamkeit des Vertrages gemäß § 293 I 1 AktG die Zustimmung der Hauptversammlung und aus Publizitätsgründen nach Abs. 3 die Schriftform notwendig.[155] Unmittelbar anwendbar sind §§ 291 ff. AktG ihrem Wortlaut nach nur auf die AG und KGaA. Jedoch kommt von Fall zu Fall eine entsprechende Anwendung auf Gesellschaften anderer Rechtsform, wie GmbH und Personengesellschaften, in Betracht.[156]

a) Betriebspachtvertrag

Mit Abschluss eines Betriebspachtvertrages gemäß § 292 I Nr. 3 AktG verpflichtet sich eine AG oder KGaA, dem anderen Teil die Nutzung des Betriebs ihres ganzen Unternehmens für die Dauer der Pachtzeit zu gewähren. Der Pächter verpflichtet sich im Gegenzug, den vereinbarten Pachtzins zu zahlen, § 581 BGB. Der Pächter führt den Betrieb dann im eigenen Namen und auf eigene Rechnung weiter, so dass sich die Funktion der Gesellschaft auf den Einzug des Pachtzinses und die Ausübung ihrer sonstigen vertraglichen Rechte beschränkt. Sie wird dadurch zur »Rentnergesellschaft« herab-

---

[155] Zu den Einzelheiten *Emmerich/Sonnenschein/Habersack*, S. 212 ff.
[156] *Emmerich/Sonnenschein/Habersack*, S. 203, 499, 503.

B. Die deutsche Rechtslage

gestuft.[157] Die Parteien eines Betriebspachtvertrages sind verbundene Unternehmen gemäß § 15 AktG.

b) Betriebsüberlassungsvertrag

Der einzige Unterschied zum Betriebspachtvertrag besteht beim Betriebsüberlassungsvertrag darin, dass hier der Übernehmer den Betrieb der überlassenden Gesellschaft zwar auf eigene Rechnung, aber nicht im eigenen Namen führt, sondern nach außen in deren Namen auftritt. Ein Entgelt für die Betriebsüberlassung muss nicht vereinbart werden. Seiner Rechtsnatur nach ist der Betriebsüberlassungsvertrag ein Gebrauchsüberlassungsvertrag in Verbindung mit einem Auftrag oder einer Geschäftsbesorgung, §§ 581 oder 598 i.V.m. 662, 675 I BGB.[158]

c) Betriebsführungsvertrag

Beauftragt eine Gesellschaft ein anderes Unternehmen, ihr Unternehmen auf ihre Rechnung und in ihrem Namen weiterzuführen, so spricht man von einem Betriebsführungsvertrag. Hierdurch kaufen Gesellschaften Managementleistungen ein, weshalb dieser Vertrag auch als Managementvertrag bezeichnet wird. Es ist auch möglich, dass der Betriebsführer im Außenverhältnis im eigenen Namen auftritt. Der Betriebsführungsvertrag ist im AktG nicht ausdrücklich geregelt. Handelt es sich um einen entgeltlichen Vertrag, so liegt eine Geschäftsbesorgung mit Dienstvertragscharakter gemäß §§ 675 I, 611 BGB vor. Daraus folgt, dass der Eigentümergesellschaft gegenüber dem Betriebsführer grundsätzlich ein Weisungsrecht gemäß § 665 BGB sowie ein Kündigungsrecht gemäß § 627 BGB zusteht.

Problematisch ist die Vereinbarkeit des Betriebsführungsvertrages mit § 76 AktG, wonach der Vorstand eigenverantwortlich die Gesellschaft leitet. Übernimmt der Geschäftsführer nicht nur die laufende Geschäftsführung, sondern darf er auch die Grundsätze der Unternehmenspolitik bestimmen oder wurde ihm eine unbeschränkte und unwiderrufliche Generalvollmacht erteilt, so handelt es sich in Wirklichkeit um einen Beherrschungsvertrag, der nach den hierfür geltenden Vorschriften zu behandeln ist.[159]

---

157 *Emmerich/Sonnenschein/Habersack*, S. 203.
158 *Emmerich/Sonnenschein/Habersack*, S. 205.
159 *Emmerich/Sonnenschein/Habersack*, S. 206 f.

II. Unternehmensveränderungen i.S.d. § 34 III UrhG

d) Einordnung unter § 34 III UrhG

§ 34 III UrhG ist auf keinen der hier dargestellten Unternehmensverträge direkt anwendbar,[160] da es sich weder um eine Veräußerung des Verwertungsunternehmens noch um eine Beteiligungsänderung an diesem handelt. Jedoch greifen die Unternehmensverträge schwerwiegend in die Struktur der überlassenen Gesellschaft ein. Daher kann es zu Situationen kommen, die aus Urhebersicht wie eine Unternehmensveräußerung oder Beteiligungsänderung wirken. Für den Urheber ist der Pächter bei einem langfristigen Pachtvertrag ebenso bedeutsam wie der Erwerber bei einer Unternehmensveräußerung, da künftig er die dem Verwertungsunternehmen eingeräumten Nutzungsrechte verwertet. Insbesondere wenn bei der Betriebspacht ein Pächter nach außen im eigenen Namen auftritt, der hinsichtlich Ansehen und Geschäftspolitik wesentlich von der des gepachteten Verwertungsunternehmens abweicht, ist die rechtliche Interessenlage für den Urheber dieselbe wie bei einer Unternehmensveräußerung. Auch der Abschluss eines der dargestellten Unternehmensverträge stellt daher stets eine Unternehmensveränderung gemäß § 34 III UrhG dar.[161]

6. *Umwandlungsvorgänge*

Die verschiedenen Umwandlungsvorgänge sind 1994 im UmwG zusammengefasst und neu systematisiert worden. § 1 I UmwG unterscheidet zwischen den vier Grundformen Verschmelzung, Spaltung, Vermögensübertragung und Formwechsel.[162] Regelungsgegenstand des UmwG sind Umwandlungen von bestimmten Rechtsträgern[163], sofern sie ihren Sitz im Inland haben.

---

160 Auch auf die Belastung eines Nutzungsrechts mit einem Nießbrauch wird § 34 UrhG nur entsprechend angewandt, vgl. *Schricker*, § 28 VerlG, Rn. 29; *Schricker*, § 34 UrhG, Rn. 9.
161 *Hemler*, S. 110. Arbeiten hingegen verschiedene Verlage als Gemeinschaftsverlag an der Herausgabe eines oder mehrerer gemeinsamer Werke, greifen die hierzu geschlossenen Verträge nach Art und Umfang meist nicht in dem Maße wie die oben behandelten in die Unternehmensstruktur ein. Eine entsprechende Anwendung von § 34 III UrhG auf Verlagskooperationen kommt daher regelmäßig nicht in Betracht, unbelassen bleibt dem Urheber in Härtefällen die Kündigung aus wichtigem Grund gem. § 314 BGB. Vgl. *Huber*, S. 129 ff und 156 ff.
162 Näher hierzu *Kraft/Kreutz*, S. 74 ff.
163 Aufzählung in §§ 3, 124, 175, 191 UmwG.

B. Die deutsche Rechtslage

Grenzüberschreitende Vorgänge werden gemäß § 1 I UmwG nicht erfasst.[164] Rechtliche Besonderheit ist, dass bei Verschmelzung, Spaltung und Vermögensübertragung hinsichtlich des Vermögensüberganges die Gesamtrechtsnachfolge zulässig ist, was eine erhebliche Erleichterung gegenüber der Einzelübertragung jedes einzelnen Vermögensgegenstandes bedeutet.

Die Umwandlungsart der Vermögensübertragung ist vorliegend nicht relevant, auf eine Darstellung wird daher verzichtet.[165] Der Formwechsel wird an anderer Stelle behandelt.[166]

a) Verschmelzung

Die Verschmelzung ist im zweiten Buch des UmwG in §§ 2-122 geregelt. § 2 UmwG unterscheidet zwischen Verschmelzung durch Aufnahme und durch Neugründung:[167] Bei der Verschmelzung durch Aufnahme übertragen ein oder mehrere Rechtsträger ihr Vermögen auf einen anderen bereits bestehenden Rechtsträger. Bei einer Verschmelzung durch Neugründung wird der übernehmende Rechtsträger neu gebildet.

Als Gegenleistung für die Vermögensüberführung erhalten die Inhaber des übertragenden Unternehmens Anteile am Rechtsträger des übernehmenden Unternehmens. Beiden Verschmelzungsarten gemeinsam ist das Erlöschen der übertragenden Rechtsträger und die Übertragung des Vermögens im Wege der Gesamtrechtsnachfolge. Es werden alle Rechtspositionen übertragen, einzelne Vermögensgegenstände dürfen nicht beim übertragenden Rechtsträger verbleiben. Sollen bestimmte Vermögensgegenstände nicht mit übergehen, so müssen sie vor der Verschmelzung mit dinglicher Wirkung aus dem Vermögen des übertragenden Rechtsträgers ausgeschieden werden.[168]

Da die urheberrechtlichen Nutzungsrechte bei einer Verschmelzung als Teil des Vermögens im Wege der Gesamtrechtsnachfolge übertragen werden, liegt eine mit der Unternehmensveräußerung i.S.d. § 34 III UrhG nahezu

---

164 Nach dem Überseering-Urteil (EuGH, 05.11.2002 – Rs. 208/00, IPRax 2003, 65) ist indes fraglich, ob der Anwendungsbereich des UmwG auch künftig auf Inlandsunternehmen beschränkt bleiben kann, vgl. *Roth*, IPRax 2003, 122.
165 Zum Anwendungsbereich der Vermögensübertragung *Kallmeyer*, § 175, Rn. 1; *Kraft/Kreutz*, S. 84.
166 S. 72.
167 Vgl. zu den Einzelheiten *Kallmeyer/Marsch-Barner*, § 2, Rn. 2 ff.; *Kraft/Kreutz*, S. 76 ff.; *Picot*, S. 148 ff.
168 *Kallmeyer/Marsch-Barner*, § 2, Rn. 8 f; *ders.*, § 5, Rn. 3 f.

II. Unternehmensveränderungen i.S.d. § 34 III UrhG

identische Situation vor. Neuer Vertragspartner des Urhebers ist der aus der Verschmelzung hervorgegangene übernehmende Rechtsträger. Die Verschmelzung ist daher eine Unternehmensveränderung i.S.d. § 34 III UrhG.[169]

b) Spaltung

Die in §§ 1 I Nr. 2, 123 ff. UmwG geregelte Spaltung wird unterschieden in Aufspaltung (§ 123 I UmwG), Abspaltung (§ 123 II UmwG), Ausgliederung (§ 123 III UmwG) und verschiedenen Kombinationen.[170] Sie ist dadurch gekennzeichnet, dass aus einem Rechtsträger unter Aufteilung seines Vermögens künftig mindestens zwei Rechtsträger werden. Dabei geht ein Vermögensteil des übertragenden Rechtsträgers im Rahmen der Gesamtrechtsnachfolge auf den übernehmenden Rechtsträger über. Im Gegenzug werden dem Inhaber des übertragenden Rechtsträgers – bzw. bei der Ausgliederung dem übertragenden Rechtsträger selbst – Anteile an den empfangenden Rechtsträgern gewährt.

Bei der Spaltung kommt es stets zur Vermögensübertragung im Wege einer partiellen Gesamtrechtsnachfolge. Daher liegt ein Übergang der Nutzungsrechte vor, der aus Urhebersicht mit der Situation des § 34 III UrhG identisch ist. Problematisch könnte allenfalls sein, dass der abgespaltene Unternehmensbereich nicht die Anforderungen erfüllt, die an einen veräußerten Unternehmensteil i.S.d. § 34 III gestellt werden. Jedoch wird das bei der für die Unternehmensstruktur grundlegenden Spaltung regelmäßig der Fall sein.[171] Daher ist die Spaltung als Unternehmensveränderung von § 34 III UrhG erfasst.[172]

---

169 *Schricker*, § 28 VerlG, Rn. 6; *Hemler*, S. 101, 103; a.A. *Fromm/Nordemann/Hertin*, § 34, Rn. 12.
170 Vgl. zu den Einzelheiten *Kallmeyer*, § 123, Rn. 7 ff.; *Kraft/Kreutz*, S. 80 ff; *Picot*, S. 150 ff.
171 Vgl. *Immenga/Mestmäcker/Veelken*, § 37, Rn. 10 zu vergleichbarer Situation; *Hemler*, S. 102.
172 *Schricker*, § 28 VerlG, Rn. 6; *Hemler*, S. 102.

7. Einbringung in Gesellschaften

a) Einbringung in eine Personengesellschaft

aa) Begriff

Mit Abschluss des Gesellschaftsvertrages verpflichten sich die Gesellschafter einer Personengesellschaft zur Förderung des Gesellschaftszwecks. Hierzu haben sie Beiträge zu leisten, § 705 BGB. Gegenstand der Beitragspflicht können alle Leistungen sein, die die Gesellschafter zur Förderung des gemeinsamen Zwecks im Gesellschaftsvertrag bestimmt haben,[173] also auch alle übertragbaren Vermögensgegenstände. Ein Gesellschafter kann seinen Beitrag somit dadurch leisten, dass er ein Unternehmen in die Personengesellschaft einbringt.[174] Mit der Einbringung geht das Unternehmen in die Gesamthand der Gesellschafter über. Vollzogen wird die Einbringung durch Vornahme der für die jeweiligen Gegenstände maßgeblichen Übertragungsakte. Gehören zu dem Unternehmen urheberrechtliche Nutzungsrechte, so werden sie gemäß §§ 398, 413 BGB übertragen. Die Einbringung ist kein Kauf, weil sie kein Austauschvertrag, sondern eine Leistungsvereinigung zur Erreichung des Gesellschaftszwecks ist. Jedoch werden auf sie die Vorschriften über den Kauf entsprechend angewandt.[175]

bb) Einordnung unter § 34 III UrhG

Für den Urheber ist die Situation bei der Einbringung des Verwertungsunternehmens in eine Personengesellschaft vergleichbar mit der einer Unternehmensveräußerung. Zwar wird der bisherige Nutzungsrechtsinhaber Mitgesellschafter der Personengesellschaft. Aber die anderen Mitgesellschafter sind neu, so dass hier Potential für einen Vertrauensverlust und die Unzumutbarkeit der Vertragsfortsetzung vorhanden ist. Weicht beispielsweise die publizistische Tendenz der neuen Mitgesellschafter wesentlich von der des früheren Einzelverlegers ab, so kann dieser wegen § 709 II BGB im Ergebnis seine Vorstellungen nicht in unternehmerische Entscheidungen umsetzen.[176] Für den Urheber kann die Vertragsfortsetzung dann unzumutbar sein. Da die Einbringung in eine Personengesellschaft aus Urhebersicht einer Gesamtver-

---

173 *Palandt/Sprau*, § 706, Rn. 4.
174 *Staudinger/Keßler*, § 706, Rn. 10; *Beisel/Klumpp*, Kapitel 6, Rn. 2.
175 *Staudinger/Keßler*, § 706, Rn. 19; *Beisel/Klumpp*, Kapitel 6, Rn. 8.
176 *Hemler*, S. 99.

äußerung des Verwertungsunternehmens gleichkommt, ist sie eine Unternehmensver-änderung i.S.d. § 34 III UrhG.

b) Einbringung in eine Kapitalgesellschaft

aa) Begriff

Ein Unternehmen oder ein Unternehmensteil kann Gegenstand einer Sacheinlageverpflichtung eines GmbH-Gesellschafters bei der Gründung oder Kapitalerhöhung gegen Gewährung von Gesellschaftsrechten sein.[177] Dabei umfasst das Unternehmen die Aktiva und Passiva, wenn in dem Einbringungsvertrag nichts anderes vereinbart ist.[178] Von der Sacheinlagevereinbarung als Verpflichtungsgeschäft zu trennen sind die seiner Erfüllung dienenden Vollzugsakte. Hier sind die jeweils geltenden Übertragungsvorschriften für Sachen und Rechte einschlägig. Grundstücke sind demnach aufzulassen, Forderungen abzutreten usw. Für die urheberrechtlichen Nutzungsrechte gelten wieder §§ 398, 413 BGB.

Anders als bei der Einbringung in eine Personengesellschaft ist bei der Einbringung eines Unternehmens in eine Kapitalgesellschaft die Bewertung des einzubringenden Unternehmens von großer Bedeutung, da der ermittelte Unternehmenswert als Sacheinlage dem Gläubigerschutz dient. Oftmals schwierig gestaltet sich die Bewertung immaterieller Wirtschaftsgüter, zu denen auch die urheberrechtlichen Nutzungsrechte zählen. Daher war früher umstritten, ob sie überhaupt Gegenstand der Einbringung sein können. Dies wird heute einhellig bejaht, jedoch ist mit Rücksicht auf den Grundsatz der realen Kapitalaufbringung bei der Bewertung immaterieller Wirtschaftsgüter besondere Vorsicht geboten.[179]

bb) Einordnung unter § 34 III UrhG

Die Einbringung des Unternehmens in eine Kapitalgesellschaft ist eine Unternehmensübertragung. Für den Urheber besteht die gleiche Situation wie bei einer Unternehmensveräußerung, da das Nutzungsrecht auf die Kapital-

---

177 *Hachenburg/Ulmer*, § 5, Rn. 58 ff.; *Scholz/Winter*, § 5, Rn. 54; *Beisel/Klumpp*, Kapitel 6, Rn. 11.
178 Die Passiva können wegen § 415 III BGB jedoch nur mit Zustimmung der Gläubiger übertragen werden, vgl. *Beisel/Klumpp*, Kapitel 6, Rn. 14.
179 *Hachenburg/Ulmer*, § 5, Rn. 50; *Scholz/Winter*, § 5, Rn. 50.

gesellschaft als Rechtsträger übergeht und diese sein neuer Vertragspartner wird. Daher ist die Einbringung in eine Kapitalgesellschaft ebenso wie die in eine Personengesellschaft eine Unternehmensveränderung gemäß § 34 III UrhG.[180]

8. Unternehmensveräußerung bei Unterlizenznehmern

a) Begriff der Lizenz und Unterlizenz

Der Begriff der Lizenz ist im UrhG nicht geregelt[181] und wird auch in der Literatur nicht immer einheitlich verwendet.[182] Während im Verlagsbereich unter Lizenz vornehmlich die Einräumung eines weiteren Nutzungsrechts durch den Nutzungsrechtsinhaber verstanden wird,[183] ist im Filmbereich der Begriff der Lizenz auch für die Einräumung eines Nutzungsrechts durch den Urheber üblich. Aus Gründen der Begriffsklarheit soll hier die Einräumung eines Nutzungsrechts, also die konstitutive Rechtsübertragung durch den Urheberrechtsinhaber, als Hauptlizenz bezeichnet werden, die Einräumung eines weiteren Nutzungsrechtes durch den Inhaber eines ausschließlichen Nutzungsrechts hingegen als Unterlizenz. Unterlizenzgeber ist also nicht der Urheber, sondern stets der Inhaber eines ausschließlichen Nutzungsrechts. Die Unterlizenz ist immer ein »Enkelrecht«, wenn man das Bild vom Urheberrecht als Mutterrecht und dem Nutzungsrecht als Tochterrecht bemüht.[184] Es handelt sich daher bei der Unterlizenz um ein weiteres Nutzungsrecht gemäß §§ 31 III, 35 UrhG.

---

180 A.A. *Fromm/Nordemann/Hertin*, § 34, Rn. 12.
181 *Ulmer*, Urheber- und Verlagsrecht, S. 465.
182 Vgl. *Schricker*, vor §§ 28 ff. UrhG, Rn. 21 sowie *Schricker*, § 28 VerlG, Rn. 22, S. 506.
183 *Ulmer*, Urheber- und Verlagsrecht, S. 465; *Beck*, S. 21.
184 *Schack*, Urheberrecht, Rn. 556; *Schricker*, § 28 VerlG, Rn. 22, S. 506; *Lößl*, S. 146. Umstritten ist, ob die Unterlizenz bestehen bleibt, wenn die Hauptlizenz durch Rücktritt oder Rückruf wegfällt. Die herrschende Meinung lehnt dies ab, vgl. *Schack*, Urheberrecht, Rn. 556 mwN in Fn. 91; *Fromm/Nordemann/Hertin*, § 34, Rn. 15; *von Frentz/Marrder*, ZUM 2003, 101 (Filmbereich); a.A. *Sieger*, FuR 1983, 580, 587 f., mit Entgegnung *Platho*, FuR 1984, 135 ff.; *Hausmann*, ZUM 1999, 921; *Schwarz/Klingner*, GRUR 1998, 110 ff (Filmbereich); differenzierend *Haberstumpf* in FS Hubmann, S. 143.

II. Unternehmensveränderungen i.S.d. § 34 III UrhG

So kann beispielsweise der Verleger als Inhaber eines umfänglichen Verlagsrechts einem anderen Verleger das Recht einräumen, eine Taschenbuchausgabe des Werkes zu verlegen,[185] es in einer anderen Sprache oder als Club- oder Sonderausgabe herauszubringen.[186] Des weiteren kommt es häufig vor, dass der Verleger auf Grund des ihm vom Urheber eingeräumten Verfilmungsrechts eine Verfilmungslizenz erteilt oder entsprechende Unterlizenzen an ein Funk- oder Fernsehunternehmen zur Verwertung und Sendung als Hör- oder Fernsehspiel vergibt. Im Musikverlag[187] ist es gebräuchlich, Unterlizenzen zur Vervielfältigung und Verbreitung für bestimmte Länder zu erteilen. Im Filmbereich ist die Einräumung von Unterlizenzen an einen Fernsehsender oder Filmverleih[188] üblich.

b) Einordnung unter § 34 III UrhG

Möchte der Inhaber einer Unterlizenz sein Unternehmen veräußern, so ist fraglich, ob dies ebenso § 34 III UrhG unterfällt wie die Veräußerung des Unternehmens des Hauptlizenznehmers. Geht man vom Gesetzeswortlaut aus, so findet § 34 III UrhG auf eine Übertragung von Unterlizenzrechten keine Anwendung, da er in der Verweisung des § 35 II UrhG nicht enthalten ist. Für diese Sichtweise spricht auch die gesetzessystematische Stellung der beiden Paragraphen.[189] Würde etwa ein Taschenbuchverlag veräußert, so könnte der Urheber kein Rückrufsrecht ausüben. Dieses Ergebnis ist allerdings unbillig, da ein ungeeigneter Erwerber eines Taschenbuchverlages den Ruf eines Autors ebenso schädigen kann wie der Erwerber eines Originalverlages. Die Schutzwürdigkeit des Urhebers ist die gleiche. Zumindest muss § 34 III UrhG daher auf diesen Fall entsprechend angewandt werden.[190]

---

185 Bei einem sogenannten »Imprintgeschäft« erscheint auf der Taschenbuchausgabe der Name des Unterlizenzgebers, beispielsweise »SPIEGEL-BÜCHER« bei Rowohlt oder »Klett-Cotta im dtv«. Hiervon versprechen sich Unterlizenzgeber und –nehmer erhöhte Absatz- und Werbeeffekte. Vgl. *Schönstedt*, S. 90 ff. mit weiteren Beispielen auf S. 92.
186 Zu den verschiedenen Verlagslizenzen vgl. *Beck*, S. 24 ff.
187 Zum Subverlagsvertrag im Musikbereich *Karow*, S. 13 ff.
188 Beim Filmverleihvertrag handelt es sich entgegen dem allgemeinen Sprachgebrauch nicht um eine Sachleihe, sondern um einen lizenzrechtlichen Pachtvertrag, vgl. *Schack*, Urheberrecht, Rn. 1102.
189 *Lößl*, S. 167.
190 *Lößl*, S. 167.

B. Die deutsche Rechtslage

Nach anderer Auffassung richtet sich die Weiterübertragung von Unterlizenzen ohnehin unmittelbar nach § 34 III UrhG, da die Unterlizenz als weiteres Nutzungsrecht i.S.d. § 35 UrhG ein Sonderfall eines Nutzungsrechts ist und in § 34 UrhG nur allgemein von Nutzungsrechten gesprochen wird.[191]

Im Ergebnis umfasst § 34 III UrhG auch die Weiterveräußerung von Lizenzrechten, wobei der ersten Auffassung wegen des eindeutigen Wortlautes des § 35 II UrhG der Vorzug gebührt.[192]

9. Insolvenz des Verwerters

Gerade in der Kulturwirtschaft liegen Erfolg und Misserfolg nahe beieinander. Der Erfolg eines Werkes ist selten vorhersehbar und oft sind, wie im Filmbereich, erhebliche Investitionen notwendig, um ein Werk zu verwerten. Das finanzielle Risiko des Verwerters, verbunden mit der nur bedingten Vorhersehbarkeit des wirtschaftlichen Erfolges, lassen bei den Nutzungsberechtigten ein erhebliches Insolvenzpotential entstehen.[193]

Für den Urheber ist es im Fall der Insolvenz seines Verwerters von besonderer Wichtigkeit, ob und wie die Verwertung seines Werkes in ideeller und wirtschaftlicher Hinsicht durch den Insolvenzverwalter (§ 80 I InsO) gewährleistet ist. Der Urheber hat Interesse daran, gegebenenfalls die Vertragsbeziehung mit dem insolventen Nutzungsberechtigten beenden zu können. Gläubiger und Insolvenzverwalter hingegen sind bestrebt, die Nutzungsrechte als mitunter wertvollsten Bestandteil der Insolvenzmasse auswerten und profitable Vertragsbeziehungen mit Urhebern fortführen zu können.[194]

Nach § 36 InsO gehören nur Gegenstände, die der Zwangsvollstreckung unterliegen, zur Insolvenzmasse. Ausgangspunkt ist also die Zwangsvollstreckung. Das UrhG enthält in §§ 112–119 die Zwangsvollstreckung betreffende Regelungen. Allerdings behandeln sie lediglich die Zwangsvollstrek-

---

191 *Hemler*, S. 53.
192 Auf Grundlage des alten, vor 1965 geltenden Rechts nimmt auch *Beck* an, dass die Wirksamkeit der Weiterübertragung einer Unterlizenz von der Zustimmung des Urhebers abhängt, sofern sich ergibt, dass der Urheber den Vertrag »nur in seiner konkreten Gestaltung gebilligt hat«. Hierzu zählt wohl auch die Wahl eines bestimmten Vertragspartners. Werden durch eine Übertragung erhebliche ideelle Interessen des Urhebers gefährdet, so könne dieser kraft seines Urheberpersönlichkeitsrechts widersprechen, vgl. *Beck*, S. 80 f.
193 *Westrick/Bubenzer*, S. 310; *Hausmann* in FS Schwarz (1999), S. 81.
194 *Westrick/Bubenzer*, S. 311.

kung wegen Geldforderungen gegen den Urheber und seinen Rechtsnachfolger (§ 30 UrhG).[195] Hierunter fällt der Inhaber eines Nutzungsrechts aber nicht, insbesondere ist er nicht Rechtsnachfolger des Urhebers, da er kein Urheberrecht erwirbt, sondern lediglich ein Nutzungsrecht am beim Urheber verbleibenden Verwertungsrecht. Für die Zwangsvollstreckung in das Vermögen des Nutzungsberechtigten und damit über § 36 InsO auch für seine Insolvenz gelten die §§ 112 ff. UrhG daher nicht.[196] Diesbezüglich enthält das UrhG keine Bestimmungen. Für das Insolvenzverfahren des Verlegers finden sich allerdings in den §§ 36, 37 VerlG Sonderregeln, die den allgemeinen Vorschriften vorgehen.

a) Nutzungsrecht und -vertrag in der Insolvenz

aa) Nutzungsrecht

Fraglich ist zunächst, ob die urheberrechtlichen Nutzungsrechte überhaupt zur Insolvenzmasse gehören. Der Umfang der Insolvenzmasse bestimmt sich gemäß §§ 35, 36 I InsO nach dem der Zwangsvollstreckung unterliegenden Vermögen des Schuldners. Zum Vermögen des Lizenznehmers gehören auch die ihm eingeräumten Nutzungsrechte, da sie für ihn schlichte Vermögensgegenstände sind. Als sonstiges Vermögensrecht gemäß § 857 I ZPO sind die Nutzungsrechte – im Gegensatz zum unübertragbaren Urheberrecht[197] – Bestandteil des der Zwangsvollstreckung unterworfenen Schuldnervermögens und fallen daher wegen § 36 InsO auch in die Insolvenzmasse.[198] Die für ihre Übertragbarkeit geltenden Beschränkungen des § 34 UrhG stehen ihrer Einbeziehung in die Masse nicht a priori entgegen,[199] da die Insolvenzeröffnung gemäß § 80 I InsO nur den Übergang der Verfügungsbefugnis auf den Insolvenzverwalter, nicht aber eine Übertragung der Nutzungsrechte bewirkt. Außerdem ist die Übertragung der Nutzungsrechte durch § 34 UrhG nicht generell ausgeschlossen, sondern bedarf lediglich grundsätzlich der Zustimmung des Urhebers. Hieraus eine prinzipielle Nichtzugehörigkeit zur Masse

---

195 *Schack*, Urheberrecht, Rn. 754, 760; *von Gamm*, § 34 UrhG, Rn. 19.
196 *Westrick/Bubenzer*, S. 312; *von Gamm*, § 34 UrhG, Rn. 19.
197 Vgl. §§ 113 ff. UrhG.
198 *Schack*, Urheberrecht, Rn. 760, 774; *Westrick/Bubenzer*, S. 324 f.; *Beucher/Frentz*, ZUM 2002, S. 521.
199 *Schricker*, § 34 UrhG, Rn. 9; *Schricker*, § 36 VerlG, Rn. 3.

abzuleiten, ist nicht möglich.[200] Im Übrigen wäre es auch wirtschaftlich sinnlos, wenn die Nutzungsrechte als wichtiger Vermögensgegenstand einerseits stets der Insolvenzmasse vorenthalten blieben, andererseits auch der Schuldner mangels Verfügungs- und Leitungsbefugnis hinsichtlich des der Insolvenzmasse zugehörigen Unternehmens die Auswertung des Nutzungsrechtes nicht vornehmen könnte. Betriebsfortführung und Sanierung des Verwertungsunternehmens würden durch einen kategorischen Ausschluss der Nutzungsrechte aus der Masse erheblich erschwert.[201]

bb) Nutzungsvertrag

Auf den urheberrechtlichen Nutzungsvertrag finden mangels eigenständiger Gesetzesregelungen die insolvenzrechtlichen Sonderbestimmungen für Pachtverträge über Rechte entsprechende Anwendung. Er unterfällt daher dem Wahlrecht des Insolvenzverwalters nach § 103 InsO,[202] wonach dieser entscheiden kann, ob er den Vertrag mit dem Urheber fortsetzen möchte oder nicht. Ein Kündigungsrecht des Lizenzgebers enthält die InsO nicht.[203]

Wählt der Insolvenzverwalter die Erfüllung des Vertrages, so leben die Erfüllungsansprüche ex nunc als neues Vertragsverhältnis wieder auf. Der Vertrag entsteht so, wie er zwischen den ursprünglichen Vertragspartnern vereinbart worden war.[204] Da die Wahl des Insolvenzverwalters eine Willenserklärung ist, kann sie auch konkludent erfolgen. Beginnt der Insolvenz-

---

200 Nach *Schricker*, § 34 UrhG, Rn. 9 fallen die Rechte in die Masse, »ohne dass § 34 im Wege stünde«; differenzierend *von Gamm*, § 34 UrhG, Rn. 19, der Pfändung, Verpfändung und Insolvenzverstrickung der Nutzungsrechte – soweit ihre Weiterübertragung zustimmungsbedürftig ist – bis zur Zustimmungserteilung in ihrer Wirksamkeit als schwebend bedingt ansieht.
201 *Schack*, Urheberrecht, Rn. 774; *Westrick/Bubenzer*, S. 325; *Schwab*, KTS 1999, 52; eine ältere Ansicht verneint die Zugehörigkeit der Nutzungsrechte zur Masse mangels Übertragbarkeit, vgl. *Allfeld*, S. 181; *Runge*, S. 564; *Goldbaum*, S. 290. Zum Streitstand *Schricker*, § 36 VerlG, Rn. 3, S. 631 f.
202 *Möhring/Nicolini/Lütje*, § 112, Rn. 13; *Braun*, § 103, Rn. 13; *Westrick/Bubenzer*, S. 316 f.; *Hausmann*, ZUM 1999, 915; *Hausmann* in FS Schwarz (1999), S. 100 f.; *von Frentz/Marrder*, ZUM 2001, 762 mwN in Fn. 6; *Beucher/von Frentz*, ZUM 2002, 523 und *von Frentz/Marrder*, ZUM 2003, 96.
203 So noch § 19 S. 1 KO, vgl. *Hausmann* in FS Schwarz (1999), S. 101.
204 Frankfurter Kommentar zur InsO/*Wegener*, § 103, Rn. 67; BGHZ 116, 156, 158; 106, 236, 242 f.

verwalter mit der Verwertung urheberrechtlicher Nutzungsrechte, so gibt er zu erkennen, dass er Erfüllung des Vertrages gewählt hat. Es kommt zum Austausch von Leistung und Gegenleistung, der Erlös fließt der Masse zu.[205] Lehnt der Insolvenzverwalter hingegen die Erfüllung ab, oder erklärt er nach entsprechender Aufforderung des Urhebers nicht unverzüglich die Erfüllungswahl, so kann er gemäß § 103 II InsO nicht mehr auf Erfüllung bestehen. In diesem Fall enden die Rechte und Pflichten der Parteien des Lizenzvertrages mit der Eröffnung des Insolvenzverfahrens.[206]

b) Einordnung unter § 34 III UrhG

Für den Anwendungsbereich von § 34 III UrhG kommen im Bereich der Insolvenz zwei Anknüpfungspunkte in Frage:

Zum einen, dass der Insolvenzverwalter anstelle des Schuldners das Unternehmen oder einen Unternehmensteil mitsamt der Nutzungsrechte an einen dritten Erwerber veräußert oder eine Beteiligungsänderung herbeiführt. Hierauf ist § 34 III UrhG unproblematisch anwendbar, da es sich um eine gewöhnliche Weiterübertragung von Nutzungsrechten handelt.[207]

Zum anderen könnte § 34 III UrhG bereits zu dem Zeitpunkt greifen, in dem die Nutzungsrechte in die Insolvenzmasse fallen, da dadurch die Zuständigkeit für die Verwertung der Nutzungsrechte statt beim bisherigen Verwerter beim Insolvenzverwalter liegt. Der Insolvenzverwalter nimmt aus Sicht des Urhebers die gleiche Position ein wie der Erwerber bei einer Unternehmensveräußerung. Auch hier ist plötzlich eine andere Person für die Wahrnehmung der Nutzungsrechte verantwortlich, ohne dass der Urheber sich damit einverstanden erklärt hat. Zwar hindert § 34 UrhG – wie oben dargestellt – nicht die grundsätzliche Zugehörigkeit der Nutzungsrechte zur

---

205 Frankfurter Kommentar zur InsO/*Wegener*, § 103, Rn. 67 f.
206 *Westrick/Bubenzer*, S. 319; *Hausmann*, ZUM 1999, 916. Inwiefern auf der dinglichen Ebene das urheberrechtliche Nutzungsrecht vom Erlöschen des schuldrechtlichen Nutzungsvertrages berührt wird, richtet sich danach, ob das Abstraktionsprinzip auch im Urheberrecht gilt. Vgl. hierzu *Schack*, Urheberrecht, Rn. 525 ff.; *Hausmann*, ZUM 1999, 919 f. mwN in Fn. 47.
207 *Schack*, Urheberrecht, Rn. 774; *Schricker*, § 36 VerlG, Rn. 19. Für § 613a BGB hingegen ist zwischen insolvenz- und arbeitsrechtlichem Ansatz umstritten, ob die Norm bei einer Betriebsveräußerung im Insolvenzverfahren des Arbeitgebers anwendbar ist, vgl. hierzu *Staudinger/Richardi/Annuß*, § 613a, Rn. 223 ff.; MünchKomm/*Schaub*, § 613a, Rn. 43.

B. Die deutsche Rechtslage

Masse. Es ist aber fraglich, ob dem Urheber nicht in bestimmten Situationen ein Rückrufsrecht zugestanden werden muss.

Als Begründung dafür, dass die Nutzungsrechte zur Masse gehören und nicht wegen Übertragungsbeschränkungen aus ihr herausfallen, wird § 34 III a.F. UrhG angeführt, weil die Insolvenzverstrickung die Nutzungsrechte zusammen mit dem ganzen Unternehmen ergreift.[208] Wenn jedoch in der Situation der Insolvenz zu Ungunsten des Urhebers mit der Interessenabwägung des § 34 III a.F. UrhG argumentiert wird, müsste man konsequent auch zu seinen Gunsten das Rückrufsrecht aus § 34 III n.F. UrhG[209] für den Fall der Insolvenz bejahen. Sonst würde die vom Gesetzgeber mit der Neufassung von § 34 III UrhG angestrebte Besserstellung des Urhebers jedenfalls für den Bereich der Insolvenz nicht berücksichtigt.

Hiergegen ließe sich zunächst einwenden, dass der Gesetzgeber – wenn er die Anwendbarkeit von § 34 III UrhG auf den Fall der Insolvenz des Nutzungsrechtsinhabers gewollt hätte – solch einen wichtigen Fall ausdrücklich hätte regeln müssen und sich eine entsprechende Anwendung der Ausnahmeregel des § 34 III UrhG deshalb verbiete. Dagegen spricht indes, dass die Insolvenz des Nutzungsrechtsinhabers – abgesehen vom VerlG – gesetzlich gar nicht geregelt ist und diese Situation ohnehin im Wege der Analogie rechtlich bewältigt werden muss.

Zweitens ließe sich mit einem aus §§ 112, 119 InsO hergeleiteten Konflikt zwischen Rückrufsrecht und Kündigungssperre argumentieren. Diese Normen enthalten eine zwingende Kündigungssperre, die – wenn man mit der herrschenden Meinung die in der InsO nicht eigens geregelten Lizenzverträge als pachtähnliche Dauerschuldverhältnisse behandelt – auch für den Urheber als Lizenzgeber gilt.[210] Ausgeschlossen wird über §§ 112, 119 InsO eine

---

[208] *Schricker*, § 36 VerlG, Rn. 3, S. 632; *von Gamm*, § 34 UrhG, Rn. 19; *Westrick/Bubenzer*, S. 325; *Hemler*, S. 124; a.A. *Möhring/Nicolini/Lütje*, § 112, Rn. 17, wonach § 34 III UrhG nicht darauf abstellt, ob der bisherige Inhaber des Unternehmens dieses vollständig oder zum Teil verliert, sondern darauf, ob das Unternehmen insgesamt von einem Erwerber übernommen wird; das sei in der Insolvenz aber nicht immer der Fall.

[209] Hierzu ausführlich unten S. 94 ff.

[210] *Möhring/Nicolini/Lütje*, § 112, Rn. 15; *Gottwald/Huber*, § 37, Rn. 3; *von Frentz/Marrder*, ZUM 2001, 761 f.; *von Frentz/Marrder*, ZUM 2003, 99; *Hausmann* in FS Schwarz (1999), S. 102; *Woeste*, S. 114; zweifelnd zur Anwendbar-

II. Unternehmensveränderungen i.S.d. § 34 III UrhG

Kündigung des Vertragsverhältnisses durch den Urheber wegen Verzugs oder Vermögensverschlechterung des Lizenznehmers, um das Schuldnervermögen als wirtschaftliche Einheit zu erhalten und dadurch eine Unternehmenssanierung oder Gesamtveräußerung zu ermöglichen.[211] Betroffen ist dabei unmittelbar zwar nur die schuldrechtliche Ebene. Ein dinglich wirkendes Rückrufsrecht des Urhebers hinsichtlich der eingeräumten Nutzungsrechte im Fall der Insolvenz gemäß § 34 III UrhG wäre aber mit einem schuldrechtlichen Kündigungsausschluß gemäß §§ 112, 119 InsO zumindest im Ergebnis unvereinbar. Denn solange der Urheber als Lizenzgeber schuldrechtlich mangels Kündigungsmöglichkeit zur Einräumung der Nutzungsrechte verpflichtet bleibt, kann der Rückruf der Nutzungsrechte auf dinglicher Ebene nicht wirksam ermöglicht werden.[212] Unabhängig davon, dass dem Urheber vereinzelt trotz §§ 112, 119 InsO im Fall der Insolvenz des Lizenznehmers ein Kündigungsrecht aus wichtigem Grund gemäß § 314 BGB zugestanden wird,[213] bleibt ihm jedoch ein außerordentliches Kündigungsrecht aus anderen Gründen als Vermögensverschlechterung und Verzug ohnehin unbenommen.[214] Damit löst sich der Konflikt zwischen Rückrufsrecht und Kündigungssperre auf. Auch §§ 112, 119 InsO sind daher kein stichhaltiges Argument, die Insolvenz a priori nicht als Unternehmensveränderung gemäß § 34 III UrhG anzusehen und dem Urheber ein Rückrufsrecht wegen Unzumutbarkeit der Nutzungsrechtsausübung durch den Insolvenzverwalter zu verweigern.

Kann der Urheber deshalb von seinem Rückrufsrecht in der Insolvenz Gebrauch machen, so widerspricht das zunächst zwar dem Regelungszweck der InsO, die Insolvenzmasse so weit wie möglich zu erhalten. Im Ergebnis verdienen aber die urheberpersönlichkeitsrechtlichen Interessen des Urhebers Vorrang gegenüber den Interessen des Lizenznehmers und seiner Gläubiger: Es ist nämlich zu beachten, dass das Verwertungsunternehmen als Schuldner ungeachtet der Eröffnung des Insolvenzverfahrens rechts-, partei-, geschäfts-,

---

keit von § 112 InsO auf urheberrechtliche Lizenzverträge *Straßer*, ZUM 1999, 933.
211 Amtl. Begr. RegE zu § 126, BT-Drs. 12/2443 vom 15.04.1992, S. 148; *Gottwald/Huber*, § 37, Rn. 15; *Braun/Kroth*, § 112, Rn. 1; Heidelberger Kommentar zur InsO/*Marotzke*, § 112, Rn. 1.
212 *Hausmann* in FS Schwarz (1999), S. 105.
213 *Cepl*, NZI 2000, 360 ff.
214 *Cepl*, NZI 2000, 360 ff.; *Woeste*, S. 115 in Fn. 427; *Smid/Smid*, § 112, Rn. 5; *Kübler/Prütting/Tintelnot*, § 112, Rn. 14.

B. Die deutsche Rechtslage

prozessfähig und Inhaber seines Vermögens bleibt. Es verliert lediglich die Verwaltungs- und Verfügungsbefugnis.[215] Fälle, in denen die Ausübung des Nutzungsrechts durch den Insolvenzverwalter für den Urheber nicht zumutbar ist, dürften deshalb selten vorkommen, da der Werkschöpfer nach außen weiterhin von seinem ursprünglichen Verwertungsunternehmen repräsentiert wird und dieser Zustand überdies zeitlich begrenzt ist. Solch ein Ausnahmefall wäre etwa, dass vom Insolvenzverwalter fachlich unvertretbare Verhaltensweisen zu erwarten sind. In einer solchen Situation sollte § 34 III UrhG entsprechende Anwendung finden. Es wäre auch nicht einzusehen, weshalb im Ergebnis beispielsweise der Urheber eines vorbestehenden Werkes – etwa eines Drehbuchs – im Falle der Insolvenz des lizenznehmenden Filmunternehmens mangels Anwendbarkeit von § 36 VerlG schlechter gestellt sein sollte als ein Autor bei Insolvenz seines Verlagsunternehmens.

c) § 36 VerlG

Denn im Verlagsbereich ist im Fall der Insolvenz die Spezialvorschrift des § 36 VerlG zu beachten.[216] Nach Absatz 3 kann der Verfasser vom Verlagsvertrag zurücktreten, wenn zur Zeit der Eröffnung des Insolvenzverfahrens mit der Vervielfältigung des Werkes noch nicht begonnen war. Nicht abzustellen ist darauf, ob der Verfasser das Werk bereits abgeliefert hat.[217] Macht der Verfasser von seinem Rücktrittsrecht Gebrauch, so steht dem Insolvenzverwalter kein Wahlrecht aus § 103 InsO mehr zu, da der Rücktritt den Verlagsvertrag rückwirkend aufhebt.[218] § 36 I, II VerlG haben im Falle des Rücktritts keinen Anwendungsbereich mehr. Die Vervielfältigung als für die Rücktrittsmöglichkeit maßgeblicher Zeitpunkt beginnt mit Aufnahme der hierzu nötigen Arbeiten wie Herstellung des Satzes, der Druckstöcke usw. und ist im Streitfall vom Verfasser zu beweisen.[219] Für die Rechtsfolgen des Rücktritts gelten über § 37 VerlG die §§ 346 ff. BGB. Auf dinglicher Ebene erlischt mit dem Rücktritt des Verfassers das Verlagsrecht gemäß § 9 VerlG.

---

215 Frankfurter Kommentar zur InsO/*App*, § 80, Rn. 5.
216 Hierzu *Schricker*, § 36 VerlG; *Schwab*, KTS 1999, 52 ff.
217 *Schricker*, § 36 VerlG, Rn. 6, S. 633 mwN zur Gegenansicht.
218 *Schricker*, § 36 VerlG, Rn. 8.
219 *Schricker*, § 36 VerlG, Rn. 6, S. 633; *Allfeld*, S. 188.

III. Von § 34 III UrhG nicht erfasste Unternehmensveränderungen

1. Erbfall

§ 34 UrhG regelt die Weiterübertragung des erworbenen Nutzungsrechtes unter Lebenden. Die Vererbung und Verfügung von Todes wegen unterfallen nicht dem Anwendungsbereich von § 34 UrhG, sondern bestimmen sich nach den allgemeinen Vorschriften der §§ 1922 ff. BGB.[220] Im Gesetzestext finden sich hierzu keine Ausführungen, weil man sie wegen Evidenz als entbehrlich erachtet hat.[221] Die Rechtsnachfolge von Todes wegen ist daher keine Unternehmensveränderung i.S.d. § 34 III UrhG.[222] Der Nutzungsberechtigte kann im Rahmen der Testierfreiheit, § 2302 BGB, frei über die ihm eingeräumten Rechte verfügen. Unbelassen bleibt dem Urheber indes die Vereinbarung einer auflösenden Bedingung für den Todesfall des Nutzungsberechtigten.[223]

Anders ist die Situation zu beurteilen, wenn die Erben ihrerseits über die Nutzungsrechte verfügen. Hier handelt es sich wieder um ein Rechtsgeschäft unter Lebenden, so dass § 34 III UrhG anwendbar ist.[224]

Da es bei der erbrechtlichen Rechtsnachfolge zu Fallgestaltungen kommen kann, in denen dem Urheber wegen Wegfalls des Vertrauensverhältnisses die Vertragsfortsetzung mit den Erben nicht mehr zuzumuten ist, kommt hier allerdings ein außerordentliches Kündigungsrecht aus wichtigem Grund ge-

---

220 *von Gamm*, § 34 UrhG, Rn. 7; *Schricker*, § 34 UrhG, Rn. 8; *Fromm/Nordemann/Hertin*, § 34, Rn. 7; *Schricker*, § 28 VerlG, Rn. 40.
221 Schriftlicher Bericht zur BT-Drs. IV/3401, S. 5; *Haertel/Schiefler*, S. 191; *Fromm/Nordemann/Hertin*, § 34, Rn. 7.
222 So die ganz h.M., vgl. *Schricker*, § 34 UrhG, Rn. 8 mwN; a.A. *Lößl*, S. 204 ff, der den Standpunkt vertritt, dass es aus Sicht des Urhebers einerlei sei, ob der Gläubigerwechsel aufgrund einer Übertragung unter Lebenden oder durch Erbfall erfolge. Diese Argumentation ist zwar aus Sicht des Urhebers nachvollziehbar, widerspricht jedoch dem eindeutigen Willen des Gesetzgebers.
223 *von Gamm*, § 34 UrhG, Rn. 8. Hat der Urheber vertraglich die Übertragung der Nutzungsrechte für den Fall von § 34 III 1 UrhG ausgeschlossen, so wird teils davon ausgegangen, dass das Nutzungsrecht in diesem Fall auch nicht vererblich sei, weil dem Erwerber persönlich und beschränkt auf die Zeit seines Lebens eingeräumt worden sei, vgl. *Rehbinder*, S. 256. Dem ist zuzustimmen, da hier die Vereinbarung einer auflösenden Bedingung für den Todesfall konkludent erfolgt ist.
224 *Schricker*, § 34 UrhG, Rn. 8.

B. Die deutsche Rechtslage

maß § 314 BGB in Betracht.[225] Hieran ist beispielsweise zu denken, wenn es den Erben an verlegerischer Sachkenntnis fehlt oder ihre politische Einstellung der des Verstorbenen diametral entgegen steht. § 314 BGB vermeidet somit Härten, die dem Urheber durch die fehlende Rückrufsmöglichkeit gemäß § 34 III 2 UrhG entstehen könnten.

2. *Umwandlung durch Formwechsel*

a) Begriff

Jedes Unternehmen ist bestrebt, sich in einer für seine Bedürfnisse zweckmäßigen Rechtsform zu organisieren. Kommt es zu Veränderungen im persönlichen, wirtschaftlichen oder gesetzlichen Umfeld, kann die Umwandlung des Rechtsträgers in eine andere Rechtsform erforderlich werden. Diesem Bedürfnis dient die Umwandlung durch Formwechsel.[226] Sie ist in §§ 1 I Nr. 4, 190 ff. UmwG geregelt. Ihre Besonderheit liegt in einem Wechsel der Rechtsform unter Wahrung der Identität des Rechtsträgers.[227] Da der Rechtsträger des Unternehmens erhalten bleibt, findet eine Vermögensübertragung beim Formwechsel nicht statt.[228]

b) Einordnung unter § 34 III UrhG

Mangels Übertragung des Vermögens und damit der Nutzungsrechte gibt es weder einen Erwerber noch eine Beteiligungsänderung i.S.d. § 34 III 2 und 3 UrhG. Auch eine vergleichbare Interessenlage ist nicht gegeben: Merkmale wie Leitung, Mitarbeiter, Ruf, inhaltliche Tendenz und Programm des Unternehmens bleiben unverändert, und es ist nicht ersichtlich, inwiefern sich durch die formwechselnde Umwandlung eine das Rückrufsrecht begründende Unzumutbarkeit für den Urheber ergeben könnte. Die Umwandlung in eine andere Rechtsform ist daher keine Unternehmensveränderung i.S.d. § 34 III UrhG.[229]

---

225 *von Gamm*, § 34 UrhG, Rn. 8; *Schricker*, § 34 UrhG, Rn. 8.
226 *Kraft/Kreutz*, S. 84 f.
227 *Kallmeyer/Meister/Klöckner*, § 190, Rn. 6.
228 Begr. RegE, BT-Drs. 12/6699, S. 136.
229 *Hemler*, S. 103; *Fromm/Nordemann/Hertin*, § 34, Rn. 12; *Wandtke/Grunert* in *Wandtke/Bullinger*, § 34, Rn. 21.

III. Von § 34 III UrhG nicht erfasste Unternehmensveränderungen

3. Programmänderungen

Veräußert beispielsweise ein Verlag eine Unterabteilung oder kauft er eine neue Fachabteilung zur Ergänzung seines Portfolios, so ändert sich damit möglicherweise das Verlagsprogramm. Hinsichtlich der übertragenen Nutzungsrechte greift § 34 III UrhG. Jedoch können solche Veränderungen auch für die im Verlag verbleibenden Urheber erheblich sein, wenn sich durch Zu- oder Abgänge das Unternehmensprofil wesentlich ändert.[230] Da hier jedoch weder Nutzungsrechte übertragen werden noch sich die Beteiligungen ändern, kann § 34 III UrhG für die verbleibenden Urheber nicht fruchtbar gemacht werden. Der Urheber hat grundsätzlich kein Recht auf ein unverändertes Verwertungsunternehmen. In Extremfällen können die im Verlag verbleibenden Urheber aber von ihrem Kündigungsrecht aus wichtigem Grund gemäß § 314 BGB Gebrauch machen.[231]

Besonders schwerwiegend kann die Aufnahme eines Konkurrenzwerks in das Verlagsprogramm sein.[232] Hiervon spricht man, wenn ein neu verlegtes Werk die gleiche Thematik wie ein bereits verlegtes Werk behandelt und ihm hinsichtlich Inhalt und Aufbau ähnelt.[233] Dabei ist es gar nicht notwendig, dass ein Verlag in Schädigungsabsicht bewusst ein Konkurrenzwerk aufnimmt, oft wird unbeabsichtigt beim Kauf eines anderen Verlagsteils ein Konkurrenzwerk mitgekauft.[234] Auch die Aufnahme eines Konkurrenzwerks ist jedoch ersichtlich kein Fall des § 34 III UrhG, so dass diese Art der Un-

---

230 Zu denken ist hier auch an die Gründung einer Verlagskooperation, um ein oder mehrere Werke gemeinsam herauszugeben, vgl. oben Fn. 160.
231 *Hemler*, S. 116, speziell für den Fall der Verlagskooperation *Huber*, S. 156 ff.
232 Martin Heidegger zum Beispiel verweigerte Siegfried Unseld die Lizenz für eine Taschenbuchausgabe von »Sein und Zeit«, weil er nicht mit seinen Widersachern Adorno und Blumenberg in einer Reihe erscheinen wollte, vgl. *Kaube*, FAZ vom 29.10.2002, S. 44.
233 Zum Begriff des Konkurrenzwerks vgl. *Schramm*, S. 22 ff. So hat etwa der Beck-Verlag 2002 den Urheberrechtskommentar von Wandtke/Bullinger in sein Verlagsprogramm aufgenommen, obwohl er bereits den Kommentar von Schricker verlegt.
234 Beispielsweise fand sich Schulin mit seinem Sozialrechtslehrbuch plötzlich in einem Verlag mit dem Konkurrenzwerk von Blei wieder, als Luchterhand den Werner Verlag aufkaufte.

B. Die deutsche Rechtslage

ternehmensveränderung höchstens zu einer Kündigung aus wichtigem Grund gemäß § 314 BGB berechtigen kann.[235]

4. Personelle Veränderungen

Fraglich ist, ob auch personelle Veränderungen in der Führung des Verwertungsunternehmens dem Anwendungsbereich des § 34 III UrhG unterfallen. Dem Gesetzeswortlaut nach sind sie zwar nicht erfasst, aus Sicht des Urhebers aber ebenso geeignet wie eine Unternehmensveräußerung, das Vertrauensverhältnis mit dem Verwerter zu zerstören. Hierauf sei kurz anhand zweier Beispiele eingegangen.

a) Wechsel des Verlegers oder Filmherstellers

Zwischen Urheber und Verwerter (Verleger oder Filmhersteller) besteht ein Vertrauensverhältnis.[236] Dieses personale Band kann zerschnitten werden, wenn sich die Person des Verwerters[237] ändert. Insbesondere wenn der Nachfolger sich in seiner Persönlichkeit und/oder Einstellung erheblich von seinem Vorgänger unterscheidet, kann beim Urheber das Bedürfnis entstehen, sich vom Vertrag zu lösen. Beim bloßen Wechsel des Verlegers oder Filmherstellers werden keine Nutzungsrechte übertragen. Auch das den Urheber nach außen hin präsentierende Verwertungsunternehmen bleibt dasselbe, es erfolgt weder eine Veräußerung noch eine Beteiligungsänderung. Daher kommt eine Anwendung von § 34 III UrhG nicht in Betracht, auch wenn sich die Situation für den Urheber im Ergebnis ähnlich wie bei einem Unterneh-

---

235 Dies aber wohl auch nur, wenn andere, das Vertrauensverhältnis zwischen Urheber und Verwerter belastende Umstände hinzutreten, etwa die Aufnahme des Konkurrenzwerks in Schädigungsabsicht erfolgt. Hierzu ausführlich *Hemler*, S. 116 ff.
236 Vgl. oben S. 31 und 36.
237 Hierbei kommen wohl nur Personen mit einer Mindestverantwortung in Frage, z.B. Vorstandsvorsitzender, Geschäftsführer, Prokurist oder Aufsichtsratsvorsitzender.
Interessant ist in diesem Zusammenhang das Vorhaben von Holtzbrinck, die redaktionelle Unabhängigkeit des »Tagesspiegels« über eine Stiftung kontrollieren zu lassen, die aus Abgesandten der Bundestagsparteien, Vertretern von ARD, ZDF und RTL, sowie den Chefredakteuren von Focus, Spiegel und Stern bestehen soll. Vgl. hierzu FAZ vom 31.03.2003, S. 40; und *Hanfeld*, FAZ vom 02.04.2003, S. 42.

III. Von § 34 III UrhG nicht erfasste Unternehmensveränderungen

mensverkauf darstellen kann. Es bleibt ihm als ultima ratio wieder nur die Möglichkeit einer Kündigung aus wichtigem Grund gemäß § 314 BGB.

b) Wechsel des Lektors

Im Verlagsbereich ist auch der Lektorwechsel eine wichtige Unternehmensveränderung. Der Lektor berät den Verleger bei der Zusammenstellung des Verlagsprogramms und untersucht als erster »Vorposten der Öffentlichkeit«[238] die im Verlag eingehenden Manuskripte auf ihre Eignung zur Veröffentlichung. Im Anschluss unterrichtet er die Verlagsleitung über Autor und Inhalt angenommener Manuskripte und hat dadurch eine Mittlerstellung zwischen Autor und Verleger inne. Als erster Ansprechpartner des Autors und Korrektor der Manuskripte kann zwischen dem Lektor und Urheber eine enge personale Bindung bestehen.[239] Daher stellt sich die Frage, ob der Wechsel des Lektors einen Autor dazu berechtigen soll, nach § 34 III UrhG vom Verlagsvertrag zurückzutreten.

Dies würde die Interessen des Autors zwar sehr weitreichend berücksichtigen, jedoch im Ergebnis den Verleger über Gebühr in seiner unternehmerischen Handlungsfreiheit einschränken. Der Lektorwechsel ist ein bloßer unternehmensinterner Vorgang, der das Bild des Autors in der Öffentlichkeit nicht berührt.

Es handelt sich offensichtlich weder um eine Veräußerung des Unternehmens noch um eine Beteiligungsänderung. Nutzungsrechte werden nicht übertragen. Die Situation ist auch nicht vergleichbar. Daher berechtigt der Wechsel des Lektors den Urheber nicht zum Rückruf nach § 34 III UrhG. Unbelassen bleibt dem Autor bei schwerwiegenden konkreten Anlässen die außerordentliche Kündigung als äußerstes Mittel.[240]

5. *Tendenzveränderung*

Schließlich ist es denkbar, dass das Verwertungsunternehmen des Urhebers seine politische oder weltanschauliche Tendenz und Unternehmensphiloso-

---

238 *Weiss*, S. 33.
239 Ausführlich zum Berufsbild des Lektors – heute auch Produktmanager genannt – *Mundhenke/Teuber*, S, 388 ff.; *Heinold*, S. 108 ff; *Meyer-Dohm/Strauß* Bd. II, S. 208 ff. Die enge Autor-Lektor-Beziehung wird anhand von Beispielen dargestellt vom Suhrkamp-Lektor *Weiss*, S. 29 ff.
240 *Hemler*, S. 114.

B. Die deutsche Rechtslage

phie mit der Zeit ändert, ohne strukturelle oder personelle Änderungen zu erfahren.[241] Ein besonders deutliches Beispiel hierfür bietet die nationalsozialistische Machtübernahme, in deren Folge zahlreiche zuvor unpolitischen Verlage parallel zum Verlauf der geschichtlichen Entwicklung eine ihr entsprechende politische Haltung einnahmen.[242] Je stärker ein Werk auf eine bestimmte Tendenz zugeschnitten ist, desto vehementer wirken sich diesbezügliche Veränderungen aus.

Bei einer Tendenzveränderung werden keine Nutzungsrechte übertragen. Es liegt auch kein Fall einer Unternehmensveräußerung oder einer Beteiligungsänderung vor. § 34 III UrhG ist daher nicht direkt anwendbar. Für eine analoge Anwendung spricht, dass sich das Umfeld, in dem das Nutzungsrecht ausgeübt wird, möglicherweise ebenso verändert hat, wie wenn das Unternehmen veräußert worden wäre. Dagegen streitet indes aber, dass die Vergleichbarkeit nur bezüglich des Ergebnisses, nicht bezüglich des Vorgangs gegeben ist, da die Tendenzveränderung nicht mit einer gesellschaftsrechtlichen Änderung einhergeht. § 34 III UrhG auch auf den Fall der bloßen Tendenzveränderung anzuwenden, würde seinen Anwendungsbereich ausufern lassen. Für eine solche Analogie besteht auch weder Raum noch Notwendigkeit, da eine schwerwiegende Tendenzveränderung problemlos dem außerordentlichen Kündigungsrecht für Dauerschuldverhältnisse aus § 314 BGB unterfällt.[243] Für den Bereich der Tageszeitungen, die wohl das für Tendenzveränderungen anfälligste Medium sind, finden sich zudem ausdrückliche vertragliche Regelungen.[244]

---

241 Vgl. *Hemler*, S. 127.
242 Vgl. *Kaube*, FAZ vom 8.10.2002, S. 35.
243 Allerdings wird der Nachweis, dass tatsächlich ein Kurswechsel des Nutzungsrechtsinhabers vorliegt, oft nur schwer zu erbringen sein.
244 So lautet § 15 Nr. 1 des seit 01.01.1998 gültigen MTV für Redakteurinnen und Redakteure an Tageszeitungen: »Ändert der Verleger die grundsätzliche Haltung der Zeitung, so ist der Redakteur/die Redakteurin, dem/der unter den veränderten Verhältnissen die Fortsetzung seiner/ihrer Tätigkeit nicht zugemutet werden kann, berechtigt, seine/ihre Tätigkeit binnen eines Monats, nachdem er/sie von dieser Änderung Kenntnis erhalten hat oder den Umständen nach erlangt haben müsste, aufzugeben. Der Redakteur/die Redakteurin behält aber den Anspruch auf Fortzahlung der vertraglichen Bezüge bis zum Ablauf der ordentlichen Kündigungsfrist, jedoch für mindestens 6 Monate. § 615 BGB findet entsprechende Anwendung.« Download unter www.djv.de/downloads/mtv-tz-98.pdf. Zu § 15 MTV und zur Frage, wann der Verleger die grundsätzliche Haltung seiner

IV. Das Rückrufsrecht bei Unternehmensveräußerungen

Ein Vertrag, der dazu berechtigt, ein Nutzungsrecht zu verwerten, enthält ein mehr oder weniger ausgeprägtes Vertrauensmoment zwischen Urheber und Verwerter.[245] Falls dieses Moment durch eine Unternehmensveränderung (S. 38 ff.) gestört wird, kann beim Urheber das Bedürfnis entstehen, sich vom Vertrag zu lösen. Überdies möchte er die bereits eingeräumten Nutzungsrechte zurückrufen. Ob und wie ihm dies möglich ist, wird im Folgenden zunächst für die bis zum 30.06.2002 geltende, danach für die neue Rechtslage untersucht.[246]

1. Die Rechtslage bis zum 30.06.2002

a) Vertragsbeendigung nach UrhG

aa) § 34 III a.F. UrhG

§ 34 III a.F. UrhG regelte die Übertragung von Nutzungsrechten im Rahmen der Veräußerung eines Unternehmens oder eines Unternehmensteiles. Als Ausnahme zu § 34 I a.F. UrhG bedurfte hier die Übertragung von Nutzungsrechten keiner Zustimmung des Urhebers, weil man es dem Verwerter nicht zumuten wollte, sämtliche Urheber, mit denen er Nutzungsverträge geschlossen hatte, um Zustimmung zur Unternehmensveräußerung zu fragen. Hierin sah man eine zu weit gehende Einschränkung der unternehmerischen Entscheidungsfreiheit. Ein Rückrufsrecht oder eine Kündigungsmöglichkeit für den Urheber enthielt § 34 III a.F. UrhG nicht, die Interessen der Urheber hielt man durch die Anordnung der Erwerberhaftung in § 34 V UrhG für hinreichend berücksichtigt.[247] Bei der Abwägung zwischen den persönlichkeitsbasierten Interessen des Urhebers und den wirtschaftlich-unternehmerischen des Verwerters entschied sich der Gesetzgeber für letzteren.[248]

Zeitung ändert *Löffler/Ricker*, Kap. 35, Rn. 24; *Löffler/Dörner/Schaub*, S. 1491 f.; *Löffler*, AfP 1979, 290 ff.
245 Vgl. nur oben S. 31 und 36.
246 Zum zeitlichen Anwendungsbereich der Neufassung unten S. 129.
247 Begr. RegE zu § 34 III UrhG vom 23.03.1962, BT-Drs. IV/270, S. 57; abgedruckt auch bei *Schulze*, Materialien, S. 128; *Haertel/Schiefler*, S. 190; *Möhring/Nicolini/Spautz*, § 34, Rn. 14.
248 Hierüber lässt sich trefflich streiten. Die Diskussion, wie Urheber- und Verwerterinteressen im Falle einer Unternehmensveränderung in Einklang zu bringen

bb) §§ 41, 42 UrhG

Das UrhG enthält bereits seit dem 01.01.1966 Rückrufsrechte für zwei andere Situationen. § 41 UrhG erlaubt dem Urheber den Rückruf des Nutzungsrechts, wenn der Verwerter es nicht oder nur unzureichend ausübt. Für den Fall der Unternehmensveräußerung kann § 41 UrhG allerdings nicht fruchtbar gemacht werden, da er ein bestimmtes Unterlassen des Verwerters voraussetzt, das mit einer Veränderung im Unternehmen nicht vergleichbar ist.

§ 42 UrhG gewährt dem Urheber ein Rückrufsrecht wegen gewandelter Überzeugung. Hier besteht der wesentliche Unterschied zur angestrebten Vertragsbeendigung wegen einer Unternehmensveränderung darin, dass die das Rückrufsrecht aus § 42 UrhG begründende Veränderung in der Person des Urhebers stattgefunden hat, wohingegen hier eine Rückrufsmöglichkeit für Veränderungen in der Person des Nutzungsrechtsinhabers gesucht wird. Daher scheidet eine entsprechende Anwendung der §§ 41, 42 UrhG aus.[249]

cc) § 90 a.F. UrhG

Für den Filmbereich enthielt § 90 a.F. UrhG eine Einschränkung der Urheberrechte: §§ 34, 35 sowie die Rückrufsrechte der §§ 41 und 42 UrhG fanden auf die in §§ 88 I Nr. 2 bis 5 und 89 I a.F. UrhG bezeichneten Rechte keine Anwendung. Lediglich das Verfilmungsrecht durfte nicht frei weiterübertragen werden, sondern unterlag den sonst üblichen Beschränkungen.[250] § 90 a.F. UrhG sollte dem Filmhersteller die Weiterübertragung der Auswertungsrechte erleichtern und damit sein Unternehmerrisiko verringern.[251] Im Filmbereich fiel die gesetzgeberische Abwägung zwischen Urheber- und Verwerterinteressen also noch einseitiger zu Gunsten der Verwerter aus. § 90 a.F. UrhG barg erst recht keine Möglichkeit für den Urheber, sich vom Vertrag zu lösen und die Nutzungsrechte zurückzurufen.

---

sind, ist bereits über 100 Jahre alt. Sie entfachte sich schon vor Inkrafttreten des § 28 VerlG im Jahre 1901. Vgl. nur *Katz*, S. 159 ff.; *Osterrieth*, S. 191 ff.; *Kuhlenbeck*, S. 262 ff.; *Kunstmann*, S. 22 ff.
249 *Hemler*, GRUR 1994, 584.
250 *Schricker/Katzenberger*, § 90, Rn. 8; *Fromm/Nordemann/Hertin*, § 34, Rn. 5, § 90, Rn. 3; *Lütje*, S. 180 f.
251 *Schack*, Urheberrecht, Rn. 1096; *Fromm/Nordemann/Hertin*, § 90, Rn. 1; *Möhring/Nicolini/Lütje*, § 90, Rn. 1.

IV. Das Rückrufsrecht bei Unternehmensveräußerungen

Zwar war § 90 a.F. UrhG kein zwingendes Recht und konnte daher vertraglich abbedungen werden.[252] Dass es allerdings einem Urheber gelang, sich entgegen §§ 90, 34 III a.f. UrhG ein vertragliches Rückrufsrecht für den Fall einer Unternehmensveräußerung auszubedingen, dürfte extrem unwahrscheinlich gewesen sein.[253]

b) Vertragsbeendigung nach VerlG

aa) § 28 VerlG

Während § 34 a.F. UrhG allgemein die Übertragung von – auch das Verlagsrecht umfassenden – Nutzungsrechten regelte, enthielt § 28 VerlG eine eigene Regelung für die Übertragung von Verlagsrechten. Da sich somit beide Vorschriften in ihrem Anwendungsbereich überschnitten, aber inhaltlich einige Unterschiede aufwiesen, war das Verhältnis von § 28 VerlG zu § 34 a.F. UrhG umstritten. Die herrschende Meinung wandte die beiden Normen kombiniert an.[254] Eine ausdrückliche Regelung oder gar ein Rückrufsrecht für den Fall der Verlagsveräußerung enthielt indes auch § 28 VerlG nicht.

bb) Rücktritt nach den §§ 30 ff. VerlG

Im Anwendungsbereich des Verlagsgesetzes wird dem Urheber über §§ 32, 30 VerlG ein spezielles Rücktrittsrecht gewährt. Wesentliche Voraussetzung für die Rücktrittsmöglichkeit über § 32 VerlG ist, dass die Vertragserfüllung durch den Verleger im Hinblick auf Vervielfältigung und Verbreitung nicht ordnungsgemäß erfolgte.[255] Nicht vergleichbar hiermit ist der Fall, dass das Vertrauensverhältnis zwischen Verfasser und Verleger durch eine Unternehmensveränderung zerstört ist, da ja der Verleger unabhängig von der Veräußerung seine Vertragspflichten tadellos erfüllt haben kann. Eine entsprechen-

---

252 *Schricker/Katzenberger*, § 90, Rn. 3; *Fromm/Nordemann/Hertin*, § 90, Rn. 10; *Möhring/Nicolini/Lütje*, § 90, Rn. 1.
253 Denkbar wäre das lediglich bei berühmten Urhebern, die über eine entsprechend starke Verhandlungsposition verfügen.
254 *Schricker*, § 34 UrhG, Rn. 3 *Haberstumpf* in FS Hubmann, S. 132 ff.; *Lößl*, S. 28 ff., *Huber*, S. 134 ff. jeweils mwN. Für eine alleinige Anwendung von § 34 UrhG *Fromm/Nordemann/Hertin*, § 34, Rn. 3; *Held*, GRUR 1983, 166.
255 *Schricker*, § 32 VerlG, Rn. 1.

B. Die deutsche Rechtslage

de Anwendung auf den Fall der Unternehmensveräußerung scheidet daher aus.

Ein Teil der älteren Literatur wollte § 35 VerlG entsprechend anwenden, wenn der Urheber durch eine Unternehmensveränderung in eine unzumutbare Lage gerät.[256] Diese Analogie scheitert indes am Fehlen einer vergleichbaren Interessenlage. § 35 VerlG trägt der Tatsache Rechnung, dass *beim Verfasser* eines Buches oder der Neuauflage des Buches im Zeitraum zwischen der Verpflichtungsbegründung durch den Vertragsabschluß und der Drucklegung triftige Gründe entstehen können, von der Herausgabe des Werkes Abstand zu nehmen. Solche Gründe können etwa neue Erkenntnisse sein, die das Werk als überholt erscheinen lassen, oder eine Änderung der Ansichten des Autors. § 35 VerlG greift aber nicht, wenn lediglich Umstände vorliegen, die den Verfasser von der Herausgabe des Werkes gerade durch diesen Verleger abgehalten oder ihn bewogen hätten, das Werk durch einen anderen Verleger herauszubringen. Ein Umstand, der sich nur auf die Person des Verlegers bezieht, kann ein Rücktrittsrecht nach § 35 VerlG nicht begründen. Damit scheidet die Anwendung von § 35 VerlG im Falle der Unternehmensveräußerung aus.[257]

c) Vertragsbeendigung nach BGB

aa) Anfechtung

In Frage kommt zunächst die Anfechtung wegen Irrtums gemäß § 119 BGB. Wenn ein Irrtum über verkehrswesentliche Eigenschaften wie Sachkunde, Zuverlässigkeit oder Vertrauenswürdigkeit des Nutzungsrechtsinhabers vorliegt, berechtigt das den Urheber zur Vertragsanfechtung nach § 119 II BGB. Der Irrtum muss jedoch bereits bei Vertragsabschluß vorliegen und darf nicht erst später auftreten, weil eine Eigenschaft im Sinne von § 119 II BGB nicht die Erwartung künftiger Umstände sein kann.[258] Im Falle der Unternehmensveräußerung will sich der Urheber stets erst wegen eines dem Vertragsschluß

---

256 *Allfeld*, S. 129; *Rintelen*, S. 371.
257 *LG Mannheim*, Az. 7 O 212/95, S. 9 f.; *Schricker*, § 28 VerlG, Rn. 6 (S. 494) und § 35 VerlG, Rn. 5; *de Boor*, S. 332 in Fn. 1; *Leiss*, § 35, Rn. 10; *Hemler*, GRUR 1994, 584.
258 *Palandt/Heinrichs*, § 119, Rn. 24 a.E; *Soergel/Hefermehl*, § 119, Rn. 37; RGRK/*Krüger-Nieland*, § 119, Rn. 35.

zeitlich nachfolgenden Umstandes vom Vertrag lösen. Daher kommt eine Anfechtung gemäß § 119 II BGB nicht in Frage.

Für die Anfechtung wegen arglistiger Täuschung gemäß § 123 BGB wäre erforderlich, dass der Nutzungsberechtigte einen bevorstehenden Unternehmensverkauf zum Zeitpunkt des Vertragsabschlusses bewusst verschwieg und eine Aufklärungspflicht gehabt hat. Allerdings müssen bei Vertragsschluss nicht alle Umstände offenbart werden, die für den Vertragspartner von Bedeutung sein können. Grundsätzlich hat jede Partei ihre Interessen selbst wahrzunehmen.[259] Dabei ist auch zu berücksichtigen, dass der Urheber nicht stillschweigend vom unveränderten Fortbestand des Verwertungsunternehmens ausgehen kann. § 123 BGB greift demnach lediglich, wenn der Urheber erkennbar Wert darauf gelegt hat, gerade einer bestimmten Person die Nutzungsrechte einzuräumen und überdies vom Verwerter arglistig verschwiegen wurde, dass künftig eine andere Person die Verantwortung für die Auswertung der Nutzungsrechte übernimmt.[260]

bb)   Störung der Geschäftsgrundlage – § 313 BGB

Denkbar erscheint weiterhin, dem Urheber die Vertragsauflösung gemäß § 313 BGB wegen Störung der Geschäftsgrundlage[261] zu ermöglichen. Als Geschäftsgrundlage gilt dabei jeder Umstand, der zwar nicht Vertragsinhalt geworden ist, aber ersichtlich von einer Vertragspartei dem Vertrag zu Grunde gelegt wurde, ohne vom anderen Vertragspartner beanstandet worden zu sein.[262] Von der Geschäftsgrundlage zu unterscheiden ist das bloß einseitige Motiv, das die Rechtsfolgen des § 313 BGB nicht auslöst.[263] Die Vorstellung des Werkschöpfers über die Person des Verwerters ist oft schon deshalb nicht Geschäftsgrundlage, weil der Verwerter als Vertragspartner die Vorstellungen des Urhebers über seine Person nicht kannte. Außerdem kann der Urheber nicht davon ausgehen, dass das Verwertungsunternehmen von Unternehmensveränderungen verschont bleibt. Seine Hoffnung, die eingeräumten

---

259 *Palandt/Heinrichs*, § 123, Rn. 5 mwN.
260 Zu Anfechtungsmöglichkeiten des Urhebers bei Unternehmensveränderungen *Hemler*, GRUR 1994, 584.
261 Bis zur Schuldrechtsmodernisierung 2002 als Lehre vom »Wegfall der Geschäftsgrundlage« allgemein anerkanntes Rechtsinstitut.
262 *Palandt/Heinrichs*, § 313, Rn. 4.
263 *Palandt/Heinrichs*, § 313, Rn. 5.

B. Die deutsche Rechtslage

Nutzungsrechte würden dauerhaft in denselben Händen bleiben, ist daher in aller Regel bloß einseitiges Motiv. Eine Vertragsbeendigung über § 313 BGB scheidet somit aus.[264]

cc) Außerordentliche Kündigung

(1) Rechtsgrundlage

Während weder das UrhG noch das VerlG eine außerordentliche Kündigungsmöglichkeit aus wichtigem Grund enthalten, war eine solche für den Dienst- und Gesellschaftsvertrag in den §§ 626 I, 723 I 2 BGB und für den Handelsvertreter in § 89a HGB normiert. Da es sich bei den urheberrechtlichen Nutzungsverträgen ebenfalls um Dauerschuldverhältnisse handelt, wurden von der herrschenden Meinung neben § 242 BGB[265] vornehmlich die §§ 626, 723 BGB analog herangezogen. Hierdurch eröffnete man dem Urheber eine Möglichkeit, sich von dem unliebsamen Vertrag zu lösen.[266] Zwar bestanden hinsichtlich der dogmatischen Begründung und teils auch im Hinblick auf die tatbestandlichen Voraussetzungen des Kündigungsrechts unterschiedliche Auffassungen. Im Ergebnis war man sich jedoch einig, dass sämtliche Dauerschuldverhältnisse auch bei Fehlen einer positiv-rechtlichen oder privatautonomen Regelung außerordentlich gekündigt werden können, wenn ein wichtiger Grund vorliegt, der die Vertragsfortsetzung unzumutbar werden lässt.[267]

Weil es sich hierbei allerdings um eine Analogie und nicht um eine ausdrückliche Regelung handelte, barg dies Rechtsunsicherheit, zumindest aber Rechtsunwissenheit für die Urheber. Seit der Schuldrechtsmodernisierung zum 01.01.2002 ist das Kündigungsrecht aus wichtigem Grund für alle Dau-

---

264 *LG Mannheim*, Az. 7 O 212/95, S. 14; *Hemler*, GRUR 1994, 584.
265 Die Anknüpfung der Kündigung aus wichtigem Grund an § 242 BGB wurde teils für methodisch nicht tragfähig gehalten, vgl. *Oetker*, S. 269.
266 *Herschel*, UFITA 83 (1978), 94; *Krüger-Nieland*, UFITA 89 (1981), 29; *Schenz/Platho*, FuR 1979, 228; *Hemler*, GRUR 1994, 584 ff. mwN.
267 Ausführlich *Oetker*, S. 265 ff. mwN. Insbesondere zur Kündigung von Verlagsverträgen aus wichtigem Grund gibt es eine umfangreiche Rechtsprechung, vgl. nur BGH GRUR 1959, 51, 53 – Subverlagsvertrag; GRUR 1970, 40, 41 – Musikverleger; GRUR 1974, 789, 791 ff. – Hofbräuhaus-Lied; GRUR 1977, 551, 553 ff. – Textdichteranmeldung; GRUR 1982, 41, 43 – Musikverleger III; GRUR 1990, 443, 444 ff. – Musikverleger IV.

erschuldverhältnisse in § 314 BGB normiert.[268] Seither bedarf es keiner Analogie zu §§ 626, 713 BGB mehr. Allerdings wurde diese Kündigungsmöglichkeit nicht ins UrhG aufgenommen, so dass viele Urheber von dieser Möglichkeit nichts erfuhren.

(2) Voraussetzungen

Zu klären bleibt, unter welchen Voraussetzungen eine außerordentliche Kündigung aus wichtigem Grund zulässig ist. Gemäß § 314 I BGB liegt ein wichtiger Grund vor, wenn dem Kündigenden unter Berücksichtigung aller Umstände des Einzelfalls und unter Abwägung der beiderseitigen Interessen die Fortsetzung des Vertragsverhältnisses nicht zugemutet werden kann. Hiervon wird ausgegangen, wenn das Vertrauensverhältnis derart erschüttert ist, dass ein gedeihliches Zusammenwirken der Parteien nach den gesamten Umständen nicht mehr zu erwarten ist.[269] Es kommt stets auf Art und Ausmaß der Vertragsstörung an,[270] teilweise wird zwischen persönlichen und wirtschaftlichen Gründen unterschieden. Erstere werden wohl nur bei einem ausgeprägten persönlichkeitsrechtlichen Kern des Werkes ausreichen, da nur dann das Vertrauensverhältnis genügend stark ist.[271] Weiterhin wird vertreten, dass persönliche Zerwürfnisse zwischen den Vertragsparteien, die nicht auf eine grobe Pflichtverletzung des Nutzungsrechtsinhabers zurückgehen, die Vertragsfortsetzung für den Urheber nur dann unzumutbar werden lassen, wenn nachweisbare Anhaltspunkte dafür vorhanden sind, dass sich der Verwerter wegen der Feindseligkeiten nicht mehr für die branchenübliche Förderung der Werknutzung einsetzen wird.[272]

Solche Formulierungen sind wenig griffig. Der wichtige Grund ist ein unbestimmter Rechtsbegriff, der fließende Grenzen aufweist und dessen umfas-

---

268 Zu Anwendungsbereich und Bedeutung von § 314 BGB im Urheberrecht *Manz/Ventroni/Schneider*, ZUM 2002, 419 f.
269 BGH, GRUR 1959, 51, 53 – Subverlagsvertrag; BGH, GRUR 1970, 40, 41 – Musikverleger; BGH, GRUR 1974, 789, 791 ff. – Hofbräuhaus-Lied; BGH, GRUR 1977, 551, 553 f. – Textdichteranmeldung; BGH, GRUR 1990, 443, 444 ff. – Musikverleger IV; vgl. auch *Schenz/Platho*, FuR 1979, 228.
270 *Krüger-Nieland*, UFITA 89 (1981), 34.
271 *Schulze*, S. 623. Teils wird ein enger Bezug zwischen Vertrauensverlust und Vertragspflicht gefordert, teils bereits ein persönlicher Vertrauensverlust für ausreichend erachtet, vgl. hierzu *Schenz/Platho*, FuR 1979, 229.
272 *Krüger-Nieland*, UFITA 89 (1981), 30, 33 zum Musikverlagsvertrag.

B. Die deutsche Rechtslage

sende Umschreibung unmöglich ist.[273] Nötig ist stets eine Einzelfallentscheidung,[274] die sich in einem Prozeß nicht sicher vorhersagen lässt. Zwar ist in der Literatur anerkannt, dass auch eine Unternehmensveränderung den Urheber zur Kündigung des Nutzungsvertrages aus wichtigem Grund berechtigen kann,[275] hier sind aber vielfältige Fallgestaltungen[276] denkbar, die sich einer pauschalen Beurteilung entziehen.

Ungeachtet dessen sind jedoch im Hinblick auf eine Abgrenzung zu § 34 III 2 UrhG[277] drei Gesichtspunkte hervorzuheben: Erstens ist stets eine Abwägung aller berechtigten Interessen des Urhebers und des Nutzungsrechtsinhabers notwendig. Jeder Vertragspartner muss auf die Belange des anderen gebührende Rücksicht nehmen.[278] Daher kann eine Kündigung aus wichtigem Grund bei Unternehmensveräußerungen überhaupt nur zulässig sein, wenn der Urheber der Rechteübertragung zunächst erfolglos widersprochen hat.[279]

Zweitens ist die Kündigung aus wichtigem Grund als Ausnahmerecht stets restriktiv zu handhaben. Weil sie die das Privatrecht beherrschende Maxime »pacta sunt servanda« durchbricht, ist sie immer nur »ultima ratio«. Nur im äußersten, anders nicht behebbaren Fall kann der Urheber das Vertragsverhältnis zur Auflösung bringen.[280] Aus der gebotenen Rücksicht auf die Belange des Vertragspartners resultiert der generelle Vorrang des für den Kündigungsgegner milderen Mittels.

Drittens beendet die Kündigung aus wichtigem Grund zunächst nur das schuldrechtliche Kausalgeschäft. Ein automatischer Rückfall des Nutzungsrechts findet außerhalb des Anwendungsbereichs von § 9 VerlG nicht statt.

---

273 *Krüger-Nieland*, UFITA 89 (1981), 29.
274 BGH GRUR 1982, 41, 43 – Musikverleger III; MünchKomm/*Gaier*, § 314, Rn. 10.
275 *Schricker*, § 34 UrhG, Rn. 20 a.E.; *Fromm/Nordemann/Hertin*, § 34, Rn. 12 jeweils mwN.
276 Vgl. die auf S. 38 ff. dargestellten Unternehmensveränderungen.
277 Hierzu unten S. 94 ff.
278 BGH GRUR 1982, 41, 45 – Musikverleger III; *Palandt/Heinrichs*, § 314, Rn. 7; *Huber/Faust*, S. 235; *von Gamm*, UrhG, Einf., Rn. 76; *Krüger-Nieland*, UFITA 89 (1981), 34.
279 *Schricker*, § 34 UrhG, Rn. 20 a.E.; *Ulmer*, Urheber- und Verlagsrecht, S. 463.
280 *Staudinger/Preis*, § 626, Rn. 5; *Oetker*, S. 271; BGH GRUR 1977, 551, 554 – Textdichteranmeldung; BGH GRUR 1982, 41, 45 – Musikverleger III.

IV. Das Rückrufsrecht bei Unternehmensveräußerungen

Vielmehr entsteht beim Urheber lediglich ein schuldrechtlicher Anspruch auf Rückübertragung des Nutzungsrechts.[281]

d) Vertragliche Vereinbarungen

§ 34 III a.f. ist ebenso wie § 90 a.f. UrhG dispositiv: § 34 IV a.f. UrhG erklärt abweichende Vereinbarungen zwischen dem Urheber und dem Inhaber des Nutzungsrechts für zulässig.[282] Es bleibt dem Urheber somit zumindest theoretisch unbenommen, sich im Rahmen seiner Vertragsfreiheit auf vertraglicher Basis ein Kündigungs- oder Rückrufsrecht für den Fall einer ihm nicht genehmen Unternehmensveränderung auszubedingen. Dies kann in Form von Normverträgen oder durch individuelle Einzelverträge geschehen.

aa) § 13 Normvertrag

Für den Verlagsbereich wurde am 19.10.1978 zwischen den Interessenverbänden auf Verleger- und Autorenseite – also dem Börsenverein des deutschen Buchhandels und dem Verband deutscher Schriftsteller in der IG Medien – der Normvertrag für den Abschluss von Verlagsverträgen geschlossen.[283] Gemäß dessen § 13 I muss ein Verlag dem Autor anzeigen, wenn sich in den Eigentums- oder Beteiligungsverhältnissen des Verlages eine wesentliche Änderung ergibt. Wesentlichkeit wird bejaht, wenn der Verlag oder Verlagsteile veräußert werden oder sich nach Vertragsabschluss in den Beteiligungsverhältnissen einer den Verlag betreibenden Gesellschaft Änderungen um mindestens 25 % der Kapital- oder Stimmrechtsanteile ergeben.[284] Nach § 13 II des Normvertrages steht dem Autor in solchen Fällen ein auf ein Jahr befristetes Rücktrittsrecht zu, wenn ihm ein Festhalten am Vertrag nicht zugemutet werden kann. Das Rücktrittsrecht erstreckt sich jedoch

---

281 *von Gamm*, UrhG, Einf., Rn. 79.
282 *Schricker*, § 34 UrhG, Rn. 10; *Fromm/Nordemann/Hertin*, § 34, Rn. 13; *Möhring/Nicolini/Spautz*, § 34, Rn. 17.
283 Der Normvertrag ist in der seit 01.04.1999 gültigen Fassung abgedruckt in der dtv-Textausgabe Urheber und Verlagsrecht, 9. Auflage 2002, unter Nr. 7. Zur Entstehungsgeschichte des Normvertrages *Sieger*, ZUM 1986, 319 ff.
284 Die Ausübung des Rücktritts stets an eine Änderung der Beteiligungsverhältnisse um mindestens 25 % zu koppeln, wird der vielschichtigen Interessenlage allerdings nicht gerecht und ist als zu schematisch abzulehnen, vgl. bereits S. 50.

B. Die deutsche Rechtslage

nur auf Optionen und auf Verlagsverträge über Werke, mit deren Herstellung der Verlag noch nicht begonnen hat.[285]

Allerdings können die Verbände durch den Normvertrag nicht in die Vertragsautonomie der Parteien eines Verlagsvertrages eingreifen. Der Normvertrag soll zwar die im Verlagswesen üblichen Gepflogenheiten widerspiegeln und auch Maßstab für den Inhalt der zu schließenden Verlagsverträge sein. Er ist jedoch lediglich eine Richtschnur, von der die Vertragsparteien durchaus abweichen können und dies auch tun. Die Verbände haben sich nur verpflichtet, darauf hinzuwirken, dass ihre Mitglieder nicht ohne triftigen Grund vom Normvertrag abweichen. Da die Vertragsfreiheit unberührt bleibt,[286] unterscheidet sich die Vertragspraxis bezüglich des Rückrufsrechts oft wesentlich von den Vorgaben des Normvertrags. In der Regel enthalten die Verlagsverträge keine Bestimmungen, wie mit den eingeräumten Nutzungsrechten im Fall einer Unternehmensveränderung verfahren werden soll. An einer solchen Regelung haben die Verleger verständlicherweise kein Interesse, da sie damit ein Stück ihrer unternehmerischen Freiheit einbüßen würden.[287] Das Rück-

---

285 Hierzu auch *Hemler*, GRUR 1994, 579 f.; *Knaak* in FS Schricker, S. 281. Kein anderer Punkt des Normvertrages wurde laut *Sieger*, ZUM 1986, 323 f. unter solch »ideologischen Gewittern« diskutiert wie das Rückrufsrecht gemäß § 13 II. Die Autoren weisen darauf hin, dass das Werk eines Autors bei Vertragsabschluss einem bestimmten Verlags-Ambiente und -Ensemble anvertraut sei, das von anderen Autoren des Verlages und deren Werken ebenso bestimmt sei, wie durch Lektoren und Verlagsleitung. Diese Argumentation konnte den Verlegern indes nur das Zugeständnis zu einem moderaten »Rückrufsrechtchen« abringen, das sich auf Optionen und Werke, mit deren Herstellung der Verlag noch nicht begonnen hat, beschränkt. Übersehen wird diese Beschränkung von Joppich, K&R 2003, 212.
286 *Schricker*, vor §§ 28 ff. UrhG, Rn. 6 f.; *Lößl*, S. 19; *Hemler*, GRUR 1994, 579. Der Normvertrag unterliegt nach *Sieger* (ZUM 1986, 321) auch keiner AGB-Kontrolle, da er so zahlreiche Variations- und Alternativmöglichkeiten enthalte, dass die Vertragsbedingungen ohnehin im einzelnen ausgehandelt werden müssten. Das ist zumindest zweifelhaft. Überdies müsste zunächst geklärt werden, ob es sich bei dem Normvertrag überhaupt um AGB iSd §§ 305 ff. BGB handeln kann, da der Verwerter ein unter Beteiligung der Urheberseite ausgehandeltes Vertragsmuster verwendet. Zu dieser Problematik, die hier nicht näher behandelt werden kann *Lößl*, S. 227, Fn. 621 und *Sieger*, ZUM 1986, 321, Fn. 5.
287 *Hemler*, S. 66.

IV. Das Rückrufsrecht bei Unternehmensveräußerungen

trittsrecht gemäß § 13 II Normvertrag spielte deshalb in der Rechtswirklichkeit bis zum 30.06.2002 praktisch keine Rolle.[288]

bb) Individualvertragliche Vereinbarungen

Dem Urheber steht es frei, seinen Vertrag mit dem Verwerter individuell auszugestalten. Daher kann er mit dem potentiellen Nutzungsrechtsinhaber ein Rückrufsrecht bei Unternehmensveräußerungen vereinbaren oder, eine Stufe früher ansetzend, die Veräußerlichkeit des Nutzungsrechts stets an seine Zustimmung binden. Solch eine Vereinbarung kann ausdrücklich getroffen werden, jedoch ist auch eine konkludente oder stillschweigende Abrede denkbar. Hier bedarf es im Einzelfall der Auslegung anhand des Vertragszweckes und des Werkcharakters.[289] Denkbar ist weiterhin, die Übertragbarkeit des Nutzungsrechts vertraglich ganz auszuschließen oder nur die Übertragung an bestimmte Empfänger zuzulassen.[290] Inwiefern dieser Gestaltungsspielraum in der Praxis aus Urhebersicht befriedigend genutzt werden kann, steht auf einem anderen Blatt. Derartige vertragliche Vereinbarungen werden – von extremen Ausnahmefällen abgesehen – für den Urheber als der regelmäßig schwächeren Vertragspartei kaum durchsetzbar sein und daher praktisch keine Rolle spielen.

cc) Autorenstatut

Als prominentes Beispiel für eine urheberfreundliche Abweichung von den Gesetzesvorgaben soll an dieser Stelle das Autorenstatut des Luchterhand Verlags erwähnt werden. Es trat als »Statut für den Beirat der Hermann Luchterhand Verlag GmbH & Co. KG« am 01.07.1976 – verankert in § 10 des Gesellschaftsvertrages – in Kraft und gewährte den Autoren unter anderem das Recht zur außerordentlichen Kündigung ihrer Verträge, wenn gegen

---

288 Nach *Sieger*, ZUM 1986, 324 hat es noch keinen Anwendungsfall von § 13 Normvertrag gegeben. *Sieger* unterscheidet allerdings nicht zwischen verschiedenen möglichen Ursachen für diesen Umstand: Kam es in der Praxis nie zu einer entsprechenden Konfliktsituation oder enthielten die Verträge nie eine § 13 II Normvertrag entsprechende Bestimmung? Die Reaktionen der Verwerter auf das neu eingeführte Rückrufsrecht (hierzu unten S. 117 ff.) deuten auf die zweite Ursache hin.
289 *Schricker*, § 34 UrhG, Rn. 10 ff.
290 *Schricker*, § 34 UrhG, Rn. 13.

B. Die deutsche Rechtslage

ihren Willen eine Änderung der Gesellschaftsanteile, der Verkauf, die Fusion oder die Auflösung der Gesellschaft stattfand.[291] Damit war es erstmals in der deutschen Verlagsgeschichte den Autoren gelungen, gegenüber einem Verleger derart weitreichende Rechte durchzusetzen. Der damalige Luchterhand-Verleger Eduard Reifferscheid ließ sich das Statut freilich nur widerwillig abringen: Günter Grass stand damals kurz vor Abschluss seines Werkes »Der Butt« und drohte damit, dass ungeachtet seiner langjährigen Bindung an Luchterhand derjenige Verlag den Roman erhalte, der bereit sei, ein Mitspracherecht der Autoren zu garantieren. Da Reifferscheid seinen Starautor nicht verlieren wollte, entschied er sich für das Statut.[292]

Als 1984/85 Verkaufsverhandlungen mit der WAZ-Gruppe aufgenommen wurden, scheiterten diese auch tatsächlich an einem Veto der Autoren. Weil sich solch ein unternehmerischer Misserfolg nicht wiederholen sollte, wurden § 10 des Gesellschaftsvertrags geändert und das Statut aufgehoben – ohne allerdings die Autoren darüber zu informieren. Als dann 1987 die Luchterhand-Eigner mit dem Kluwer-Konzern handelseinig geworden waren, präsentierten sie in der Beiratssitzung vom 31.07.1987 die am Vortag notariell be-

---

291 § 3 des Statuts (Aufgaben, Rechte und Pflichten des Beirats), abgedruckt in Buchreport Nr. 10 vom 10.03.1988, 20 lautet:
1. Der Beirat dient der Sicherung einer kontinuierlichen Verlagsarbeit im Interesse von Eigentümern, Mitarbeitern und Autoren.
2. Der Beirat wird in folgenden drei Angelegenheiten ohne besondere Aufforderung tätig:
a) Veränderungen der Gesellschaftsanteile, Verkauf, Fusion oder Auflösung der Gesellschaft oder von Teilbetrieben der Gesellschaft
b) Bestellung oder Abberufung von Geschäftsführern durch die Komplementärin
c) Wesentliche Programmänderungen.
3. Im Fall von 2a) haben die externen Mitglieder des Beirats beider Verlagsteile ein Einspruchsrecht aus außerökonomischen Gründen. Die Gesellschafterversammlung kann dieses Veto nur mit der Folge übergehen, dass den durch den Beirat vertretenen Autoren bei dieser veränderten Geschäftsgrundlage ein außerordentliches Kündigungsrecht ihrer Verlagsverträge zusteht.
4. ...
5. Abgesehen von den Aufgaben unter 2a)-c) soll der Beirat in regelmäßigen Sitzungen Empfehlungen zur langfristigen Geschäfts- und Programmpolitik des Verlages geben.
292 Buchreport Nr. 10 vom 10.03.1988, 20.

IV. Das Rückrufsrecht bei Unternehmensveräußerungen

glaubigte Änderung des Gesellschaftsvertrags. Der Versuch von 23 Autoren, aufgrund des Statuts die Nutzungsrechte zurückzuerhalten, ging daher fehl. Unter dem Druck von Günter Grass, gegen die heimliche Streichung des Statuts gerichtlich vorzugehen und damit den gesamten Luchterhand-Kauf in Frage zu stellen, erklärte Kluwer seine Absicht, einen Käufer für die literarische Abteilung nicht rein nach ökonomischen Gesichtspunkten auszusuchen, sondern auch die Einrichtung eines Autorenstatuts zu prüfen. Da der Züricher Verlag »Die Arche« die Autorenmitbestimmung versprach, erhielt er den Zuschlag.[293]

Die nun am 01.03.1988 von den Verlegerinnen Regina Vitali und Elisabeth Raabe einerseits und den Autoren Peter Bichsel, Günter Grass, Max von der Grün und Peter Härtling andererseits unterzeichnete Vereinbarung räumte den Autoren noch weiterreichende Befugnisse ein als das bisherige Statut: Zunächst handelte es sich – anders als 1976 – nicht mehr um einen aus Vertretern der Geschäftsleitung, Mitarbeitern und Autoren bestehenden Beirat, sondern um einen reinen Autorenrat, da sich »in der Krisensituation gezeigt hat, wie sehr die Interessen der Verlagsangestellten und der Autoren auseinandergehen können.«[294] Während das Wirken des alten Beirats größtenteils auf Kenntnis- und Stellungnahmen sowie Empfehlungen beschränkt gewesen war, hatte der Autorenrat nun ein Mitbestimmungsrecht bei der Bestellung der Verlagsleitung und beriet den Verlag bei der Einstellung und Entlassung von Lektoren sowie in grundsätzlichen Fragen der Programmgestaltung. Außerdem bedurfte die Veräußerung von die Identität des Verlags prägenden Programmteilen ebenso wie die Änderung der Inhaberverhältnisse des Verlags der Zustimmung des Autorenrats. Wurden Maßnahmen ohne diese Zustimmung durchgeführt, so hatten alle Verlagsautoren das Recht, innerhalb eines Monats nach Bekanntgabe des maßgeblichen Sachverhalts mit sofortiger Wirkung zu kündigen.[295] Da dem Autorenrat derart weitreichende Befugnisse zustanden, war seine Zusammensetzung von hoher Bedeutung. Wählbar waren deshalb nur Autoren, die dem Luchterhand Verlag durch

---

293 Vgl. zu diesem »Stück Verlagsgeschichte« *Schmidt*, Buchreport Nr. 10 vom 10.03.1988, 20 f.
294 *Günter Grass*, zitiert nach Buchreport Nr. 10 vom 10.03.1988, 51.
295 § 1 III, IV und § 5 der Vereinbarung, abgedruckt in Buchreport Nr. 10 vom 10.03.1988, 22; eine Auflistung der wichtigsten Änderungen zwischen altem und neuem Statut findet sich in Buchreport Nr. 10 vom 10.03.1988, 50 ff.

Verlagsverträge mindestens seit fünf Jahren verbunden und zugleich mit mindestens drei Büchern im Verlagsprogramm vertreten waren.[296]

Ungeachtet der Möglichkeit für Verleger, durch solche umfassenden Zugeständnisse an die Autoren einen attraktiven Marktanteil hinzuzugewinnen, den sie sonst möglicherweise in vielen Jahren nicht allein hätten aufbauen können,[297] ist das Autorenstatut bislang ein Einzelfall geblieben, der sich auf dem Markt nicht durchsetzen konnte.[298]

e) Arbeitnehmerurheber und arbeitnehmerähnliche Personen

War der Urheber nicht selbständig, sondern als Arbeitnehmer oder arbeitnehmerähnliche Person tätig, so kamen bei Unternehmensveränderungen verschiedene Spezialvorschriften in Betracht, die ihn möglicherweise berechtigen konnten, sich von seinem Vertrag zu lösen und eingeräumte Nutzungsrechte zurückzurufen.

aa) § 613a BGB

Hat der Urheber die Nutzungsrechte im Rahmen eines Arbeitsverhältnisses eingeräumt, so kann bei einem Übergang des Betriebes oder Betriebsteiles § 613a BGB eingreifen.[299] Voraussetzung ist zunächst, dass es sich um einen

---

296 Die ersten drei Mitglieder waren Günter Grass, Max von der Grün und Peter Härtling. Die Zusammensetzung des Autorenrats ist geregelt in § 2 der Vereinbarung, abgedruckt in Buchreport Nr. 10 vom 10.03.1988, 22.
297 So die Verlegerin Elisabeth Raabe in Buchreport Nr. 10 vom 10.03.1988, 52.
298 Der Luchterhand Literaturverlag hat mittlerweile alle seine damaligen namhaften Autoren verloren und wurde auf Umwegen 2001 von Bertelsmann erworben. Auch ähnliche Modelle, welche die Mitbestimmung der Autoren stärkten und die Verleger entmachteten, konnten sich auf dem Markt höchstens vereinzelt halten. Hierbei ist vornehmlich an den 1969 gegründeten »Theater-Verlag der Autoren« zu denken, der im Eigentum der Autoren steht, die auch die Verlagsgeschäfte führen; außerdem an den 1973 gegründeten Rotbuch Verlag, bei dem als Folge einer »Politik der Demokratisierung der Betriebe« die Beschäftigten den Verlag kollektiv führten – bis er 1993 von der Europäischen Verlagsanstalt gekauft wurde. Vgl. zu den Entwicklungen der Verlagsbranche nach 1968 *Wittmann*, S. 385; speziell zu Autoren- und Autoren-Selbstverlagen *Schönstedt*, S. 67 ff.
299 In der älteren Literatur wird vertreten, dass Tendenzbetriebe gemäß § 118 BetrVG – hierzu B IV 1 e) cc) – dem Anwendungsbereich des § 613a BGB entzogen seien, vgl. *Mayer-Maly*, BB 1973, 769; zum Streitstand *Löffler/Ricker*,

IV. Das Rückrufsrecht bei Unternehmensveräußerungen

Betrieb, also die Arbeitsorganisation eines Unternehmens, handelt.[300] Weiterhin ist erforderlich, dass der Betrieb oder Betriebsteil auf einen anderen Inhaber übergeht. Dies ist nicht nur beim Betriebsverkauf der Fall, sondern auch, wenn ein Unternehmenspachtvertrag, eine Nießbrauchbestellung oder die Einbringung eines Betriebes als Sacheinlage vorliegt, da dann ebenfalls eine neue Person die Koordinierung der betrieblichen Mittel übernimmt.[301] In all diesen Fällen erfolgt der Übergang durch Rechtsgeschäft. Ausgeschlossen ist die Anwendung von § 613a BGB indes, wenn der Betriebsübergang kraft Gesetzes oder auf Grund eines Hoheitsaktes erfolgt.[302] Von § 613a BGB nicht erfasst sind Fälle der Gesamtrechtsnachfolge.[303] Sind die Tatbestandsvoraussetzungen erfüllt, so tritt der neue Inhaber des Betriebs oder Betriebsteils ipso iure in die arbeitsvertraglichen Rechte und Pflichten des alten Inhabers ein. Der bisherige Arbeitgeber haftet gemäß § 613a II BGB als Gesamtschuldner.

Auf Arbeitgeberseite erfolgt also der gesetzliche Übergang des Vertragsverhältnisses, der Arbeitnehmer erhält ohne Rücksicht auf seinen Willen einen neuen Vertragspartner, seiner Zustimmung bedarf es nicht. Allerdings kann der Arbeitnehmer dem Arbeitgeberwechsel widersprechen und ihn dadurch verhindern, vgl. § 613a VI BGB.[304] Folge des Widerspruchs ist, dass das Arbeitsverhältnis nicht auf den neuen Inhaber übergeht, sondern der Betriebsveräußerer Vertragspartner des Arbeitnehmers bleibt.[305]

Kap. 37, Rn. 43. Die weitaus h.M. geht jedoch zu Recht davon aus, dass sich der Anwendungsbereich von § 613a BGB auch auf Tendenzbetriebe erstreckt, da § 613a BGB trotz seiner Entstehungsgeschichte – die Norm wurde durch § 122 BetrVG vom 15.01.1972 ins BGB eingefügt – keine betriebsverfassungsrechtliche, sondern eine bürgerlich-rechtliche Bestimmung ist, vgl. *Neumann-Duesberg*, NJW 1973, 269; Staudinger/Richardi/*Annuß*, § 613a, Rn. 23 mwN.

300 Staudinger/Richardi/*Annuß*, § 613a, Rn. 42; im einzelnen ist der Begriff des Betriebs streitig, vgl. MünchKomm/*Schaub*, § 613a, Rn. 29 mwN zum Streitstand.
301 Staudinger/Richardi/*Annuß*, § 613a, Rn. 54; MünchKomm/*Schaub*, § 613a, Rn. 24 f.
302 MünchKomm/*Schaub*, § 613a, Rn. 40.
303 Str., vgl. Staudinger/Richardi/*Annuß*, § 613a, Rn. 82 ff. mwN zum Streitstand in Rn. 83.
304 Das bereits zuvor anerkannte Widerspruchsrecht des Arbeitnehmers ist seit 01.04.2002 auch gesetzlich kodifiziert. Hierzu ausführlich *Gaul/Otto*, DB 2002, 635 ff.
305 Staudinger/Richardi/*Annuß*, § 613a, Rn. 127.

B. Die deutsche Rechtslage

Es ist dem Arbeitnehmerurheber aber über § 613a BGB nicht erlaubt, Nutzungsrechte zurückzurufen. Auch eine Kündigung aus wichtigem Grund wird nicht gewährt. § 613a VI BGB enthält lediglich ein Widerspruchsrecht mit der Folge, dass das Arbeitsverhältnis zwischen den alten Vertragsparteien erhalten bleibt. Für das Schicksal der Nutzungsrechte kann § 613a BGB nicht fruchtbar gemacht werden, es richtet sich ausschließlich nach § 34 III UrhG. Der Regelungsgegenstand von § 613a BGB und § 34 III UrhG ist damit verschieden: Während § 613a BGB auf schuldrechtlicher Ebene vornehmlich dazu dient, eine Kündigung des Arbeitgebers wegen Betriebsübergang zu verhindern,[306] ermöglicht § 34 III UrhG unabhängig vom Schicksal des Arbeitsverhältnisses den Übergang der Nutzungsrechte auf der dinglichen Verfügungsebene.

bb) § 626 BGB

Bei Arbeitnehmerurhebern ist § 626 BGB unmittelbar anwendbar, einer Analogie, wie sie bis zur Einführung des § 314 BGB bei den selbständigen Urhebern notwendig war, bedarf es nicht. Zu beachten ist allerdings, dass im Unterschied zu § 723 und § 314 BGB für die Kündigung nach § 626 II BGB eine zweiwöchige Ausschlussfrist gilt. Die Frist beginnt in dem Zeitpunkt, in dem der Kündigungsberechtigte von den für die Kündigung maßgeblichen Tatsachen Kenntnis erlangt.[307]

Weitere inhaltliche Unterschiede zum selbständigen Urheber bestehen im Hinblick auf die außerordentliche Kündigung nicht.

cc) Betriebsverfassungsgesetz

Einem Arbeitnehmerurheber könnten überdies Rechte nach dem Betriebsverfassungsgesetz zustehen. Zu denken ist im Falle einer Unternehmensveränderung an §§ 106 ff., 111 ff. BetrVG. Unabhängig davon, dass auch diese Vorschriften nur Mitbestimmungs- und Informations-, nicht aber Kündigungsrechte enthalten, ist fraglich, ob sie überhaupt anwendbar sind, denn § 118 I BetrVG enthält Sonderbestimmungen für Tendenzbetriebe. Hierzu zählen Betriebe und Unternehmen, die unmittelbar und überwiegend politischen, konfessionellen, wissenschaftlichen oder künstlerischen Zielen dienen. Das können wissenschaftliche Buch- und Zeitschriftenverlage, Film-

---

306 MünchKomm/*Schaub*, § 613a, Rn. 6.
307 *Staudinger/Preis*, § 626, Rn. 285 ff.

IV. Das Rückrufsrecht bei Unternehmensveräußerungen

hersteller und –verleiher, Musikverlage oder auch belletristische Buchverlage sein.[308] Bei solchen Unternehmen und Betrieben gilt das BetrVG nur teilweise, insbesondere finden §§ 106 bis 110 BetrVG keine und §§ 111 bis 113 BetrVG lediglich eingeschränkte Anwendung. Hierdurch soll einerseits verhindert werden, dass durch Mitwirkungs- und Mitbestimmungsmöglichkeiten von ideell abweichend eingestellten Arbeitnehmern der Betriebsablauf gestört werden kann. Andererseits wird so eine von Arbeitnehmerrechten unbeeinflusste Verwirklichung grundgesetzlich verbürgter Freiheitsrechte des Unternehmers gewährleistet.[309] Auf § 118 BetrVG soll indes nicht näher eingegangen werden, da dem BetrVG ein Kündigungs- oder Rückrufsrecht bei Unternehmensveräußerungen ohnehin nicht entnommen werden kann.

dd) Tarifverträge

Inhalt, Abschluss und Beendigung von Arbeitsverhältnissen können gemäß § 1 I TVG durch Tarifverträge geregelt werden. Gemäß § 12a TVG können Tarifverträge auch für arbeitnehmerähnliche Personen abgeschlossen werden.[310] Teils finden sich für den Fall der Veräußerung eines Verwertungsunternehmens eigene tarifvertragliche Bestimmungen.

So lautet § 16 Nr. 1 und 2 des seit 01.01.1998 gültigen Manteltarifvertrags für Redakteurinnen und Redakteure an Tageszeitungen: »Im Falle der Veräußerung des Verlagsunternehmens oder eines Betriebsteils gilt § 613a BGB. Bei der Veräußerung eines Verlagsobjektes findet § 613a BGB entsprechende Anwendung. Das gleiche gilt bei der Veräußerung von Teilauflagen, für die der Redakteur/die Redakteurin ausschließlich oder überwiegend tätig ist.«[311] Über das Schicksal von Nutzungsrechten trifft die Klausel indes keine näheren Aussagen, da sie nur auf § 613a BGB, nicht aber auf § 34 III UrhG verweist.

---

308 *Löwisch*, § 118, Rn. 8 f.; *von Hoyningen-Huene*, S. 31 f.
309 Im einzelnen ist hier vieles umstritten. Ausführlich zum Normzweck des § 118 BetrVG *Stiebner*, S. 18 ff.
310 Vgl. oben S. 28.
311 Download unter www.djv.de/downloads/mtv-tz-98.pdf. Zu § 16 MTV *Löffler/Ricker*, Kap. 35, Rn. 25 und Kap. 37, Rn. 43 f.

B. Die deutsche Rechtslage

2. Die Rechtslage seit dem 01.07.2002

a) Vorgeschichte: Professoren- und Regierungsentwurf

Das am 01.07.2002 in Kraft getretene Gesetz zur Stärkung der vertraglichen Stellung von Urheber und ausübenden Künstlern vom 22.03.2002 hat eine turbulente Vorgeschichte, die hier nur in den wesentlichen Zügen dargestellt werden kann.[312] Seit 1965 war ein eigenes Urhebervertragsgesetz geplant. Nach ergebnislos gebliebenen Vorschlägen von Eugen Ulmer 1977[313] und von Wilhelm Nordemann 1991[314] war der von der Bundesjustizministerin in Auftrag gegebene Professorenentwurf vom 22.05.2000[315] der dritte Vorschlag aus der Wissenschaft. Hier war erstmalig ein Rückrufsrecht bei Unternehmensveräußerung vorgesehen. Seine Ausgestaltung im Professorenentwurf war aus Urhebersicht sehr großzügig, da nicht nur die gesamtschuldnerische Erwerberhaftung gemäß § 34 IV UrhGE unverzichtbar und ausnahmslos greifen, sondern auch § 90 UrhG ersatzlos gestrichen werden sollte, so dass das Rückrufsrecht auch im Filmbereich volle Wirkung entfaltet hätte. Die hieran geäußerte Kritik[316] führte zur Abänderung des Entwurfes, so dass schließlich die Gesetzesänderung mit dem im folgenden dargestellten Inhalt in Kraft trat.

b) Inhalt der Gesetzesänderung

aa) § 34 III UrhG

Seit dem 01.07.2002 ist das Rückrufsrecht des Urhebers bei Unternehmensveräußerungen und Beteiligungsänderungen erstmals explizit im UrhG geregelt. Der Urheber kann nun gemäß § 34 III 2 UrhG in diesen Fällen das Nutzungsrecht zurückrufen, wenn ihm die Ausübung des Nutzungsrechts durch den Erwerber nach Treu und Glauben nicht zuzumuten ist.

---

312 Im einzelnen hierzu *Schack*, GRUR 2002, 853; *Hucko*, S. 7 ff.; *Ory*, AfP 2002, 93 ff.; *Haas*, Rn. 2 ff.
313 *Ulmer*, Gutachten zum Urhebervertragsrecht, insbesondere zum Recht der Sendeverträge, Bonn 1977.
314 *Nordemann*, Vorschlag für ein Urhebervertragsgesetz, GRUR 1991, 1–10.
315 In der nur wenig korrigierten Fassung vom 17.08.2000 abgedruckt in GRUR 2000, 765–778.
316 Hierzu S. 116 f.

IV. Das Rückrufsrecht bei Unternehmensveräußerungen

(1) Rechtsnatur des Rückrufsrechts

Grundlegend für die weiteren Ausführungen ist die Klärung der Rechtsnatur des Rückrufsrechts.[317] Von einem Teil der Literatur wird das Rückrufsrecht bei Unternehmensveräußerungen unter Hinweis auf die Begründung des Regierungsentwurfes als Kündigung aus wichtigem Grund qualifiziert.[318] Diese Auslegung der sehr knapp gehaltenen Materialien ist aber nicht zwingend. Zwar wird in der Begründung zum Gesetzesentwurf ausgeführt, dass dem Urheber »wie bereits von Teilen der Rechtswissenschaft vertreten« ein Rückrufsrecht zustehen solle,[319] wobei in der Rechtswissenschaft jedoch kein dingliches Rückrufsrecht, sondern eine schuldrechtliche Kündigung aus wichtigem Grund diskutiert wurde. Allerdings wird in den Einzelerläuterungen zum Gesetzesentwurf zu § 34 UrhG weiter erklärt, dass ein unverzichtbares Rückrufsrecht »eingeführt« werde[320], was dafür spricht, dass eine Neuerung gewollt war. Dass die Idee zu dieser Neuerung aus dem seit langem anerkannten Kündigungsrecht aus wichtigem Grund geboren wurde, bedeutet indes nicht, dass sich das Rückrufsrecht hinsichtlich Rechtsnatur und Voraussetzungen mit dem bisher Vertretenen decken muss. Als Neuerung wurde das Rückrufsrecht auch vom Bundesrat und zahlreichen Verbänden verstanden, deren engagierte Stellungnahmen[321] überflüssig gewesen wären, wenn sich an der Rechtslage nichts geändert hätte. Wenn in der Gegenäußerung der Bundesregierung zu lesen ist, dass der Urheber schon nach geltender Rechtslage den Nutzungsvertrag fristlos kündigen könne und der Gesetzesentwurf diesen Ansatz aufgreife,[322] ist hierin kein klares Bekenntnis zur Beibehaltung der alten Rechtslage zu sehen, sondern vielmehr eine der politischen Beruhigung dienende mehrdeutige Formulierung. Das Rückrufsrecht bei Unternehmensveräußerungen als eine Neuerung anzusehen, wird letztlich deshalb unum-

---

317 Der Begriff »Rückruf« wurde bereits 1933 von *de Boor* geprägt. Er unterscheidet zwischen schuldrechtlichem Rücktritt und dinglichem Rückruf, vgl. *de Boor*, Vom Wesen des Urheberrechts, S. 58 ff., 65.
318 So *Haas*, Rn. 107; *Partsch/Reich*, NJW 2002, 3287, wortgleich in AfP 2002, 299.
319 BT-Drs. 14/6433, S. 13, auch abgedruckt bei *Hucko*, S. 116.
320 BT-Drs. 14/6433, S. 16, auch abgedruckt bei *Hucko*, S. 123.
321 Vgl. unten S. 117 ff.
322 BT-Drs. 14/7564, S. 12, auch abgedruckt bei *Hucko*, S. 146.

gänglich, weil zwei seiner »Väter« und der Gesetzgeber selbst es als solche verstehen.[323]

Gegen die Gleichsetzung des Rückrufsrechts mit einer Kündigung aus wichtigem Grund sprechen überdies dogmatische Schwierigkeiten. § 34 III 2 UrhG eröffnet dem Urheber die Möglichkeit, ein Nutzungsrecht zurückzurufen, also unmittelbar auf die dingliche Ebene einzuwirken. Eine Kündigung aus wichtigem Grund gewährt indes nur einen schuldrechtlichen Anspruch auf Rückübertragung des Nutzungsrechts.[324] Dieser Unterschied darf bei der Klärung der Rechtsnatur des Rückrufsrechts nicht schlichtweg übergangen werden, sondern ist ein wesentliches Unterscheidungsmerkmal. Die Formulierung des Gesetzgebers, der von einem Rückruf der Nutzungsrechte, nicht aber von einem Rücktritt oder einer Kündigung spricht, lässt sich nicht schlichtweg ignorieren.

Das UrhG kennt in §§ 41 und 42 bereits zwei Rückrufsrechte. Es bietet sich daher an, das neue Rückrufsrecht des § 34 III 2 UrhG hier dogmatisch einzureihen. Das Rückrufsrecht ist damit keine Kündigung aus wichtigem Grund, sondern eine vertragsauflösende Erklärung sui generis, die Ausfluss des Urheberpersönlichkeitsrechts ist.[325] Mit Wirksamwerden des Rückrufs erlischt gemäß §§ 41 V, 42 V UrhG das dingliche Nutzungsrecht und wächst automatisch dem Urheberrecht als Stammrecht wieder an, zugleich wird der

---

323 *Dietz*, AfP 2001, 262, ordnet das Rückrufsrecht gerade nicht als nur »rechtstechnische Verbesserung«, sondern als Änderungsvorschlag von »erheblichem Gewicht« ein; *Nordemann*, Urhebervertragsrecht, S. 110, bezeichnet es als »vertragsauflösende Erklärung eigener Art, die von den von ihrer Ausübung zu erfüllenden Voraussetzungen her gesehen, zwischen der einfachen Kündigung auf den Ablauf einer gesetzlichen oder vereinbarten Frist und der fristlosen Kündigung aus wichtigem Grund anzusiedeln ist«. Nach der Begründung des Professorenentwurfs vom 22.05.2000 »soll die Rechtsposition des Urhebers gestärkt werden, indem ihm in Fällen der Unzumutbarkeit...ein Rückrufsrecht zustehen soll«, GRUR 2000, 772. Eine Stärkung der Rechtsposition ist indes nur durch eine inhaltliche Neuerung, nicht aber durch Beibehaltung des status quo zu erreichen.

324 *von Gamm*, UrhG, Einf., Rn. 79; allerdings ist § 9 VerlG zu beachten.

325 *Ulmer*, Urheber- und Verlagsrecht, S. 375; *Fromm/Nordemann*, § 41, Rn. 1; *Nordemann*, Urhebervertragsrecht, S. 110; zur Abgrenzung von anderen Vorschriften *Schricker*, § 41 UrhG, Rn. 12; zum urheberpersönlichkeitsrechtlichen Charakter *Schricker/Dietz*, § 42, Rn. 1.

IV. Das Rückrufsrecht bei Unternehmensveräußerungen

zugrundeliegende schuldrechtliche Vertrag aufgelöst.[326] Eine solche ausdrückliche Regelung fehlt zwar in § 34 III UrhG. Wegen der dogmatischen Parallelität ist aber das Rückrufsrecht bei Unternehmensveräußerungen wie die anderen Rückrufsrechte zu behandeln: Seinem Wortlaut nach berechtigt es zum Rückruf eines Nutzungsrechts, entfaltet also zunächst und vor allem dingliche Wirkung. Da der Urheber aber nicht schuldrechtlich verpflichtet bleiben kann, das zurückgerufene Nutzungsrecht erneut einzuräumen, muss das Rückrufsrecht auch zum Erlöschen des Kausalgeschäfts führen. Es ist also ein dingliches Recht mit »auch schuldrechtlicher« Wirkung. Diese Einordnung wirkt sich auch auf das internationale Urhebervertragsrecht aus, da nur für die schuldrechtliche Kündigung das Vertragsstatut gilt, für das dingliche Rückrufsrecht hingegen das Urheberrechtsstatut.[327]

(2)   Unzumutbarkeit

Der Urheber darf von seinem Rückrufsrecht nur Gebrauch machen, wenn ihm die Ausübung durch den Erwerber nach Treu und Glauben nicht zuzumuten ist. Der Konkretisierung dieses zentralen Erfordernisses kommt daher entscheidende Bedeutung zu. Der Gesetzgeber hat sich nicht dazu geäußert, nach welchen Kriterien er die Unzumutbarkeit bestimmt wissen möchte. Daher besteht hier ein Interpretationsspielraum. Zwei Ansichten werden vertreten:

Einer Ansicht nach ist das Rückrufsrecht bei Unternehmensvoraussetzungen an die Voraussetzungen einer Kündigung aus wichtigem Grund geknüpft.[328] Da § 314 BGB seit dem 01.01.2002 eine allgemeine Norm für die Kündigung von Dauerschuldverhältnissen bereitstellt, seien die hierzu entwickelten Kriterien heranzuziehen. Unglücklich sei, dass § 34 III 2 UrhG nicht auf § 314 BGB Bezug nehme, dies erkläre sich allerdings mit einem Koordinierungsproblem der Legislative, die beide Gesetzgebungsverfahren (Urhebervertragsrecht und Schuldrechtsmodernisierung) parallel verlaufen ließ.[329] Nach der sehr allgemeinen Formulierung des § 314 I 2 BGB liegt ein wichtiger Grund für eine Kündigung vor, wenn dem Kündigenden unter

---

326 *Schricker*, § 41 UrhG, Rn. 24; *Schricker/Dietz*, § 42, Rn. 33; *von Gamm*, § 41 UrhG, Rn. 13 f, § 42, Rn. 7 f.
327 Ausführlich unten S. 157 ff.
328 *Haas*, Rn. 109; *Partsch/Reich*, NJW 2002, 3287, wortgleich in AfP 2002, 299.
329 *Haas*, Rn. 109.

Berücksichtigung aller Umstände des Einzelfalls und unter Abwägung der beiderseitigen Interessen die Fortsetzung des Vertragsverhältnisses nicht zugemutet werden kann. Dieser Maßstab sei auch für das Rückrufsrecht des Autors entscheidend. Somit müsste stets eine Abwägung der Urheberinteressen mit den Interessen des Nutzungsrechtsinhabers erfolgen. Zudem müsste das Rückrufsrecht restriktiv gehandhabt werden, weil es nur als ultima ratio eingesetzt werden dürfte.[330]

Nach der Gegenauffassung ist ein wichtiger Grund gemäß § 314 BGB gerade keine Voraussetzung für das Rückrufsrecht aus § 34 III 2 UrhG. Denn läge ein solcher vor, so stünde dem Urheber ohnehin die Kündigung aus § 314 BGB zu. Die Regelung des § 34 III 2 UrhG hätte dann lediglich deklaratorische Bedeutung bzw. wäre überflüssig. Daher seien die Voraussetzungen für den Rückruf jedenfalls deutlich niedriger als bei § 314 BGB anzusetzen.[331]

Der zweiten Ansicht ist zuzustimmen. Das Ziel der Urhebervertragsrechtsreform bestand darin, den Urhebern zu mehr Rechten zu verhelfen und ihre vertragliche Stellung zu stärken.[332] Nur die bereits bestehende Rechtslage in Gesetzesform zu fassen, hat der Gesetzgeber nicht beabsichtigt.[333] Den in § 34 III UrhG unterbliebenen Verweis auf § 314 BGB Koordinierungsproblemen zuzuschreiben, liegt eher fern: Auf das ursprünglich geplante Kündigungsrecht nach § 32 V UrhG des Gesetzesentwurfs ist mit der Begründung verzichtet worden, dass es ohnehin weitgehend dem seit 01.01.2002 in § 314 BGB geregelten Kündigungsrecht aus wichtigem Grund entspreche.[334] Der Gesetzgeber hat also gezielt die zeitlichen wie inhaltlichen Parallelen zu § 314 BGB berücksichtigt und in das Gesetz eingearbeitet. Das Rückrufsrecht gemäß § 34 III UrhG ist daher gerade nicht als Unterfall des § 314 BGB zu verstehen, sondern als Spezialregelung mit einem dem Urhe-

---

330 Vgl. oben S. 83 f.
331 *Nordemann*, Urhebervertragsrecht, S. 110.
332 Vgl. die Begr. des Entwurfs eines Gesetzes zur Stärkung der vertraglichen Stellung von Urhebern und ausübenden Künstlern, BT-Drs. 14/6433, S. 7, abgedruckt auch bei *Hucko*, S. 100 f.
333 Schon der Professorenentwurf vom 22.05.2000 wollte mit dem neuen Rückrufsrecht die Stellung des Urhebers im Vergleich zur bisherigen Rechtslage stärken, vgl. GRUR 2000, 772.
334 Formulierungshilfe des BJM vom 14.01.2002, abgedruckt bei *Hucko*, S. 161.

IV. Das Rückrufsrecht bei Unternehmensveräußerungen

ber gegenüber § 314 BGB günstigeren Anwendungsbereich.[335] Das ergibt sich bereits aus der Historie der beiden parallel verlaufenden Gesetzgebungsvorhaben. Die Konkretisierung der Unzumutbarkeit mittels unveränderter Übernahme der Rechtsprechung zum außerordentlichen Kündigungsrecht verbietet sich daher.[336]

Das unterstreicht zudem der unterschiedliche Wortlaut der beiden Vorschriften: Während § 314 I 2 BGB ausdrücklich eine »Abwägung der beiderseitigen Interessen« fordert, um die Unzumutbarkeit der Vertragsfortsetzung für eine Partei feststellen zu können, fehlt eine solche Formulierung in § 34 III 2 UrhG. Die Norm begnügt sich damit, die Unzumutbarkeit allein an der Person des Urhebers festzumachen: Das Nutzungsrecht kann zurückgerufen werden, »wenn *ihm* die Ausübung...nach Treu und Glauben nicht zuzumuten ist.« Einfallstor für die Interessen des Verwerters ist somit allenfalls die Formulierung »Treu und Glauben«, ausdrückliche Berücksichtigung finden sie im Gesetzestext nicht. Folglich wird bei einer Interessenabwägung zwischen Urheber- und Verwerterseite den Verwerterinteressen im Rahmen des § 34 III UrhG ein deutlich geringeres Gewicht beizumessen sein als bei einer Abwägung im Rahmen des § 314 BGB. Daher ist – im Gegensatz zur Kündigung aus wichtigem Grund – die Ausübung des Rückrufsrechts unabhängig davon zulässig, ob der Urheber der Unternehmensveränderung zuvor widersprochen hat oder nicht.[337]

Dem auslegungsbedürftigen Begriff der Unzumutbarkeit immanent ist die Unmöglichkeit, ihn losgelöst vom Einzelfall abschließend mit Inhalt zu füllen. So anerkannt die allgemeinen Formulierungen sein mögen, so schwierig ist ihre Anwendung im konkreten Fall. Für die Unzumutbarkeit genügt jedenfalls eine auf nachweisbare Tatsachen gestützte negative Erwartung des Urhebers im Hinblick auf die zukünftige Ausübung des Nutzungsrechtes durch

---

335 So im Ergebnis auch *Wandtke/Grunert* in *Wandtke/Bullinger*, § 34, Rn. 23, die die Kündigung aus wichtigem Grund als für den Urheber schwächere Möglichkeit bezeichnen.
336 Gegen *Partsch/Reich*, NJW 2002, 3287, wortgleich in AfP 2002, 299.
337 Eine Kündigung aus wichtigem Grund wurde von *Schricker* und *Ulmer* nur nach vorherigem Widerspruch des Urhebers für zulässig gehalten, vgl. oben S. 83 f. Keine Berücksichtigung findet der unterschiedliche Wortlaut von § 34 III 2 UrhG und § 314 I 2 BGB bei Joppich, K&R 2003, 214, die im Rahmen von § 34 UrhG unzutreffend eine »umfassende« Abwägung zwischen Urheber- und Verwerterinteressen fordert.

B. Die deutsche Rechtslage

den Erwerber.[338] Ein pauschaler Hinweis des Urhebers, dass er kein Vertrauen in den Erwerber habe, ist hingegen nicht ausreichend.

Die maßgeblichen Tatsachen können im persönlichen oder sachlichen Bereich liegen. So ist es denkbar, dass dem Erwerber ein gesellschaftlicher, politischer oder weltanschaulicher Ruf sowie eine bestimmte Unternehmensphilosophie vorauseilt,[339] wofür sich der Urheber nicht vereinnahmen lassen möchte. Ein plakatives Beispiel wäre die Eingliederung Günter Wallraffs in den Springer-Verlag.[340] Aber auch persönliche Diskrepanzen zwischen Urheber und Erwerber, die etwa aus abfälligen öffentlichen Äußerungen in der Vergangenheit oder aus einem Konkurrenzverhältnis herrühren, können ausreichen. Hier sind vielfältige Fallgestaltungen denkbar.[341] Sachlicher Natur ist die Überlegung, dass dem Erwerber die fachliche Qualifikation fehlt, um das Werk des Urhebers wie sein Vorgänger betreuen zu können. Das wäre etwa der Fall, wenn ein Verlag aus dem Unterhaltungsbereich einen juristischen Fachverlag kaufen würde. Hier kann der Urheber von Defiziten hinsichtlich Lektorat und Marketing ausgehen. Wesentlich ist, dass nach der Gesetzesänderung bereits die Erwartung einer künftig möglicherweise eintretenden Beeinträchtigung der Urheberinteressen ausreicht, um dem Urheber das Rückrufsrecht zukommen zu lassen. Die Anforderungen hieran dürfen nicht überspannt werden. § 34 III 2 UrhG erfasst nicht nur besonders gelagerte Ausnahmefälle, da sonst das Rückrufsrecht auf den Anwendungsbereich des § 314 BGB reduziert und dadurch dem gesetzgeberischen Willen widersprochen würde.[342] Letztlich ist eine Einzelfallentscheidung unverzichtbar.[343]

---

338 *Nordemann*, Urhebervertragsrecht, S. 110.
339 Das wird verstärkt bei Unternehmen der Fall sein, die sich spezialisiert haben. Beispielsweise verlegt die Mönch Verlagsgesellschaft mbH ausschließlich Rüstungs- und Militärliteratur sowie dazugehörige Fachzeitschriften, andere Verlage stehen im Eigentum von politischen Parteien oder der Kirchen.
340 Beispiel nach *Fromm/Nordemann/Hertin*, § 34, Rn. 12; vgl. auch Günter Wallraffs 1985 bei Kiepenheuer & Witsch erschienenes Buch »Bild-Störung«, in dem er seinen Kampf gegen die Bild-Zeitung und den Springer-Verlag beschreibt.
341 Vgl. *Nordemann*, Urhebervertragsrecht, S. 110 f.
342 *Nordemann*, Urhebervertragsrecht, S. 112.
343 Weitere Beispiele als »Fingerzeige« zur Konkretisierung der Unzumutbarkeit finden sich bei *Nordemann*, Urhebervertragsrecht, S. 110 f.

(3) Frist

§ 34 III UrhG enthält keine Befristung für die Ausübung des Rückrufsrechts. Denkbar wäre daher, das Rückrufsrecht weder einer Frist noch den Grundsätzen der Verwirkung zu unterwerfen. Hierfür spricht, dass der Verwerter, wenn er zunächst das Nutzungsrecht für einige Zeit nutzen konnte, wirtschaftlich besser steht, als wenn der Rückruf unmittelbar nach der Unternehmensveränderung erfolgte.[344] Ein zeitlich unbegrenztes Rückrufsrecht würde daher scheinbar dem Urheber zu Gute kommen, ohne den Verwerter zu belasten. Außerdem hat die Bundesregierung in ihrer Gegenäußerung zur Stellungnahme des Bundesrates explizit ausgeführt, dass sie eine Befristung des Rückrufsrecht für nicht erforderlich hält.[345]

Das Fehlen jeglicher Befristung würde jedoch das Interesse der Verwerter an rascher Planungssicherheit unzumutbar beeinträchtigen. Gerade im Verwertungsgeschäft ist die langfristige Sicherheit höher einzustufen als ein nur kurzzeitig erzielter oder erzielbarer Gewinn. Daher ist eine zeitliche Grenze für die Ausübung des Rückrufsrechts nötig. Der Wille des Gesetzgebers steht dem nicht entgegen, da nicht dargelegt wird, weshalb eine Befristung nicht für erforderlich gehalten wird – möglicherweise weil sie als selbstverständlich vorausgesetzt wurde.

Fraglich ist die Länge der Frist. So muss der Urheber zunächst überhaupt Kenntnis von den Umständen erlangen, die ihm die Vertragsfortsetzung unzumutbar werden lassen. Sind solche Umstände zwar vorhanden, aber nicht sofort erkennbar, so muss auch dies berücksichtigt werden. Außerdem braucht der Urheber eine angemessene Überlegungsfrist, ob er sich tatsächlich vom Vertrag lösen möchte.[346]

Zur Konkretisierung der Rückrufsfrist sind zwei Anknüpfungsmöglichkeiten denkbar: Einmal ließe sich die Normierung des mit der Schuldrechtsmodernisierung neu eingeführten § 314 III BGB berücksichtigen. Hiernach könnte der Urheber das Recht nur innerhalb angemessener Frist ausüben, nachdem er vom Rückrufsgrund Kenntnis erlangt hat.[347] Welche Frist ange-

---

344 So *Fromm/Nordemann*, § 41, Rn. 14 für das Rückrufsrecht aus § 41 UrhG.
345 BT-Drs. 14/7564, S. 12, auch abgedruckt bei *Hucko*, S. 146. Auch Joppich, K&R 2003, 215 lehnt eine Befristung des Rückrufsrechts ab, spricht sich aber für eine am Einzelfall orientierte Verwirkungsfrist aus.
346 *Haas*, Rn. 112.
347 So *Haas*, Rn. 112.

B. Die deutsche Rechtslage

messen ist, variiert von Einzelfall zu Einzelfall, wobei meist ein bis zwei Monate als rechtzeitig angesehen werden. Da jedoch das Rückrufsrecht gerade kein Sonderfall des § 314 BGB ist (s.o. S. 77 f.), liegt eine entsprechende Anwendung von § 314 III BGB eher fern.

Erst recht nicht geeignet ist die kurze Zweiwochenfrist des § 626 II BGB.[348]

Näher liegt, auf § 613a BGB iVm den zugehörigen Vorschriften des Kündigungsschutzgesetzes zurückzugreifen, der ebenfalls einen erzwungenen Vertragsübergang regelt und insoweit eine ähnliche Interessenlage behandelt.[349] Mit Wirkung zum 01.04.2002 ist § 613a BGB um die Absätze fünf und sechs ergänzt worden.[350] Gemäß § 613a V BGB ist nun der bisherige Arbeitgeber oder der neue Inhaber verpflichtet, den vom Betriebsübergang betroffenen Arbeitnehmer über die näheren Umstände des Betriebsüberganges zu unterrichten. § 613a VI BGB berechtigt den Arbeitnehmer, innerhalb eines Monats nach Zugang der Unterrichtung dem Übergang des Arbeitsverhältnisses schriftlich zu widersprechen mit der Folge, dass das Arbeitsverhältnis nicht auf den neuen Betriebsinhaber übergeht, sondern zum bisherigen Arbeitgeber erhalten bleibt.[351] Das Widerspruchsrecht war auch schon zuvor in Rechtsprechung und Schrifttum anerkannt, da man den Arbeitnehmer nicht verpflichten wollte, für einen Arbeitgeber zu arbeiten, den er nicht frei gewählt hat.[352] Allerdings ist die Bestimmung der Frist für die Ausübung des Widerspruchs verändert worden. Während dem Arbeitnehmer bislang von der Rechtsprechung entsprechend §§ 4, 7 KSchG eine dreiwöchige Wider-

---

348 *Palandt/Heinrichs*, § 314, Rn. 10 mwN; die Anwendbarkeit von § 626 II BGB auf die Kündigung eines Verlagsvertrags aus wichtigem Grund (in diesem Fall eines Musikverlagsvertrags über ein verbundenes Werk gem. § 9 UrhG) verneint ausdrücklich BGH GRUR 1982, 41, 43 – Musikverleger III.
349 So auch *Partsch/Reich*, NJW 2002, 3288 und in AfP 2002, 300. A.A. Joppich, K&R 2003, 215.
350 Umsetzung von Art. 7 VI der Richtlinie 2001/23/EG des Rates vom 12.03.2001 zur Angleichung der Rechtsvorschriften der Mitgliedstaaten über die Wahrung von Ansprüchen der Arbeitnehmer beim Übergang von Unternehmen, Betrieben oder Unternehmens- oder Betriebsteilen, vgl. BT-Drs. 14/8128, S. 5 und BR-Drs. 831/01, S. 16.
351 *Worzalla*, NZA 2002, 356; *Gaul/Otto*, DB 2002, 635 ff.
352 Vgl. die Nachweise bei *Staudinger/Richardi/Annuß*, § 613a Rn. 117 ff. und *Worzalla*, NZA 2002, 356 in Fn. 19 f.

spruchsfrist ab Kenntniserlangung eingeräumt wurde,[353] muss er nun einen Monat nach Zugang der Unterrichtung dem Betriebsübergang widersprochen haben, § 613a VI 1 BGB. Erfolgt die Unterrichtung nicht ordnungsgemäß, so beginnt die Monatsfrist nicht zu laufen, da Unterrichtungspflicht des Arbeitgebers und Widerspruchsrecht des Arbeitnehmers in einem Wechselbezug stehen.[354] Hieraus darf aber nicht gefolgert werden, dass dem Arbeitnehmer bei fehlerhafter Information ein unbefristetes Widerspruchsrecht zustünde. Das würde die Rechtssicherheit über Gebühr beeinträchtigen. Vielmehr erscheint angebracht, § 5 III 2 KSchG entsprechend anzuwenden. Danach kann die Zulassung der Kündigungsschutzklage nach Ablauf von sechs Monaten, vom Ende der versäumten Frist des § 5 I KSchG an gerechnet, nicht mehr beantragt werden. Wenn dem Arbeitnehmer aber im Kündigungsverfahren, das den Erhalt seines Arbeitsplatzes betrifft, eine sechsmonatige Ausschlussfrist gesetzt wird, wird man diesen Zeitraum erst recht für den Widerspruch bei Betriebsübergang nicht überschreiten dürfen.[355] Der Arbeitnehmer muss sein Widerspruchsrecht somit auch bei nicht ordnungsgemäßer oder unterbliebener Unterrichtung spätestens sieben Monate[356] nach dem tatsächlichen Übergang des Betriebes ausüben.

Für das Rückrufsrecht des Urhebers bei Unternehmensveräußerungen bedeutet die entsprechende Anwendung obiger Ausführungen folgendes: Der Urheber muss einen Monat nach Kenntniserlangung über die Unternehmensveränderung von seinem Rückrufsrecht Gebrauch machen. Dabei empfiehlt sich für die Unterrichtung die Schriftform. Die Unterrichtung braucht allerdings nicht so umfangreich wie die in § 613a V BGB zu sein – dort ist eine detaillierte Information über Zeitpunkt, Grund sowie die rechtlichen, wirtschaftlichen und sozialen Folgen des Betriebsüberganges nötig –, da der Urheber nicht in so engem Kontakt mit dem Verwerter steht wie der Arbeitnehmer mit dem Arbeitgeber.[357] Wird der Urheber nicht informiert, so bleiben ihm ab der tatsächlichen Unternehmensveränderung noch sieben Monate, um sein Recht wahrzunehmen. Diese zeitliche Obergrenze erscheint insbesondere vor dem Hintergrund gerechtfertigt, dass ein Urheber, dem das Verwertungsumfeld so wichtig ist, dass er bei Unternehmensveränderungen

---

353 BAG NZA 1998, 750.
354 BT-Drs. 14/7760, S. 43; *Worzalla*, NZA 2002, 357; *Gaul/Otto*, DB 2002, 638.
355 *Worzalla*, NZA 2002, 357.
356 Ein Monat gemäß § 613a VI 1 BGB plus sechs Monate gemäß § 5 III 2 KSchG.
357 *Partsch/Reich*, NJW 2002, 3289; wortgleich in AfP 2002, 301.

gegebenenfalls von seinem Rückrufsrecht Gebrauch machen möchte, ohnehin die Geschicke »seines« Unternehmens verfolgen wird. Bleiben ihm aber die Änderungen über mehr als ein halbes Jahr lang verborgen, so sind sie schwerlich in der Lage, die für § 34 III 2 UrhG nötige Unzumutbarkeit zu begründen.

(4)   Wirksamwerden

Ebenso wenig wie zur Befristung enthält § 34 III UrhG Angaben darüber, ab wann das Rückrufsrecht seine Wirkungen entfaltet, das Nutzungsrecht also wieder dem Urheber zufällt. Da die Ausübung von Nutzungsrechten in der Regel langfristig angelegt ist, ließe sich daran denken, dem Verwerter nach erfolgtem Rückruf eine »soziale Auslauffrist«[358] zu gewähren, durch die er die Möglichkeit erhält, wenigstens seine bisherigen Aufwendungen zu amortisieren. Eine Auslauffrist zugunsten des Verwerters kann man damit begründen, dass das Rückrufsrecht auch bei völlig vertragsgemäßem Verhalten des Nutzungsrechtsinhabers ausgelöst wird, sofern nur die Ausübung des Nutzungsrechts für den Urheber unzumutbar geworden ist.

Eine Auslauffrist birgt aber die Gefahr, dass die Urheberinteressen stark beeinträchtigt werden, so dass in manchen Fällen, etwa einer massiven Veränderung der Geschäftspolitik, nur die sofortige Vertragsbeendigung für den Urheber zumutbar ist. Außerdem ist zu berücksichtigen, dass der Erwerber eines im Vergleich zum eigenen stark unterschiedlichen Verwertungsunternehmens mit dem Rückruf rechnen und ihn in seine Kalkulation einbeziehen muss, so dass er nicht schützenswert ist. Schließlich ist eine soziale Auslauffrist auch deshalb abzulehnen, weil es durch sie zu einer nicht akzeptablen Rechtsunsicherheit über den Zeitpunkt der Vertragsbeendigung kommen würde.[359]

Im Ergebnis wird der Rückruf daher mit dem Zugang der Rückrufserklärung an den Verwerter wirksam. Gleichzeitig erlischt das dingliche Nut-

---

358 So AnwK-BGB/*Krebs*, § 314, Rn. 26; vgl. auch *Haas*, Rn. 113 f.; *Erman/Belling*, § 626, Rn. 24 sowie § 16 des Musterverlagsvertrages über ein wissenschaftliches Werk in der Fassung 2000, abgedruckt in der dtv-Textausgabe Urheber- und Verlagsrecht, 9. Auflage 2002, Nr. 9, S. 108.
359 BGH NJW 1999, 946 zu § 89a HGB; MünchKomm/*Gaier*, § 314, Rn. 19.

IV. Das Rückrufsrecht bei Unternehmensveräußerungen

zungsrecht. Das Nutzungsrecht fällt dann an den Urheber zurück, sog. »Heimfall« des Nutzungsrechtes.[360]

(5) Entschädigung

Macht der Urheber von seinem Rückrufsrecht Gebrauch, so muss er nach dem Wortlaut des § 34 III UrhG keine Entschädigung leisten.[361] Denkbar wäre eine Entschädigungsregelung schon, da immerhin die Rückrufsrechte aus §§ 41 und 42 UrhG eine solche enthalten.[362]

§ 42 UrhG behandelt indes eine ganz andere Situation, da die Gründe für diesen Rückruf in der Sphäre des Urhebers liegen, der seine Überzeugung gewandelt hat.[363] In der Situation des § 34 III UrhG hingegen haben die den Rückruf auslösenden Umstände ihren Ursprung in der Sphäre des Verwertungsunternehmens. § 42 III UrhG bietet also keine geeignete Analogiebasis.

Näher liegt ein Vergleich mit der Entschädigungsregelung des § 41 VI UrhG. Auch hier liegt das den Rückruf auslösende Moment – die Nichtausübung des Nutzungsrechts – in der Sphäre des Verwerters. Eine Entschädigungspflicht hat der Urheber dementsprechend nur, wenn und soweit es der Billigkeit entspricht. Hat der Nutzungsberechtigte die Nichtausübung zu vertreten, also die Ausübung des Nutzungsrechtes vorsätzlich oder fahrlässig unterlassen, so dürfte den Urheber kaum jemals eine Entschädigungspflicht treffen. War der Verwerter hingegen unverschuldet oder durch höhere Gewalt an der Ausübung des Nutzungsrechts verhindert, so kommt eine Entschädigung für den Rückruf in Betracht.[364]

Auf die zum Rückruf des Nutzungsrechtes führende Unternehmensveränderung gemäß § 34 III UrhG wird der Nutzungsberechtigte regelmäßig Einfluss haben. Gestaltet sich die Unternehmensveränderung so, dass eine dem Urheber unzumutbare Person Einfluss auf die Ausübung des Nutzungsrechtes gewinnt, so ist dies einem Verschulden des Verwerters gleichzustellen. Daher sind – selbst wenn man § 34 III UrhG eine an § 41 VI UrhG angelehnte Ent-

---

360 Vgl. zum Rückrufsrecht wegen Nichtausübung nach § 41 UrhG *Fromm/Nordemann*, § 41, Rn. 11; *Schricker*, § 41 UrhG, Rn. 24.
361 Das bemängelt als »unverständlich« *Flechsig*, ZUM 2000, 493.
362 §§ 41 VI, 42 III UrhG.
363 *Ulmer*, Urheber- und Verlagsrecht, S. 376.
364 *Fromm/Nordemann*, § 41, Rn. 12.

B. Die deutsche Rechtslage

schädigungsregelung unterlegte, kaum Fälle denkbar, in denen es zu einer Entschädigung durch den Urheber kommen könnte.

Nur wenn es dem Verwerter in einer besonderen Fallkonstellation unmöglich war, auf die Unternehmensveränderung Einfluss zu nehmen, ließe sich an eine entsprechende Anwendung von § 41 VI UrhG denken. Solche Fälle können beispielsweise vorliegen, wenn ein Nutzungsrechtsinhaber den Beteiligungserwerb eines Großkonzerns nicht verhindern konnte. Im Ergebnis muss indes auch hier eine Analogie zu § 41 VI UrhG ausscheiden: Der Urheber darf durch eine Entschädigungspflicht nicht faktisch an der Ausübung seines Rückrufsrechts gehindert werden, weil er den damit verbundenen finanziellen Auswirkungen nicht gewachsen ist. Diese Gefahr bestünde aber, wenn über dem Urheber, der sein Recht aus § 34 III 2 UrhG ausüben will, stets das Damoklesschwert einer Entschädigungspflicht schwebt. Daher ist eine Entschädigungspflicht in Einklang mit dem Wortlaut der Vorschrift in jedem Falle ausgeschlossen.

(6) Gegenleistung

Der Gesetzgeber hat in § 34 UrhG auch nicht geregelt, wie mit der Gegenleistung, also der Urhebervergütung, im Fall eines Rückrufs verfahren werden soll. Ist eine prozentuale Beteiligung vereinbart, so ergeben sich keine Probleme, da der Urheber Zahlungen nur nach Maßgabe der bereits erfolgten Verwertung erhält. Anders stellt sich die Situation bei einer vorab entrichteten Pauschalvergütung dar.[365] Wenn die Parteien diesbezüglich keine vertragliche Vereinbarung getroffen haben, ist fraglich, ob eine solche Vergütung beim Urheber verbleibt oder ob sie entsprechend dem vom Verwerter bis zum Zeitpunkt des Rückrufs erzielten Ertrag zwischen Urheber und Verwerter aufgeteilt werden muss. Auf den ersten Blick scheint nur die zweite Möglichkeit interessengerecht zu sein, weil andernfalls allein der Verwerter das finanzielle Risiko tragen würde, obwohl das Rückrufsrecht dem Urheber zu Gute kommt. Es ist aber zu berücksichtigen, dass es gerade die Besonderheit einer Pauschalvergütung ist, dass der Verwerter das gesamte unternehmerische Risiko – positiv wie negativ – alleine trägt. Würde man nach einem Rückruf die Vergütung anteilig aufteilen, so würde aus ihr ex post eine Beteiligungsvergütung. Das hätten die Parteien aber ex ante vereinbaren müssen.

---

365 Vgl. zu den verschiedenen Vergütungsarten S. 138.

IV. Das Rückrufsrecht bei Unternehmensveräußerungen

Daher verbleibt bei einem Rückruf gemäß § 34 III 2 UrhG eine bereits gezahlte Vergütung beim Urheber.[366]

bb) Haftung des Erwerbers

(1) § 34 IV UrhG

Nach § 34 IV UrhG haftet der Erwerber des Nutzungsrechts gesamtschuldnerisch (§§ 421 ff. BGB) für die Erfüllung der sich aus dem Vertrag mit dem Urheber ergebenden Verpflichtungen des Veräußerers. Die Haftungsvorschrift ist nötig, weil zwischen dem Urheber und dem Erwerber keine vertraglichen Beziehungen bestehen, die die bisherigen Ansprüche des Urhebers gegenüber dem Erwerber sichern könnten. Die Regel bezweckt einen Interessenausgleich für die zustimmungsfreie Übertragung, insbesondere bei Unternehmensveräußerungen und im Filmbereich, da der Urheber durch den Verlust seines Zustimmungsrechts nicht in der Lage ist, sich vertraglich abzusichern.[367] Die Haftung greift nach der Neufassung jedoch nur, wenn der Urheber der Übertragung des Nutzungsrechts nicht im Einzelfall ausdrücklich zugestimmt hat. Vor der Urhebervertragsrechtsreform fand sich eine entsprechende Regelung in § 34 V a.F. UrhG. Im Unterschied zur Neufassung haftete hier der Erwerber gesamtschuldnerisch, wenn die Übertragung des Nutzungsrechts nach Vertrag oder kraft Gesetzes[368] ohne Zustimmung des Urhebers zulässig war. Im Wortlaut unterscheiden sich die Regelungen. Fraglich ist aber, ob die Neufassung auch eine inhaltliche Änderung beinhalten wird. Auf den ersten Blick handelt es sich um eine Haftungsverschärfung. Auch der Gesetzgeber bezeichnet die Neuregelung als eine Erweiterung der Haftung.[369] Im Ergebnis handelt es sich aber um wenig mehr als die Klarstellung einer bislang ungenauen Formulierung: Wenn die Übertragung des Nutzungsrechts nach Vertrag ohne Zustimmung des Urhebers zulässig gewesen ist, hatte der Urheber im Nutzungsvertrag ja gerade seine Zustimmung im Voraus erteilt. Daher haftete der Erwerber auch bisher schon in allen Über-

---

366 Für eine anteilige Aufteilung der Vergütung aber *Haas*, Rn. 115.
367 Begr. des RegE vom 23.03.1962 zu § 34 V UrhG, BT-Drs. IV/270, S. 57; abgedruckt auch bei *Schulze*, Materialien, S. 128 f.
368 Vgl. §§ 34 II, III, 90 UrhG.
369 Begr. RegE, BT-Drs. 14/6433, S. 16, abgedruckt auch bei *Hucko*, S. 123. Ebenso *Wandtke/Grunert* in *Wandtke/Bullinger*, § 34, Rn. 27, die die Neufassung der Haftungsregelung als eine Änderung verstehen.

tragungsfällen; lediglich im Fall der Zustimmung des Urhebers zur Übertragung des Nutzungsrechts für einen konkreten Einzelfall trat die gesetzliche Haftung nicht ein, da er hier eine vertragliche Haftungsübernahme hätte vereinbaren können.[370] Eine nur formularmäßige Vorabzustimmung des Urhebers reichte wohl auch schon nach altem Recht nicht aus, um die Erwerberhaftung auszuschließen.[371] Die Neuregelung beseitigt jedenfalls dahingehende Zweifel und lässt die gesamtschuldnerische Haftung des Erwerbers nur entfallen, wenn eine ausdrückliche Zustimmung des Urhebers für den konkreten Einzelfall vorgelegen hat.[372] Die Fortsetzung einer hiervon abweichenden Vertragspraxis, Haftungsfragen formularmäßig zu regeln,[373] verstieße heute gegen das Gesetz.

(2)   § 25 HGB

In Frage kommt zudem eine Haftung des Erwerbers nach § 25 I HGB,[374] die sich bei Firmenfortführung auf alle unter dieser Firma begründeten Verbindlichkeiten des früheren Inhabers erstreckt. Voraussetzung ist ein rechtsgeschäftlicher Erwerb unter Lebenden. Für die Erbfolge gilt § 27 HGB. Weiterhin ist § 25 HGB weder auf den Erwerb vom Insolvenzverwalter[375] noch auf

---

370 *Nordemann*, Urhebervertragsrecht, S. 112; *Haas*, Rn. 121.
371 *Schricker*, § 34 UrhG, Rn. 24; *Fromm/Nordemann/Hertin*, § 34, Rn. 14; *Lößl*, S. 250 ff.
372 BT-Drs. 14/6433, S. 16; *Schack*, GRUR 2002, 858 in Fn. 65; *Erdmann*, GRUR 2002, 930.
  Berger, Rn. 321, weist auf das Risiko hin, dass sich urheberrechtliche Nutzungsrechte nicht mehr als Kreditsicherungsinstrumente eignen, wenn auf den Sicherungsnehmer unabsehbare Haftungsrisiken gegenüber dem Urheber zukommen. Daher sei es für den Sicherungsgeber unumgänglich, die Zustimmung des Urhebers im Einzelfall einzuholen.
373 Nach *Lößl*, S. 250 war es üblich, die Haftungsfragen formularmäßig zu regeln.
374 Der bei *Schricker*, § 34 UrhG, Rn. 27; *Hemler*, S. 54 und *Lößl*, S. 122 noch angeführte § 419 BGB ist wegen seiner sanierungshemmenden Wirkung durch Art. 33 EGInsO vom 05.10.1994 mit Wirkung zum 01.01.1999 aufgehoben worden; vgl. BT-Drs. 12/7303, S. 111 und BT-Drs. 12/3803, S. 76 f.; ausführlich zu den damit verbundenen Auswirkungen *Schleifenbaum*, S. 43 ff.
375 BGH NJW 1988, 1912, 1913; *Staub/Hüffer*, § 25, Rn. 60; *Koller/Roth/Morck*, § 25, Rn. 4.

IV. Das Rückrufsrecht bei Unternehmensveräußerungen

Umwandlungen nach dem UmwG[376] anwendbar. Rechtsfolge des § 25 HGB ist ein gesetzlicher Schuldbeitritt, auf Grund dessen Veräußerer und Erwerber als Gesamtschuldner (§§ 421 ff. BGB) haften.[377] Zu den Verbindlichkeiten im Sinne des § 25 HGB gehören auch die Ansprüche des Urhebers. Jedoch lässt sich § 25 HGB leicht ausschalten, indem eine abweichende Vereinbarung in das Handelsregister eingetragen und bekannt gemacht wird (§ 25 II HGB)[378] oder der Erwerber für hinreichenden Abstand bei der Wahl seiner Firma sorgt (§ 25 III HGB).

cc) § 34 V UrhG

Zu seinem Schutz kann der Urheber gemäß § 34 V 1 UrhG weder auf sein Rückrufsrecht noch auf die Haftung des Erwerbers im Voraus verzichten. Im Übrigen kann Abweichendes vereinbart werden. Das ist eine Neuerung gegenüber dem alten § 34 IV UrhG, der keine Regelung zur Unverzichtbarkeit enthielt. Auf den ersten Blick überrascht die Einführung dieses ius cogens. Sie erklärt sich jedoch daraus, dass bis zum 30.06.2002 das Rückrufsrecht noch nicht existierte, sondern nur das Kündigungsrecht aus wichtigem Grund, das im Kern ohnehin unverzichtbar ist. Insofern lag es nahe, auch das die Kündigung aus wichtigem Grund ersetzende Rückrufsrecht unverzichtbar auszugestalten. Von Vorteil ist, dass nun eine eindeutige gesetzliche Regelung für Klarheit sorgt.[379]

Die *Erwerberhaftung* war nach einhelliger Auffassung auch schon nach altem Recht unverzichtbar.[380] Die Kodifizierung der Unverzichtbarkeit ist daher keine Weiterentwicklung des materiellen Rechts, sondern bloße Klarstellung.

Gemäß § 34 V 2 UrhG sind »im Übrigen« abweichende Vereinbarungen zulässig. Regelungen zu Lasten des Urhebers sind also nur im Anwendungsbereich von § 34 I, II UrhG möglich.[381] Das bedeutet aber nicht, dass sich die § 34 III, IV UrhG a priori jeglicher vertraglichen Konkretisierung entziehen.

---

376 Hier gelten §§ 20, 36, 125 UmwG.
377 H.M., vgl. BGH NJW 1988, 1912, 1913, *Staub/Hüffer*, § 25, Rn. 50, 52; *Koller/Roth/Morck*, § 25, Rn. 7, jeweils mwN zur Gegenansicht.
378 Kritisch hierzu *K. Schmidt*, S. 233 ff.
379 So auch *Haas*, Rn. 123.
380 *Schricker*, § 34 UrhG, Rn. 25; *Fromm/Nordemann/Hertin*, § 34, Rn. 14.
381 *Nordemann*, Urhebervertragsrecht, S. 112.

B. Die deutsche Rechtslage

Sie empfiehlt sich innerhalb des möglichen Rahmens – unwirksam sind Vereinbarungen, die de facto zu einem Verzicht des Urhebers auf Rückrufsrecht und Erwerberhaftung führen – durchaus, damit der knappe Gesetzestext an Klarheit gewinnt.[382]

Zulässige Vereinbarungen zu § 34 I UrhG können etwa die Erweiterung des Zustimmungsrechtes zugunsten des Urhebers oder der völlige Ausschluss einer Übertragung des Nutzungsrechtes sein.[383] Denkbar ist auch, dass der Urheber dem Nutzungsrechtsinhaber die Weiterübertragung freistellt, indem er auf sein Zustimmungsrecht verzichtet. Dann kann der Nutzungsberechtigte das Nutzungsrecht nach Belieben übertragen. In diesem Fall kommt allerdings ein Haftungsausschluss des Erwerbers nach § 34 IV UrhG nicht in Betracht.[384]

Im Hinblick auf § 34 III UrhG ist etwa an eine Regelung zu denken, die den Nutzungsrechtsinhaber verpflichtet, den Urheber über anstehende Unternehmensveränderungen innerhalb einer bestimmten Frist schriftlich zu informieren. Außerdem ließe sich im Vertrag beispielsweise das Merkmal einer »wesentlichen Beteiligungsänderung« näher ausgestalten.

Möglich wäre schließlich auch, die Haftungsregelung des § 34 IV UrhG vertraglich zu konkretisieren. So könnte vereinbart werden, dass der Veräußerer[385] dem Urheber nur für die Erfüllung der Verbindlichkeiten aus der bei der Unternehmensveränderung laufenden Auflage haftet. Bei solchen Vereinbarungen muss jedoch darauf geachtet werden, dass die gesamtschuldnerische Haftung nicht in ihrem Kern ausgehöhlt wird. Eine zeitliche Beschränkung der Haftung kann daher höchstens für den Veräußerer vereinbart werden.

Die Vereinbarungen können ausdrücklich, konkludent oder stillschweigend getroffen werden. Bedenken bestehen jedoch – zumindest bei Werken mit ausgeprägtem Urheberpersönlichkeitsbezug – hinsichtlich einer formularmäßigen Vereinbarung der freien Übertragbarkeit, da dann der Wille des

---

382 *Haas*, Rn. 124.
383 *Schricker*, § 34 UrhG, Rn. 10.
384 *Nordemann*, Urhebervertragsrecht, S. 112; s. S. 105.
385 Eine Beschränkung der *Erwerber*haftung wäre hingegen wegen § 34 V 1 UrhG unwirksam.

IV. Das Rückrufsrecht bei Unternehmensveräußerungen

Gesetzgebers, dem Urheber ein Mitspracherecht bei der Rechtsübertragung einzuräumen, gänzlich unberücksichtigt bliebe.[386]

dd) § 90 UrhG

§ 90 UrhG schränkt die Rechte der Urheber im Filmbereich ein, um dem Filmproduzenten wegen der besonders hohen Herstellungskosten und des großen wirtschaftlichen Risikos die Auswertung seiner Filme zu erleichtern.[387] Diese Privilegierung ist nicht unumstritten; der Professorenentwurf wollte § 90 UrhG streichen, weil er den Filmproduzenten systemwidrig gegenüber anderen Verwertern, die ähnliche Risiken trügen, begünstige.[388] Dieser Vorschlag konnte sich nicht durchsetzen, jedoch hat § 90 im Hinblick auf § 34 UrhG einige Änderungen erfahren.[389] Vor der Urhebervertragsrechtsreform klammerte § 90 UrhG nur die »Bestimmungen über das Erfordernis der Zustimmung des Urhebers zur Übertragung von Nutzungsrechten« für den Filmbereich aus. Nun gelten aber allgemein die »Bestimmungen über die Übertragung von Nutzungsrechten« nicht im Filmbereich. Dadurch wird nach dem eindeutigen Wortlaut der Neufassung dem kompletten § 34 UrhG die Geltung abgesprochen, was bedeutet, dass neben dem Rückrufsrecht auch die gesamtschuldnerische Haftung des Erwerbers entfallen ist. Diese Haftung wurde bislang unter Berufung auf den Wortlaut oder im Wege teleologischer Reduktion jedoch angenommen.[390] Da zudem die Rechte der Urheber durch die Neufassung des § 34 UrhG gestärkt wurden, wirkt sich dessen Nichtgeltung im Filmbereich nun umso stärker aus. Im Vergleich zu anderen Urhebern stehen die Filmurheber somit schlechter da als vor der Reform.[391]

Es fragt sich unter anderem deshalb, ob der Ausschluss der gesamtschuldnerischen Erwerberhaftung nicht ein Redaktionsversehen des Gesetzgebers

---

386 Ausführlich zu AGB-Vereinbarungen *Schricker*, § 34 UrhG, Rn. 10 ff.; zur Vereinbarkeit verschiedener Klauseln mit dem AGBG (seit 01.01.2002 §§ 305 ff. BGB) *Lößl*, S. 227 ff.
387 *Schricker/Katzenberger*, § 90, Rn. 1.
388 Begr. des Professorenentwurfs zu Nr. 15 (§ 90) = Teil 2, S. 189, abgedruckt bei *Haas*, S. 189; kritisch zu diesem Vorschlag *Geulen/Klinger*, ZUM 2000, 892 f.
389 Vgl. *Haas*, Rn. 391 ff.
390 BGH ZUM 2001, 699, 703 – Barfuß ins Bett; *Schricker/Katzenberger*, § 90, Rn. 5; *Fromm/Nordemann/Hertin*, § 90, Rn. 5.
391 Es handelt sich beim neuen § 90 S. 1 UrhG also keineswegs nur um eine »redaktionelle Folgeänderung«; gegen *Erdmann*, GRUR 2002, 931.

B. Die deutsche Rechtslage

war. So weist der Gesetzgeber ausdrücklich darauf hin, dass es sich bei der Neufassung des § 90 S. 1 UrhG nur um eine redaktionelle, nicht aber um eine inhaltliche Änderung handeln sollte.[392] Zudem spricht er in der Begründung des Regierungsentwurfs zu § 34 UrhG von einer Erweiterung der Erwerberhaftung in § 34 IV n.F. UrhG – mit keinem Wort aber davon, dass die Haftung im Filmbereich nicht länger gelten solle.[393] Aus diesem Grund wird man der Neufassung von § 90 UrhG im Wege der teleologischen Reduktion den gleichen Inhalt wie nach bisheriger Fassung beimessen müssen.[394]

Außerdem umfasst der Regelungsbereich von § 90 UrhG nun nicht mehr nur die in § 88 I Nr. 2 bis 5 a.F. UrhG erwähnten Rechte, sondern durch seine Verweisung auf den ebenfalls neu gefassten § 88 I UrhG[395] auch das Verfilmungsrecht.[396] § 34 UrhG ist damit auf den ersten Blick auf weniger Rechte anwendbar als vor der Reform. Dieser Eindruck relativiert sich jedoch wieder, da in § 90 UrhG auch die Regelung des zeitlichen Geltungsbereiches in Satz 2 neu eingefügt wurde. Hiernach gelten für das Verfilmungsrecht die Einschränkungen des Satzes 1 erst ab Beginn der Dreharbeiten. Eine vergleichbare Regelung existierte bislang nicht. Allerdings war in der Literatur umstritten, ob der Urheber über § 34 UrhG die Weiterübertragung des Verfilmungsrechtes stets verhindern konnte oder ob ihm entgegen dem Wortlaut von § 90 UrhG ab Beginn der Dreharbeiten wegen der ab dann anfallenden erheblichen Kosten untersagt war, für das Verfilmungsrecht seine Rechte aus § 34 UrhG geltend zu machen.[397] Der Gesetzgeber hat nun mit § 90 S. 2

---

[392] Formulierungshilfe vom 14.01.2002 zu Nr. 15 (§ 90), abgedruckt bei *Hucko*, S. 168, sowie Beschlussempfehlung und Bericht des Rechtsausschusses zu Nr. 18 (§ 90) = BT-Drs. 14/8058, S. 54.

[393] Begr. des RegE (BT-Drs. 14/7564) zu Nummer 4 (§ 34), abgedruckt bei *Hucko*, S. 123, und *Nordemann*, Urhebervertragsrecht, S. 165.

[394] So wohl auch *von Frentz/Marrder*, ZUM 2003, 105 f.

[395] Hierzu *Haas*, Rn. 373 ff.

[396] Vor der Reform entfaltete § 90 UrhG für das Verfilmungsrecht keine Wirkung, vgl. *Schack*, Urheberrecht, Rn. 1096; *Schricker/Katzenberger*, § 90, Rn. 8; *Fromm/Nordemann/Hertin*, § 90, Rn. 3.

[397] Für ein Verbleiben des Zustimmungsrechts beim Urheber *Fromm/Nordemann/Hertin*, § 34, Rn. 4; für ein Entfallen mit Beginn der Dreharbeiten *Schricker/Katzenberger*, § 90, Rn. 10; *Lütje*, S. 181; *Möhring/Nicolini/Lütje*, § 90, Rn. 7, wobei letztere bereits die durch Vertragsabschlüsse deutlich gewordene Entscheidung, das Filmvorhaben zu verwirklichen, als Beginn der Dreharbeiten verstanden wissen wollen.

IV. Das Rückrufsrecht bei Unternehmensveräußerungen

UrhG klargestellt, dass dem Urheber für das Recht zur Verfilmung nur bis zum Beginn der Dreharbeiten alle Rechte verbleiben. Danach unterliegt er den Einschränkungen des § 90 S. 1 UrhG. Damit ist die bereits zuvor vertretene zweite Ansicht Gesetz geworden.[398] Entscheidender Zeitpunkt ist die Aufnahme der Dreharbeiten. Der erweiterte Schutz des Filmherstellers beginnt erst mit ihrer tatsächlichen Aufnahme. Im Vorfeld der Dreharbeiten angefallene erhebliche Kosten ändern wegen des eindeutigen Wortlautes am Bestehen des Rückrufsrechts nichts.[399]

ee) § 28 VerlG

§ 28 VerlG wurde mit Wirkung zum 01.07.2002 aufgehoben.[400] Der Streit um das Verhältnis von § 28 VerlG zu § 34 UrhG ist damit Rechtsgeschichte. Auch im Verlagsbereich findet nunmehr ausschließlich § 34 UrhG Anwendung. In der Begründung für die Aufhebung heißt es, dass § 28 VerlG durch die Neufassung von § 34 UrhG überflüssig geworden sei.[401] Es sollte sich also um die rein formelle Streichung einer nicht mehr benötigten Vorschrift handeln. Legt man jedoch die bisher herrschende Meinung zu Grunde, so ergeben sich für den Verlagsbereich auch zwei inhaltliche Änderungen:

Wenn bislang der Verleger den Verfasser zur Erklärung über die Zustimmung zu einer Übertragung der Verlagsrechte aufforderte und der Verfasser nicht binnen zwei Monate die Zustimmung verweigerte, galt sie gemäß § 28 I 4 VerlG als erteilt.[402] Eine solche Regelung enthält § 34 UrhG nicht. Bislang hatte die herrschende Meinung § 28 I 4 VerlG parallel zu § 34 UrhG angewendet.[403] Das ist nach der ersatzlosen Streichung von § 28 VerlG nicht länger möglich.[404]

Außerdem eröffnete § 28 II 2 VerlG bisher die Möglichkeit, dass der Erwerber der Nutzungsrechte die Verpflichtung des Verlegers zur Vervielfältigung und Verbreitung nicht übernahm. Hierdurch hatte der Erwerber nur das

---

398 Auch *Erdmann*, GRUR 2002, 931 und *Nordemann*, Urhebervertragsrecht, S. 132, ordnen den neuen § 90 S. 2 UrhG nur als Klarstellung ein.
399 *Haas*, Rn. 398.
400 BT-Drs. 14/8058, S. 30.
401 Begr. des RegE, BT-Drs. 14/6433, S. 16; abgedruckt auch bei *Hucko*, S. 133.
402 Vgl. etwa *Haberstumpf/Hintermeier*, S. 194 f.
403 *Schricker*, § 28 VerlG, Rn. 1, S. 489 mwN.
404 So auch *Wandtke/Grunert* in *Wandtke/Bullinger*, § 34, Rn. 41; *Haas*, Rn. 119.

Recht, nicht aber die Pflicht zur Vervielfältigung und Verbreitung.[405] Diese Möglichkeit entfällt mit der Aufhebung von § 28 VerlG, da § 34 IV UrhG nun die gesamtschuldnerische Haftung des Erwerbers für die Verpflichtungen aus dem Nutzungsvertrag anordnet.[406]

ff) Besonderheiten beim Arbeitnehmerurheber

Gemäß § 43 gelten §§ 31 ff. UrhG grundsätzlich auch für Arbeitnehmerurheber. Deshalb steht ihnen ebenfalls das in § 34 III 2 UrhG gewährte Rückrufsrecht zu, wenn eine Unternehmensveränderung – beispielsweise der Wechsel des Arbeitgebers – die Ausübung der Nutzungsrechte durch den Erwerber unzumutbar werden lässt. Die Interessenlage eines nicht selbständigen ist mit der eines selbständigen Urhebers vergleichbar, auch aus dem Inhalt oder Wesen des Arbeits- oder Dienstverhältnisses ergibt sich nichts anderes. Der Urheber bedarf – unabhängig von den Umständen, unter denen er das Werk geschaffen hat – in der Situation der Unternehmensveränderung des persönlichkeitsrechtlichen Schutzes. Deshalb kann es auch bei Fortsetzung des ursprünglichen Arbeitsverhältnisses nach einer Änderung der Beteiligungsverhältnisse beim arbeitgebenden Unternehmen für den Urheber unzumutbar sein, dass der Arbeitgeber die Nutzungsrechte wie bisher weiter ausübt.[407]

Geht hingegen der Arbeitsvertrag kraft Vereinbarung oder Gesetzes auf einen Erwerber über, mit dem der Arbeitnehmer nicht einverstanden ist, so möchte dieser in aller Regel nicht nur die Ausübung der Nutzungsrechte durch den Erwerber verhindern, sondern sich gänzlich aus dem Arbeitsverhältnis lösen. In diesem Fall muss er neben seinem Rückrufsrecht nach § 34 III 2 UrhG von seinen arbeitsrechtlichen Möglichkeiten Gebrauch machen, mithin dem Übergang des Arbeitsverhältnisses gemäß § 613a VI BGB widersprechen oder das Arbeitsverhältnis kündigen.[408]

---

405 *Schricker*, § 28 VerlG, Rn. 19.
406 Ebenso *Haas*, Rn. 120; zur alten Rechtslage *Schricker*, § 28 VerlG, Rn. 1, S. 489.
407 A.A. *Wandtke/Bullinger/Wandtke*, § 43, Rn. 120. Man denke aber beispielsweise an eine wesentliche Beteiligung eines Großunternehmens, von dem sich der Arbeitnehmer aus begründetem Anlass nicht vereinnahmen lassen und bereits eingeräumte Nutzungsrechte nicht ausgeübt wissen möchte.
408 *Wandtke/Bullinger/Wandtke*, § 43, Rn. 120.

IV. Das Rückrufsrecht bei Unternehmensveräußerungen

c) Gründe für die Gesetzesänderung

Urheber sind gegenüber den strukturell überlegenen Verwertern regelmäßig die schwächere Vertragspartei. Daher ist ihr Versuch, gerechte Verwertungsbedingungen durchzusetzen, oft zum Scheitern verurteilt.[409] Hieran ändern auch die meist ausgewogenen Normverträge nichts, da ihnen nur der Charakter unverbindlicher Vertragsmuster zukommt.[410] Insoweit wies die bisherige Rechtslage Defizite auf.[411] Vor diesem Hintergrund entsprach das Rückrufsrecht bei Unternehmensveräußerungen einem von Urheberseite vielfach vorgebrachten Wunsch, den der Gesetzgeber aufgegriffen hat.[412] Das Rückrufsrecht ist also ein Baustein des Vorhabens der Bundesregierung, die vertragliche Stellung der Urheber zu stärken, um Vertragsparität zwischen Urheber und Verwertern herzustellen.[413]

d) Kritik an der Gesetzesänderung

Die Änderung des UrhG zum 01.07.2002 war Gegenstand heftiger Streits und zahlreicher Stellungnahmen.[414] So wurden nicht nur die §§ 32, 32a und 36 UrhG intensiv diskutiert,[415] auch an der Neufassung des § 34 UrhG erhitzten sich die Gemüter. Nicht immer standen sachlich fundierte Argumente im Vordergrund, vieles war einseitige Interessenpolitik. Zu beachten ist, auf welche Fassung der Gesetze sich die geäußerte Kritik bezieht. Im Mai 2000 wurde der Professorenentwurf vorgelegt, im Juni 2001 die Gesetzesentwürfe von Bundesregierung und Koalitionsfraktionen.[416] Die vor Juni 2001 geäußerte Kritik bezieht sich somit auf den Professorenentwurf und ist – soweit

---

409 BT-Drs. 14/6433, S. 1 und 9 f., abgedruckt auch bei *Hucko*, S. 91 und 107 f., sowie in GRUR 2000, 769 f.
410 S.o. S. 86 f.
411 BT-Drs. 14/6433, S. 11 f.; abgedruckt auch bei *Hucko*, S. 112 f., sowie in GRUR 2000, 772.
412 BT-Drs. 14/6433, S. 16; abgedruckt auch bei *Hucko*, S. 123, sowie in GRUR 2000, 775.
413 Vertragsparität ist das erklärte Ziel des Gesetzes, vgl. BT-Drs. 14/6433, S. 2, abgedruckt auch bei *Hucko*, S. 91. Insbesondere laut GRUR 2000, 772 dient das Rückrufsrecht dazu, die Rechtsposition des Urhebers zu stärken.
414 Vgl. die Zusammenstellung unter www.urheberrecht.org.
415 Statt vieler rückblickend *Schack* in GRUR 2002, 855 ff.
416 *Hucko*, S. 8.

dessen Vorschläge nicht übernommen wurden – hinfällig geworden. Dennoch wird der Vollständigkeit halber auch auf diese Kritik kurz eingegangen.

aa)   Kritik am Professorenentwurf

(1)   Haftungsrisiko des Erwerbers

Der Professorenentwurf wollte mit § 34 IV UrhGE eine zwingende gesamtschuldnerische Haftung des Ersterwerbers eines Nutzungsrechts mit allen weiteren Erwerbern einführen. Hierdurch wäre das Haftungsrisiko des Erwerbers erhöht und der Rechtsverkehr mit Immaterialgüterrechten unvertretbar belastet worden, da im Ergebnis Zessionare das Insolvenzrisiko ihrer Zedenten hätten tragen müssen.[417] Dies hätte außerdem zur Folge gehabt, dass Lizenznehmer ihre Nutzungsrechte kaum mehr als Kreditsicherungsmittel hätten benutzen können, weil die Banken für die lizenzvertraglichen Verbindlichkeiten ihrer Kreditnehmer hätten haften müssen.[418] Die gesamtschuldnerische Haftung des Erwerbers gemäß § 34 IV UrhG tritt jedoch nach der Gesetz gewordenen Fassung dann nicht ein, wenn der Urheber der Übertragung des Nutzungsrechtes des Urhebers im Einzelfall ausdrücklich zugestimmt hat. Damit ist die geäußerte Kritik vom Gesetzgeber berücksichtigt und durch die Neufassung entkräftet worden.

(2)   Streichung von § 90 UrhG

Der Professorenentwurf wollte überdies § 90 UrhG ersatzlos streichen. Von dieser Prämisse ausgehend wurde diskutiert, ob darin ein Verstoß gegen die in Art. 5 III 1 GG garantierte Kunstfreiheit liege.[419] Mit der Freiheit der Filmkunst einher geht die Aufgabe des Staates, ein freiheitliches Kunstleben im Rahmen der gesetzgeberischen Gestaltungsmöglichkeiten zu erhalten und zu fördern.[420] Wenn nun jeder einzelne Künstler in die Lage versetzt wird, die Auswertung eines Filmes zu verhindern, weil jede Nutzungsrechtseinräumung an Filmverleiher, Kinobetreiber oder Sendeunternehmen die Zustimmung aller Urheber voraussetzt, und darüber hinaus durch ein uneinge-

---

417 *Schack*, ZUM 2001, 457; *Kreile*, ZUM 2001, 303.
418 *Schack*, ZUM 2001, 457; Stellungnahme des »Arbeitskreises Verwerter« vom 17. 11. 2000 unter 12.1., abrufbar unter www.urheberrecht.org.
419 *Geulen/Klinger*, ZUM 2000, 895 f.
420 BVerfGE 36, 321, 331; 81, 108, 116.

schränktes Rückrufsrecht die sachgerechte Auswertung des Filmwerkes behindert wird, ist dies in der Tat bedenklich.[421] Da das am 01.07.2002 in Kraft getretene Gesetz aber nicht mehr die Streichung des § 90 UrhG enthält, erübrigt sich die im Hinblick auf Art. 5 III 1 GG geäußerte Kritik.

bb) Kritik am Gesetz vom 22.03.2002

(1) Wertvernichtung bei Medienunternehmen

Alle Unternehmen der Verlags- und Filmindustrie sind von ihren urheberrechtlichen Nutzungsrechten abhängig. Die Lizenzen an Werken bestimmter Urheber sind wesentliches Kapital der Medienunternehmen und Grundvoraussetzung ihrer unternehmerischen Tätigkeit. Die »Produktionsmittel« bestehen hier vornehmlich aus Verwertungsbefugnissen. Anderen materiellen und immateriellen Faktoren, wie Betriebsgrundstück, Maschinenpark, technischen Anlagen, Büroinventar, Kundenstamm oder Know-how, kommt in dieser Branche vergleichsweise untergeordnete Bedeutung zu.[422]

Ein Erwerber ist auf die Lizenzen angewiesen, um das Unternehmen fortführen zu können. Ohne Nutzungsrechte wird er ein Unternehmen auch kaum seines guten Namens oder seiner technischen Ausstattung wegen erwerben wollen, da dem Unternehmen die Grundsubstanz entzogen ist. Der Unternehmenserwerb würde in diesem Fall gegenüber einem eigenständigen Neubeginn keinen nennenswerten Vorteil mehr bringen.[423]

§ 34 III UrhG schließt nun die Übertragung eines Nutzungsrechts nicht a priori aus, belastet sie aber mit dem Risiko, dass die Urheber von ihrem Rückrufsrecht Gebrauch machen. Deshalb wird kritisiert, dass Unternehmensveräußerungen im Medienbereich kaum noch durchführbar seien, weil

---

421 *Geulen/Klinger*, ZUM 2000, 895. Dies hätte insbesondere die im Filmbereich übliche Pre-sale-Finanzierung, bei der die Filmproduktionskosten durch den Vorabverkauf künftiger Lizenzrechte an Verleiher, Lizenzhändler und andere Verwerter finanziert werden, bedeutend erschwert. Ausführlich zur Pre-sale-Finanzierung *Hennerkes*, S. 86 ff.
422 *Schleifenbaum*, S. 34; *Bryer/Simensky/Burshtein*, 8.55, bezeichnet copyrights und copyright licenses als »most crucial assets in any publishing business«. Die überragende Bedeutung des immateriellen Vermögens für Film- und Medienunternehmen stellen anhand einer empirischen Untersuchung ausführlich dar *Küting/Zwirner*, FB 2001, Beilage 3, 26 ff.
423 *Schleifenbaum*, S. 34.

der Wert des Unternehmens wegen des Rückrufsrisikos nicht mehr feststellbar[424] oder zumindest gesunken[425] sei.

Diese – wegen § 90 UrhG für den Filmbereich ohnehin nur sehr eingeschränkt geltende – Argumentation ist zu einseitig. Es muss berücksichtigt werden, dass ein Rückrufsrisiko nur besteht, wenn dem Urheber die Ausübung durch den Erwerber nach Treu und Glauben nicht zuzumuten ist. Das wird lediglich dann der Fall sein, wenn das erwerbende Unternehmen größere Abweichungen gegenüber dem verkaufenden aufweist. In solchen und in Zweifelsfällen ist es indes möglich und nötig, die Zustimmung der Urheber einzuholen. Das empfiehlt sich ohnehin, da nur so eine Erwerberhaftung gemäß § 34 IV UrhG ausgeschlossen werden kann.[426] Mit der Zustimmung reduziert sich das Rückrufsrisiko auf Null.

Hat der Urheber hingegen die Zustimmung verweigert und deutlich gemacht, dass er von seinem Rückrufsrecht Gebrauch machen werde, wenn es zur geplanten Unternehmensveränderung kommen sollte, so kann der Verwerter mit dieser Situation planen. Geht er davon aus, dass der Urheber berechtigterweise und deshalb mit Erfolg sein Rückrufsrecht ausüben wird, so steht es ihm frei, nach entsprechender betriebswirtschaftlicher Kalkulation ggf. von seinem Vorhaben Abstand zu nehmen. Nur wenn der Verwerter den Rückruf in Kauf nimmt und seinen ursprünglichen Plan dennoch umsetzt, kann es zu einer Wertreduzierung seines Unternehmens kommen. Hierbei wird es sich indes aller Voraussicht nach um Einzelfälle handeln. Es trifft somit nicht zu, dass Unternehmensveräußerungen nicht mehr durchführbar sind, sie erfordern nur einen geringfügig größeren Aufwand.[427]

(2)   Erschwerung von Unternehmenssanierungen

Ähnliche Kritik äußert Berger. Das Rückrufsrecht werde künftig übertragende Unternehmenssanierungen erschweren, weil der Sanierer die Zustimmung aller Urheber einholen müsse, »wenn die Lizenzen dem Nachfolgeunterneh-

---

424 Stellungnahme des Bundesrates vom 13. 07. 2001 = BR-Drs. 404/01, bzw. BT-Drs. 14/7564, S. 8 (Anlage 2), abgedruckt auch bei *Hucko*, S. 139.
425 BT-Drs. 14/4359 (Große Anfrage der FDP), S. 9; Stellungnahme des Verbandes Bayrischer Verlage und Buchhandlungen e.V. zum Regierungsentwurf vom 30. Mai 2001, abrufbar unter www.urheberrecht.org.
426 *Schack*, GRUR 2002, 858.
427 Hierzu ausführlich unten S. 144 ff.

men oder den neuen Anteilseignern erhalten bleiben sollen«.[428] Das ist so nicht richtig formuliert: Die Nutzungsrechte bleiben Nachfolgeunternehmen und neuen Anteilseignern auch ohne eine ausdrückliche Zustimmung der Urheber in den meisten Fällen erhalten. Lediglich bei wesentlichen Abweichungen zwischen ursprünglichem und neuem Nutzungsberechtigten besteht die Gefahr, dass die Ausübung des Nutzungsrechts durch den Erwerber für den Urheber unzumutbar ist und dieser von seinem Rückrufsrecht Gebrauch macht. Dieses Risiko wird der Sanierer durch Einholung der ausdrücklichen Zustimmung der Urheber ausschalten wollen. Zwingend notwendig für eine erfolgreiche Sanierung ist die ausdrückliche Zustimmung seitens der Urheber allerdings nicht.

In der Literatur wird empfohlen, die Sanierungsproblematik im Rahmen der »Zumutbarkeit« angemessen zu berücksichtigen, also eine Unzumutbarkeit der Nutzungsrechtsausübung an strengere Anforderungen zu knüpfen.[429] Dieser Vorschlag ist insofern problematisch, als die Messlatte für die Unzumutbarkeit gerade nicht so hoch gelegt werden darf, dass der vom Gesetzgebers und dem Wortlaut des § 34 III 2 UrhG gewollte Abstand zu § 314 BGB verwischt wird. Im Ergebnis wird man daher einen gewissen sanierungshemmenden Einfluss des Rückrufsrechts wohl nicht ganz verhindern können.

(3) Fehlende Befristung

Weiter wird kritisiert, dass § 34 III UrhG die Ausübung des Rückrufsrechts nicht befristet.[430] In der Tat erscheint aus Gründen der Rechts- und Planungssicherheit eine Befristung geboten. In der Praxis kann man sich, wie oben ausgeführt, mit einer Analogie zu § 613a VI BGB behelfen.[431] Dagegen ist es nicht möglich, über § 102 UrhG die regelmäßige dreijährige Verjährung des BGB heranzuziehen, da sich § 102 UrhG nur auf Ansprüche wegen Rechtsverletzungen bezieht. Dass solche Überlegungen überhaupt angestellt wurden,[432] zeigt indes, wie sinnvoll eine gesetzliche Regelung der Frist

---

428 *Berger*, Rn. 320.
429 *Berger*, Rn. 320.
430 BT-Drs. 14/7564, S. 8 (Stellungnahme des Bundesrates vom 13.07.2001), abgedruckt auch bei *Hucko*, S. 139; BT-Drs. 14/4359 (Große Anfrage der FDP), S. 9 f.
431 Vgl. oben S. 100 ff.

den,[432] zeigt indes, wie sinnvoll eine gesetzliche Regelung der Frist gewesen wäre.

(4) Rechtsunsicherheit

Das Rückrufsrecht steht dem Urheber zu, wenn ihm die Ausübung durch den Erwerber »nach Treu und Glauben nicht zuzumuten« ist. Durch die Verwendung derart unbestimmter Rechtsbegriffe könnte es zu erheblicher Rechtsunsicherheit im Rechtsverkehr mit Nutzungsrechten kommen.[433] Solche Unsicherheiten hätten beseitigt werden können, wenn der Gesetzesentwurf klarere Aussagen hinsichtlich der Voraussetzungen des Rückrufs gemacht hätte, etwa in Form eines Beispielkataloges[434]. Die Rechtsunsicherheit ist jedoch kein stichhaltiges Argument, da einer nicht-kasuistischen Gesetzgebung auslegungsbedürftige Klauseln immanent sind und außerdem die Begriffe »Treu und Glauben« und »Zumutbarkeit« in langjähriger Praxis konkretisiert worden sind. Dadurch ist eine gefestigte Grundlage für ihre Auslegung im Rahmen des § 34 III UrhG entstanden. Zuzugeben ist indes, dass § 34 III UrhG Interpretationsspielraum bietet. Nicht nur die Zumutbarkeit, auch die Wesentlichkeit einer Beteiligungsänderung können letztlich immer nur für den jeweiligen Einzelfall abschließend beurteilt werden.

Im Zusammenhang mit der Rechtsunsicherheit wird überdies vorgebracht, dass Unterlizenznehmer nun auch prüfen müssen, inwiefern sich Beteiligungsverhältnisse an den Unternehmen ihrer Lizenzgeber ändern, um auf den Bestand ihrer abgeleiteten Nutzungsrechte vertrauen zu können.[435] Ausgehend von der Annahme, dass bei Erlöschen der Nutzungsrechte des Hauptlizenznehmers auch die von ihm abgeleiteten Nutzungsrechte der Unterlizenznehmer erlöschen,[436] ist das richtig. Ein Argument gegen das Rückrufsrecht kann hieraus dennoch nicht gewonnen werden, da die Unterlizenznehmer

---

432 BT-Drs. 14/4359, (Große Anfrage der *FDP*), S. 10 und S. 16 unter Nr. 57.
433 *Kreile*, ZUM 2001, 302; Stellungnahme der Kirch-Gruppe zu dem »Entwurf eines Gesetzes zur Stärkung der vertraglichen Stellung von Urhebern und ausübenden Künstlern«, S. 6 f., zu finden unter www.urheberrecht.org.
434 Ein erster Beispielkatalog findet sich bei *Nordemann*, Urhebervertragsrecht, S. 110 f.
435 Stellungnahme des »Arbeitskreises Verwerter« vom 17.11.2000, Punkt 11.3., abrufbar unter www.urheberrecht.org; *Weber*, ZUM 2001, 313.
436 *Schricker*, § 28 VerlG, Rn. 27; *Schack*, Urheberrecht, Rn. 556 mwN in Fn. 91; s.o. Fn. 181.

IV. Das Rückrufsrecht bei Unternehmensveräußerungen

ohnehin die Geschicke ihres Hauptlizenzgebers verfolgen müssen. Außerdem sind sie durch einen etwaigen Schadenersatzanspruch gegen den Hauptlizenzgeber gemäß §§ 280 I, 283 S. 1 BGB und die Einrede des nichterfüllten Vertrages gemäß §§ 320, 453 I BGB rechtlich hinreichend geschützt.[437]

(5) Rückrufswelle

Überdies wurde bemängelt, dass eine ausdrückliche Regelung des Rückrufsrechts die Urheber verleiten könne, unter vorgeschobener Berufung auf dieses Recht ihren Vertrag vorzeitig zu beenden und dadurch eine Rückrufswelle auszulösen, die den Verwertungsmarkt nachhaltig stören könnte.[438] Indes ist eine Rückrufswelle bisher nicht ausgelöst worden und wird auch nicht entstehen, weil das bloße Vorschieben nicht genügt, sondern die Voraussetzungen für das Rückrufsrecht vorliegen müssen. Wenn im Übrigen die Urheber durch die ausdrückliche Regelung vermehrt von ihrem Rückrufsrecht Gebrauch machen, ist das gerade Zweck der Gesetzesänderung gewesen. Die vor der Novellierung geäußerte Befürchtung der Verwerter, künftig öfter vom Rückruf eines Nutzungsrechtes betroffen zu werden, mag zwar verständlich sein. Stichhaltiges Argument gegen die Entscheidung des Gesetzgebers, die vertragliche Stellung des Urhebers zu stärken, ist sie jedoch nicht.

(6) Verfassungsrechtliche Bedenken

Verfassungsrechtliche Bedenken sind im Hinblick auf die Einschränkung der unternehmerischen Dispositionsfreiheit, das Fehlen einer Entschädigungsklausel und die Verwendung unbestimmter Rechtsbegriffe geäußert worden.

(aa) Art. 12 GG

Der Inhaber eines Nutzungsrechts könnte durch das erweiterte Rückrufsrecht seine durch Art. 12 GG geschützte Unternehmenssphäre tangiert sehen, denn er ist infolge der Gesetzesänderung bei Unternehmensveränderungen verstärkt dem Risiko ausgesetzt, dass der Urheber das Nutzungsrecht zurückruft. Hierdurch wird er in seiner unternehmerischen Handlungsfreiheit insofern eingeschränkt, als der Urheber durch Androhung oder Ausübung seines

---

437 *Schricker*, § 28 VerlG, Rn. 27, S. 524 f.
438 Stellungnahme des »Arbeitskreises Verwerter« vom 17.11.2000, Punkt 11.2., abrufbar unter www.urheberrecht.org.

B. Die deutsche Rechtslage

Rückrufsrechts Einfluss nehmen kann. Das wird für verfassungsrechtlich bedenklich gehalten.[439] Im Grundgesetz verankert ist die Dispositionsfreiheit des Unternehmers über die ihm und seinem Unternehmen zugeordneten Güter und Rechtspositionen in Art. 12 I GG.[440] Dessen Wortlaut ist zwar nicht eindeutig, doch umfasst der Schutzbereich nicht nur die Freiheit der Berufswahl zwischen verschiedenen Berufen, sondern auch die gesamte Gestaltung beruflicher Tätigkeit. Hierzu gehören vor allem die freie wirtschaftliche Planung, die Personalpolitik und die Verfügungen über Betriebsmittel.[441] Wenn nun ein Verwerter nicht mehr ohne Risiko und damit nicht mehr frei entscheiden kann, ob er eine Unternehmensveränderung vornimmt, wird in seine Dispositionsfreiheit eingegriffen.

Gemäß Art. 12 I 2 GG kann die Berufsausübung durch Gesetz oder auf Grund eines Gesetzes geregelt werden. Den Erlass von Berufsausübungsregeln erlaubt bereits jede vernünftige Erwägung des Gemeinwohls, wenn die gewählten Mittel zur Erreichung des Zwecks geeignet und erforderlich sind und die durch sie bewirkte Beschränkung den Betroffenen zumutbar ist.[442] Vorliegend wird das in Art. 1 I, 2 I GG verankerte Urheberpersönlichkeitsrecht mit der Dispositionsfreiheit des Verwerters abgewogen. Während es für den Urheber einen schwerwiegenden Eingriff darstellen würde, ohne Rückrufsmöglichkeit schlichte Verfügungsmasse des Nutzungsrechtsinhabers zu sein, ist der Unternehmer nur insofern eingeschränkt, als er genauer darauf achten muss, an wen er sein Unternehmen veräußert oder sich die ausdrückliche Zustimmung des Urhebers einholen muss. Ein Verstoß gegen Art. 12 I GG liegt im Ergebnis nicht vor.

(bb)   Art. 14 GG

Verschiedentlich wird das Rückrufsrecht auch als Verstoß gegen Art. 14 GG angesehen oder zumindest für verfassungsrechtlich bedenklich erklärt, weil

---

439 BT-Drs. 14/4359 (Große Anfrage der FDP), S. 16 unter Nr. 53; Stellungnahme des Verbandes Deutscher Spielfilmproduzenten e.V. (VDSP) zu § 34 III UrhGE, abrufbar unter www.urheberrecht.org.
440 *Sachs/Tettinger*, Art. 12 GG, Rn. 57; *Dreier/Wieland*, Art. 12 GG, Rn. 61; im Hinblick auf die wirtschaftliche Handlungsfreiheit ist Art. 12 I gegenüber Art. 2 I GG lex specialis, vgl. *Degenhart*, JuS 1990, 165; *Sachs/Tettinger*, Art. 12 GG, Rn. 162 mwN.
441 *Ossenbühl*, AöR 115 (1990), 18 f.
442 *Schmidt-Bleibtreu/Klein*, Art. 12 GG, Rn. 18.

IV. Das Rückrufsrecht bei Unternehmensveräußerungen

es die Rechte der Verwerter entschädigungslos entwerte.[443] Auf den ersten Blick stichhaltig erscheint dieses Argument vor dem Hintergrund, dass auch ein rechtmäßiges Handeln des Verwerters dazu führen kann, dass er seine möglicherweise unter erheblichem Kapitalaufwand erworbenen Rechte ersatzlos verliert. Art. 14 GG schützt jedes private Vermögensrecht, wenn es dem Sacheigentum seiner Nutzungs- und Verfügungsmöglichkeit nach gleichwertig ist. Dabei kann die Verfügungsmöglichkeit auch eingeschränkt sein, eine beliebige Übertragbarkeit des Rechtes ist nicht erforderlich, um eine schutzfähige Position im Sinne des Art. 14 GG zu begründen.[444] Urheberrechtliche Nutzungsrechte unterfallen daher dem Anwendungsbereich von Art. 14 GG.[445] Gemäß Art. 14 I 2 GG hat der Gesetzgeber den Auftrag, Inhalt und Schranken des Eigentums zu bestimmen. Er muss eine der Natur und sozialen Bedeutung des Rechts entsprechende Nutzung, Verwertung und Verfügung sicherstellen, so dass eine angemessene Funktionsfähigkeit des Rechts gewährleistet ist.[446] Das ist auch nach der Belastung des Nutzungsrechtes mit dem Rückrufsrecht der Fall. Der Gesetzgeber hat dem Verwerter nicht die Rechte entzogen, sondern nur für bestimmte Unternehmensveränderungen ein Rückrufsrecht geschaffen. Solange keine Unternehmensveränderungen stattfinden, kann der Nutzungsrechtsinhaber seine Rechte ungestört wahrnehmen. Ob es überhaupt zu einer Situation kommt, die den Urheber zum Rückruf berechtigt, hat der Verwerter größtenteils selbst in der Hand. Die Regelung greift also nicht in das Eigentum des Nutzungsberechtigten ein, sondern beschränkt ihn nur in seiner unternehmerischen Handlungsfreiheit.

Ein Verstoß gegen Art. 14 GG liegt im Hinblick auf das Fehlen einer Entschädigungsregelung nach alledem nicht vor. Auch eine entsprechende Anwendung von § 42 VI UrhG[447] gebietet Art. 14 GG nicht.

---

443 *Weber*, ZuM 2001, 313; Gemeinsame Stellungnahme von ARD und ZDF zum Entwurf eines Gesetzes zur Stärkung der vertraglichen Stellung von Urhebern und ausübenden Künstlern, S. 17, abrufbar unter www.urheberrecht.org. Weshalb die vorzitierten Autoren das Fehlen einer Entschädigungsklausel auch als Verstoß gegen Art. 5 GG werten, ist nicht einsichtig.
444 *Dreier/Wieland*, Art. 14 GG, Rn. 38, 40; *Sachs/Wendt*, Art. 14 GG, Rn. 22 ff.
445 BVerfGE 31, 229, 238 ff.
446 *Sachs/Wendt*, Art. 14 GG, Rn. 69.
447 S. S. 104 f.

B. Die deutsche Rechtslage

(cc)   Art. 103 II GG

Anknüpfend an die unbestimmten Rechtsbegriffe in § 34 III UrhG und eine damit verbundene Rechtsunsicherheit wird vertreten, dass ein Verstoß gegen das in Art. 103 II GG normierte verfassungsrechtliche Bestimmtheitsgebot vorliege, soweit unberechtigte Nutzungen im UrhG mit strafrechtlichen Konsequenzen belegt sind.[448] Als strafrechtliche Vorschriften kommen hier §§ 106, 108a UrhG in Frage, wonach bestimmte unerlaubte Verwertungshandlungen bei vorsätzlicher Begehung mit Freiheitsstrafe von bis zu drei, bei gewerbsmäßigem Handeln von bis zu fünf Jahren geahndet werden.[449] Die Bedenken hinsichtlich »Treu und Glauben« und der »Zumutbarkeit« in § 34 III UrhG sind nicht zu vernachlässigen, da beispielsweise auch der Begriff der »guten Sitten« in § 228 StGB als zu unbestimmt eingestuft wird.[450]

Art. 103 II GG verlangt, dass die Strafbarkeit der Tat gesetzlich bestimmt ist. Es muss also hinreichend genau festgelegt sein, was als Tat im Sinne eines vorwerfbaren Verhaltens zu verstehen ist.[451] Jeder soll vorhersehen können, welches Verhalten verboten und mit Strafe bedroht ist. Außerdem soll der Gesetzgeber und nicht erst der Rechtsanwender über die Reichweite der Strafbarkeit entscheiden.[452] Das Bestimmtheitsgebot schließt indes nicht aus, dass der Gesetzgeber unbestimmte Rechtsbegriffe sowie auslegungsfähige und auslegungsbedürftige Generalklauseln gebraucht.[453] Sogar eine Häufung unbestimmter Rechtsbegriffe ist mit Art. 103 II GG vereinbar, solange mit Hilfe der üblichen Auslegungsmethoden eine ausreichend bestimmte Auslegung der Norm erreicht werden kann.[454] Das aber ist bei § 34 III UrhG problemlos möglich, zumal auch auf die langjährigen Erfahrungen mit dem Kündigungsrecht aus wichtigem Grund zurückgegriffen werden kann. Hinzu

---

448 Gemeinsame Stellungnahme von ARD und ZDF (wie oben Fn. 443).
449 Zum Urheberstrafrecht *Schack*, Urheberrecht, Rn. 739 ff.; *Fromm/Nordemann/Vinck*, vor § 106, Rn. 1 ff.
450 *Jarass/Pieroth*, Art. 103 GG, Rn. 49 a.E.; zweifelnd *Sachs/Degenhart*, Art. 103 GG, Rn. 69 a.
451 *Dreier/Schulze-Fielitz*, Art. 103 II GG, Rn. 20.
452 BVerfGE 87, 399, 411; *Dreier/Schulze-Fielitz*, Art. 103 II GG, Rn. 33; *Sachs/Degenhart*, Art. 103 GG, Rn. 67.
453 BVerfGE 26, 186, 204; 96, 68, 97 f.; *Dreier/Schulze-Fielitz*, Art. 103 II GG, Rn. 35 mwN in Fn. 140; *Sachs/Degenhart*, Art. 103 GG, Rn. 68.
454 BVerfGE 87, 209, 225; *Dreier/Schulze-Fielitz*, Art. 103 II GG, Rn. 35; *Sachs/Degenhart*, Art. 103 GG, Rn. 69.

kommt, dass die Präzision der Strafbarkeitsvoraussetzungen mit der Schwere der angedrohten Strafe korrelieren muss.[455] §§ 106 ff. UrhG drohen keine Mindestfreiheitsstrafe an, sie sind somit Vergehen. Daher dürfen hier die Anforderungen an die Bestimmtheit nicht überspannt werden. Ein Verstoß gegen Art. 103 II GG ist demgemäß zu verneinen.

3. Vom Rückrufsrecht nicht betroffene Rechtsgeschäfte

a) Rein schuldrechtliche Rechtsgeschäfte

§ 34 III 2 UrhG berechtigt den Urheber zum Rückruf des Nutzungsrechts, nicht aber zur Kündigung des Nutzungsvertrages. Der Rückruf ist ein Vorgang auf der dinglichen Verfügungsebene. Das Nutzungsrecht muss bereits eingeräumt worden sein, um überhaupt rückrufbar zu sein. § 34 III UrhG ist also zumindest nicht unmittelbar auf Rechtsgeschäfte anwendbar, die sich ausschließlich auf der schuldrechtlichen Verpflichtungsebene abspielen.[456] Hier ist auch weiterhin lediglich das Kündigungsrecht aus wichtigem Grund einschlägig. Ein rein schuldrechtliches Rechtsgeschäft ist beispielsweise der Abschluss eines Vorvertrages, in dem sich Urheber und Verwerter verpflichten, demnächst einen anderen schuldrechtlichen Vertrag – den Hauptvertrag – abzuschließen. Dem Vorvertrag kommt im Urheberrecht indes nur eine untergeordnete Bedeutung zu.[457]

b) Optionsverträge

aa) Begriff und Rechtsnatur

Durch einen urheberrechtlichen Optionsvertrag[458] verpflichtet sich der Urheber, dem Verwerter ein zu schaffendes Werk zum Abschluss eines Verwertungsvertrages anzubieten. Der Verwerter hingegen ist in seiner Entschei-

---

455 BVerfGE 75, 329, 342 f.; *Sachs/Degenhart*, Art. 103 GG, Rn. 68.
456 *Schricker*, § 34 UrhG, Rn. 5 mwN.
457 *Schricker*, § 40 UrhG, Rn. 4; *Schricker*, § 1 VerlG, Rn. 50.
458 Optionsverträge werden auch als Vorrechtsverträge bezeichnet. Zu ihrer Rechtsnatur *Schack*, Urheberrecht, Rn. 973; *Schricker*, § 40 UrhG, Rn. 5 f. Speziell das verlegerische Optionsrecht weist hinsichtlich gegenständlichem Umfang, zeitlicher Abgrenzung und Intensität seiner Bindungswirkung eine erhebliche Variationsbreite auf, die hier nicht im Einzelnen behandelt werden kann. Vgl. *Schricker*, § 1 VerlG, Rn. 40 ff.; *Isele* in FS Bappert, S. 87 ff.

dung, das Werk anzunehmen, frei. Er erlangt aber hinsichtlich des künftig geschaffenen Werkes des Urhebers einen schuldrechtlichen Anspruch auf Abgabe eines Verlagsangebots, das Optionsrecht.[459] Wird dem Verwerter das Werk vom Urheber angeboten, so muss er von seinem Optionsrecht innerhalb der vereinbarten oder einer angemessenen Frist Gebrauch machen.

Üblicherweise unterscheidet man zwischen dem Optionsvertrag im engeren und im weiteren Sinne[460]: Bei ersterem kommt der Nutzungsvertrag bereits durch die einseitige Gestaltungserklärung des Verwerters, von seinem Optionsrecht Gebrauch zu machen, zustande. Daher ist es bei dieser Variante notwendig, dass bereits in dem Optionsvertrag alle wesentlichen Punkte für den Nutzungsvertrag festgelegt sind.[461]

Beim Optionsvertrag im weiteren Sinne hingegen bedarf es zwischen den Parteien des Abschlusses eines Nutzungsvertrages, dessen Inhalt nach dem Willen der Partner des Optionsvertrags noch auszuhandeln ist. Der Urheber ist zwar verpflichtet, das vom Optionsrecht erfasste Werk dem Verwerter vorzulegen. Eine Verpflichtung, den Nutzungsvertrag tatsächlich zu den ihm angebotenen Bedingungen abzuschließen, besteht aber zumindest dann nicht, wenn dem Urheber von anderer Seite günstigere Vertragsbedingungen angetragen werden. In diesem Fall bleibt ihm der Vertragsschluss mit dem Dritten unbenommen.[462]

bb) Unanwendbarkeit von § 34 III 2 UrhG

Problematisch ist die Anwendbarkeit von § 34, insbesondere III 2, UrhG auf Optionsverträge. Diese sind, wie gesehen, rein schuldrechtliche Verpflichtungsverträge. Eine Nutzungsrechtseinräumung findet durch den Abschluss eines Optionsvertrages noch nicht statt.[463] Daher scheidet eine direkte Anwendung von § 34 UrhG aus. Fraglich bleibt, ob sich die Übertragung von Optionsrechten deshalb ausschließlich nach §§ 398 ff. BGB richtet – mit der

---

459 Unglücklich ist die Bezeichnung als »schuldrechtliches Anwartschaftsrecht«. Kritisch zu diesem Begriff *Isele* in FS Bappert, S. 93.
460 Der Optionsvertrag im engen Sinne wird auch als qualifizierter oder absoluter, der im weiteren Sinne als einfacher oder relativer Optionsvertrag bezeichnet, etwa von *Fromm/Nordemann/Hertin*, § 40, Rn. 4.
461 *Schricker*, § 40 UrhG, Rn. 5; *ders.*, § 1 VerlG, Rn. 41.
462 Im Einzelnen ist hier vieles umstritten, vgl. *Schricker*, § 40 UrhG, Rn. 6 f.; *ders.*, § 1 VerlG, Rn. 42; *Fromm/Nordemann/Hertin*, § 40, Rn. 4, jeweils mwN.
463 *Bock*, S. 287.

IV. Das Rückrufsrecht bei Unternehmensveräußerungen

Folge, dass eine freie Übertragung der Optionsrechte bei einer Unternehmensveräußerung wegen § 399, 1. Alt. BGB ausscheidet, oder ob § 34 UrhG analog angewendet werden kann – mit der Folge, dass dem Urheber bei einer Unternehmensveräußerung bei zunächst zustimmungsfreier Übertragbarkeit das Rückrufsrecht aus § 34 III 2 UrhG auch für Optionsverträge zusteht.[464] Eine analoge Anwendung des § 34 UrhG könnte zumindest für den Optionsvertrag im engen Sinne in Betracht kommen, weil der Urheber sich bereits so stark gebunden hat, dass das Zustandekommen des Nutzungsvertrags lediglich von der Annahme des Verwerters abhängt.

Im Ergebnis scheidet eine Analogie jedoch aus. Teils wird eine Analogie mit dem Argument abgelehnt, dass es an einer vergleichbaren Interessenlage fehle. Anders als bei einem Verlagsvertrag, bei dem die Vertragsbedingungen feststehen und damit auch für den Erwerber des Verlagsunternehmens gelten, verbleibe den Parteien bei Optionen, bei denen der künftige Vertragsinhalt noch nicht feststeht, ein Gestaltungsspielraum. Diesen mit einem aufgedrängten Vertragspartner auszuhandeln, sei dem Autor als regelmäßig unterlegener Vertragspartei unzumutbar, zumal es sich beim Verlagsvertrag um ein besonderes Vertrauensverhältnis handele.[465] Aber auch bei Optionen, die den künftigen Vertragsinhalt bereits umfassend festlegen, komme eine Analogie nicht in Betracht. § 34 III UrhG sei als Ausnahmevorschrift mit der Begründung eingeführt worden, dass es einem Verleger nicht zuzumuten sei, im Fall der Unternehmensveräußerung die Zustimmung aller Urheber einzuholen. Eine solche Unzumutbarkeit bestehe im Hinblick auf Optionen nicht, da Verlage im Vergleich zu ihrem Bestand an Nutzungsrechten nicht derart viele Optionsrechte haben, dass die Einholung der einzelnen Zustimmungen unzumutbar wäre.[466]

Dem Ergebnis – der Unanwendbarkeit von § 34 III UrhG auf Optionsrechte – ist zuzustimmen, allerdings vermag die Begründung nicht zu überzeugen. Das erste Argument ist insofern nicht stichhaltig, als es einem Autor unabhängig davon, ob er die einzelnen Vertragsbedingungen aushandeln kann oder nicht, unzumutbar sein kann, das Vertragsverhältnis mit dem Erwerber des Unternehmens fortzusetzen. Gerade ein solcher Verhandlungs-

---

464 Zumindest das Rücktrittsrecht des Urhebers aus § 13 II Normvertrag gilt nach seinem eindeutigen Wortlaut auch für Optionen (s.o. S. 67 f.). Zur Anwendbarkeit des § 34 a.F. UrhG auf Optionsverträge *Bock*, S. 310 ff.
465 *Bock*, S. 310; *Brandi-Dohrn*, S. 59.
466 *Bock*, S. 311.

B. Die deutsche Rechtslage

spielraum kann eher noch die Möglichkeit eröffnen, die Vertragsfortsetzung zumutbar auszugestalten, als wenn bereits alle Einzelheiten feststehen. Auch das zweite Argument geht fehl, da es zum einen mit dieser Begründung dem Verleger eines kleinen Verlages, der nur wenige Nutzungsrechte besitzt, stets zuzumuten wäre, die Zustimmung aller Urheber einzuholen, und für einen solchen somit § 34 III UrhG generell keine Geltung entfalten dürfte, zum anderen dem Gedankengang die Grundlage entzogen wird, wenn ein Verlag ausnahmsweise doch über eine beträchtliche Anzahl an Optionsrechten verfügt.

Die analoge Anwendung des § 34 UrhG scheidet vielmehr bereits mangels Regelungslücke aus, weil der Wortlaut eindeutig ist. Zudem ist die Interessenlage bei Nutzungs- und Optionsrecht nicht wesensähnlich. Zum einen knüpft das Nutzungsrecht an die dingliche Ebene an, das Optionsrecht hingegen ist nicht wie ein Nutzungsrecht mit dinglicher Wirkung ausgestattet, sondern dessen schuldrechtliche Vorstufe. Zum anderen hat der Verleger an der freien Verwertbarkeit der Nutzungsrechte ein viel stärkeres wirtschaftliches Interesse als an der freien Verwertbarkeit der Optionsrechte. Die Nutzungsrechte sind ein konkreter Teil seines Geschäftsvermögens, der Wert der Optionsrechte besteht jedoch nur in einer – wenn auch verdichteten – Aussicht, künftig bestimmte Nutzungsrechte zu erwerben. Eine bloße Aussicht ist aber insbesondere in wirtschaftlicher Hinsicht nicht mit dem aktuellen Nutzungsrecht zu vergleichen.

Die Übertragbarkeit von Optionsrechten richtet sich daher ausschließlich nach §§ 398 ff. BGB. Da nach § 399, 1. Alt. BGB eine Forderung nur abtretbar ist, wenn die Leistung an einen anderen als den ursprünglichen Gläubiger ohne inhaltliche Veränderung erfolgen kann, darf ein Optionsrecht nicht ohne Zustimmung des Urhebers übertragen werden.[467] Das persönlich geprägte Vertrauensverhältnis zwischen Urheber und Verwerter steht dem entgegen. Ist das Vertrauen gestört, so steht dem Urheber das allgemeine Kündigungsrecht aus wichtigem Grund gemäß § 314 BGB zu, nicht aber die Spezialvor-

---

467 Ob Optionsrechte unter § 399, 1. Alt. fallende höchstpersönliche Ansprüche im weiteren Sinne sind oder ob sie einem von § 399, 1. Alt. BGB nicht umfassten Abtretungshindernis aus der Natur des Schuldverhältnisses unterliegen, kann im Ergebnis dahinstehen. Vgl. hierzu *Löβl*, S. 39 mwN.

schriften des Urheberrechts, insbesondere nicht das Rückrufsrecht gem. § 34 III 2 UrhG.[468]

4. Zeitlicher Geltungsbereich

Die § 34 UrhG betreffenden Übergangsbestimmungen finden sich in § 132 III 1 UrhG. Hiernach sind auf Verträge oder sonstige Sachverhalte, die vor dem 01.07.2002 geschlossen worden bzw. entstanden sind, die Vorschriften des Gesetzes in der am 28.03.2002 geltenden Fassung weiter anzuwenden. Ungeachtet der weiteren Bestimmungen des § 132 III im Hinblick auf § 32 und § 32a UrhG ist für die Anwendbarkeit des neuen Rückrufsrechts allein maßgeblicher Zeitpunkt der 01.07.2002. Liegt das Anknüpfungsmoment vor diesem Zeitpunkt, so steht dem Urheber kein Rückrufsrecht zu, liegt es danach, so kann er die eingeräumten Nutzungsrechte nach Maßgabe des neuen § 34 III 2 UrhG zurückrufen. Fraglich ist, ob an den Abschluss des Nutzungsvertrags oder an die Unternehmensveränderung angeknüpft werden muss.

Teils wird vertreten, dass ein Vertrag, der bisherigem Recht unterliegt, mit all seinen Rechtsfolgen nach altem Recht zu beurteilen sei. Ist der Nutzungsvertrag vor dem 01.07.2002 geschlossen worden, so stehe dem Urheber im Fall einer Unternehmensveräußerung – unabhängig davon, wann diese stattfinde – kein Rückrufsrecht aus § 34 III 2 und 3 UrhG zu. Maßgeblich sei allein der Zeitpunkt des Vertragsschlusses.[469] Diese Ansicht hat den Vorteil, dass sich beide Vertragsparteien auf die im Zeitpunkt des Vertragsschlusses gegebenen Bedingungen einstellen und ihren Vertrag und dessen Konditionen daran ausrichten können. Da die Parteien bei Abschluss ihres Vertrages von der alten Rechtslage ausgingen, soll ihnen auf dieser Grundlage abgege-

---

468 Zur Kündigung von Optionsverträgen aus wichtigem Grund *Schricker*, § 40 UrhG, Rn. 9. Die Anwendbarkeit des § 34 UrhG auf Optionsrechte bejaht *Schricker*, § 28 VerlG, Rn. 7; ablehnend *Bock*, S. 310 ff.; *Brandi-Dohrn*, S. 59; *Isele* in FS Bappert, S. 97; *Krauss*, S. 63. Zu beachten ist, dass sich nach alter Rechtslage – die den Ausführungen aller hier Zitierten zu Grunde liegt – die Frage nach der Anwendbarkeit des § 34 III UrhG auf Optionsrechte insofern schärfer stellte, als es nur die Wahl zwischen zustimmungsbedürftiger und freier Übertragbarkeit gab. Die Möglichkeit einer zustimmungsfreien Übertragbarkeit mit Rückrufsrecht bei Unzumutbarkeit existierte noch nicht. Aus heutiger Sicht relativiert sich der Meinungsstreit daher.
469 So *Haas*, Rn. 495.

benen Willenserklärungen nicht rückwirkend ein anderer Sinn gegeben werden.[470]

Dennoch ist dieser Ansicht aus zweierlei Gründen nicht zuzustimmen: Erstens unterscheidet der Gesetzgeber in § 132 III 1 UrhG zwischen Verträgen und Sachverhalten. Die Unternehmensveränderung als Voraussetzung für § 34 III UrhG gehört zur zweiten Gruppe, weil das Rückrufsrecht im Voraus unverzichtbar ist und sich daher vertraglichen Vereinbarungen entzieht. Es hängt also allein vom Sachverhalt »Unternehmensveränderung« ab, nicht hingegen von der Ausgestaltung des Nutzungsvertrages. Daher darf nicht an den Zeitpunkt des Vertragsschlusses angeknüpft werden, sondern nur an den der Unternehmensveränderung. Liegt sie nach dem 01.07.2002, so kann der Urheber nach dem eindeutigen Wortlaut des § 132 III 1 UrhG von seinem Rückrufsrecht Gebrauch machen, da nur für Sachverhalte, die sich vor dem 01.07.2002 ereignet haben, die alte Rechtslage weiter gilt.

Zweitens hat das Rückrufsrecht bei Unternehmensveräußerungen – ebenso wie das Rückrufsrecht wegen gewandelter Überzeugung gemäß § 42 UrhG – primär urheberpersönlichkeitsrechtlichen Charakter. Aus diesem Grund ist in § 132 I 1 für § 42 UrhG eine Ausnahme vom Grundsatz der Nichtanwendbarkeit auf Altverträge normiert worden.[471] Zwar fehlt für das Rückrufsrecht bei Unternehmensveräußerungen eine vergleichbare Regelung. Aber das Argument, dem Urheber müsse urheberpersönlichkeitsrechtlicher Schutz unabhängig vom Zeitpunkt des Vertragsschlusses zustehen, greift auch hier. Das Urheberpersönlichkeitsrecht des Urhebers geht dem Vertrauensschutz des Nutzungsrechtsinhabers vor. Daher ist der Zeitpunkt des Vertragsschlusses für die Anwendbarkeit von § 34 III 2 UrhG ohne Belang.

5. *Zwischenergebnis*

Die Gesetzesänderung erleichtert dem Urheber im Falle der Unternehmensveränderung im Vergleich zur bisherigen Regelung den Rückruf seiner Nutzungsrechte. Während dem Werkschöpfer bislang in dieser Situation nur die Kündigung aus wichtigem Grund (seit 01.01.2002 § 314 BGB) zustand, ver-

---

470 *Wandtke/Bullinger/Braun*, § 132, Rn. 1.
471 *Schricker/Katzenberger*, § 132, Rn. 4, die allerdings auch darauf hinweisen, dass die Interessen des Vertragspartners bei § 42 UrhG durch dessen Absatz 3 hinreichend gewahrt werden; *Wandtke/Bullinger/Braun*, § 132, Rn. 4.

IV. Das Rückrufsrecht bei Unternehmensveräußerungen

schafft ihm nun § 34 III 2 UrhG eine in verschiedener Hinsicht vorteilhaftere Rechtsposition:

Das Erfordernis eines vorherigen erfolglosen Widerspruchs wie vor einer Kündigung aus wichtigem Grund, besteht nun nicht mehr. Da das Rückrufsrecht, anders als die Kündigung aus wichtigem Grund, nicht als ultima ratio verstanden werden darf, sind die Anforderungen an die Unzumutbarkeit gesunken. Überdies ist das Rückrufsrecht im Gegensatz zur Kündigung mit dinglicher Wirkung ausgestattet.

Nach § 34 III 3 UrhG gilt das Rückrufsrecht ausdrücklich auch für Beteiligungsänderungen. Dadurch hat der Gesetzgeber deutlich gemacht, dass bereits Unternehmensveränderungen, die nicht mit einer Übertragung der Nutzungsrechte einhergehen und daher für den Urheber in aller Regel geringere Auswirkungen entfalten als eine Unternehmensveräußerung, zu einem Rückruf der Nutzungsrechte berechtigen können. Nicht zu unterschätzen ist auch die Signalwirkung, die davon ausgeht, dass der Gesetzgeber die Urheber für den Fall der Unternehmensveränderung nun nicht länger auf die allgemeinen Vorschriften des BGB verweist, sondern ihnen ein günstigeres, spezielles Rechtsinstitut im Urheberrechtsgesetz zur Verfügung stellt.

Durch die Neuregelung wird nicht nur die vertragliche Stellung des Urhebers gestärkt, sondern auch sein Urheberpersönlichkeitsrecht. Im gleichen Maße, wie sich die Stellung des Urhebers verbessert hat, hat sich die der Verwerter verschlechtert, da sie zumindest Begrenzungen ihrer unternehmerischen Entscheidungsfreiheit hinnehmen müssen. Die Verschlechterung der Verwerterposition ist bei einem »Gesetz zur Stärkung der vertraglichen Stellung von Urhebern und ausübenden Künstlern« unumgänglich, da es nicht möglich ist, die eine Vertragspartei zu stärken, ohne gleichzeitig die andere zu schwächen. Vor diesem Hintergrund ist ein Protest der Verwerter zwar verständlich. Inhaltlich ist die Entscheidung des Gesetzgebers jedoch zu akzeptieren, insbesondere haben sich die verfassungsrechtlichen Bedenken als unbegründet erwiesen.

Da § 34 III UrhG unbestimmte Rechtsbegriffe enthält und leider auch Regelungen zur Frist und Entschädigung fehlen, bedarf es im Einzelfall der Konkretisierung und Ergänzung durch die Rechtspraxis. Dabei bietet es sich an, die Frist zur Ausübung des Rückrufsrechts in Anlehnung an § 613a VI BGB zu bestimmen. Eine Entschädigungspflicht im Fall der Ausübung des Rechts trifft den Urheber nicht.

C. Wirtschaftswissenschaftliche Problematik

I. Volkswirtschaftliches Potential des Rückrufsrechts

Es ist kaum möglich, die konkrete volkswirtschaftliche Bedeutung des Rückrufsrechts bei Unternehmensveräußerungen zu bestimmen. Das hat zwei Ursachen: Zum einen ist das Rückrufsrecht zu neu, um in makroökonomisch relevanter Weise feststellen zu können, inwieweit von ihm in der Praxis tatsächlich Gebrauch gemacht worden ist bzw. werden wird. Zum anderen ist es ausgesprochen schwierig, alle »Rückrufsfälle« ausfindig zu machen, da sich die Unternehmen diesbezüglich in Schweigen hüllen, der Staat keine Statistik hierüber führt und einschlägige Prozesse selten sind.[472]

Der – soweit ersichtlich – einzige wurde vor dem LG Mannheim, Az. 7-O-212/95 (unveröffentlicht), geführt:

> Die Klägerin betreibt einen Verlag in der Rechtsform einer GmbH, der Beklagte ist Ordinarius für Bürgerliches Recht, Arbeits- und Sozialrecht an der Universität Konstanz. Die Klägerin verlegt die »Werner-Studienreihe«, in der das vom Beklagten verfasste Werk »Sozialrecht« erscheint. Die drei bisherigen Gesellschafter der Klägerin haben mit Wirkung zum 30.11.1994 ihre Gesellschaftsanteile an eine andere GmbH übertragen und mit Schreiben vom 18.11.1994 alle Autoren über den Gesellschafterwechsel unterrichtet. Die die Anteile übernehmende GmbH verlegt unter anderem die Reihe »Alfred Metzner Studienliteratur«, in der ebenfalls ein Werk mit dem Titel »Sozialrecht« erscheint, so dass durch den Gesellschafterwechsel die für den Beklagten missliche Situation entstand, sich zusammen mit einem Konkurrenzwerk in demselben Verlagsunternehmen wiederzufinden. Der Beklagte reagierte darauf mit einem Schreiben vom 22.12.1994, in dem er mitteilte, dass ihn die Mitteilung der Verlagsübernahme außerordentlich betroffen gemacht habe und sich für ihn eine völlig neue Situation im Hinblick auf das

---

472 Zwar hat die Kündigung von Verlagsverträgen aus wichtigem Grund die Gerichte oft beschäftigt, vgl. die zahlreichen Verweise bei *Schricker*, § 35 VerlG, Rn. 24. Der Kündigungsgrund war in allen dort angegebenen Fällen jedoch nicht die Veräußerung oder eine sonstige gesellschaftsrechtliche Veränderung des Verlagsunternehmens.

C. Wirtschaftswissenschaftliche Problematik

Buch »Sozialrecht« ergebe. Es sei für ihn ausgeschlossen, den Verlagsvertrag auf dieser gänzlich veränderten Geschäftsgrundlage fortzuführen, deshalb beendige er die Vertragsbeziehung. Hiermit erklärte sich die Klägerin nicht einverstanden, sondern wies vielmehr darauf hin, dass sie in den nächsten Monaten das Manuskript für die anstehende Neuauflage des Buches erwarte.

Das Gericht entschied, dass der Beklagte den Verlagsvertrag nicht beenden könne. Er könne die Beendigung weder auf § 35, noch auf § 40 VerlG oder die Lehre vom Wegfall der Geschäftsgrundlage stützen. Auch eine außerordentliche Kündigung komme nicht in Betracht, da diese als »ultima ratio« nur im äußersten Falle greife.

Möglich ist aber die Untersuchung des volkswirtschaftlichen Potentials des Rückrufsrechts: Wie viele Unternehmensveräußerungen, Teilveräußerungen und Beteiligungsänderungen gab und gibt es im Verlags- und Filmbereich? Handelt es sich bei § 34 III UrhG nur um eine theoretisch interessante Vorschrift, weil entsprechende Unternehmensveränderungen als Voraussetzung für seine Anwendung kaum vorkommen, oder verspricht ein reges M&A–Aufkommen hohe praktische Bedeutung?

1. Verlagsbereich

Die Verlagsbranche machte in den letzten Jahren mehrfach mit spektakulären Unternehmensübernahmen von sich reden. Aus jüngster Zeit ist hier insbesondere an den Kauf der Ullstein-Heyne-List-Verlagsgruppe des Axel Springer Verlags durch die Bertelsmann-Tochter Random House zu denken, wodurch ein Konglomerat mit 43 Verlagen und 420 Mio. Euro Jahresumsatz entstand – die größte deutsche Buchverlagsgruppe, die es jemals gab.[473] Ebenfalls für Aufsehen sorgte der angesichts der Konzentrationstendenz im Verlagsbereich anachronistisch anmutende Verkauf des Berlin Verlags von Random House an den Verleger Conradi. Nach nur wenigen Wochen ist der

---

473 Hierzu FAZ vom 12.02.2003, S. 14; *Hintermeier*, FAZ vom 12.02.2003, S. 35; *Hage*, Volker/*Schulz*, Thomas, Der Spiegel 8/2003 vom 17.02.2003, S. 160–162. Sieht man das Segment der Taschenbücher als eigenen Markt an, so ist der Kauf kartellrechtlich bedenklich, da Random House dort mit einem Marktanteil von 38% eine marktbeherrschende Stellung innehat. Zur Zeit erfolgt deshalb unter dem Geschäftszeichen B 6–7/06 eine Prüfung durch das Bundeskartellamt, vgl. Frankfurter Allgemeine Sonntagszeitung vom 30.03.2003, S. 31; *Hintermeier*, FAZ vom 05.04.2003, S. 33.

I. Volkswirtschaftliches Potential des Rückrufsrechts

Berlin Verlag jedoch von der Bloomsbury Publishing PLC übernommen worden.[474]

Die weitaus meisten Unternehmensveränderungen werden indes nur von interessierten Fachkreisen wahrgenommen. So fanden europaweit im Dreijahreszeitraum vom 01.08.1999 bis 31.07.2002 insgesamt 931 M&A Transaktionen im Verlagsbereich statt, wobei im Jahr 2000/01 mit 387 Transaktionen die meisten Veränderungen verbucht werden konnten.[475] Auf Erwerberseite standen deutsche Unternehmen 1999/2000 68 mal, 2000/01 62 mal und 2001/02 20 mal. Mit insgesamt 150 abgeschlossenen Transaktionen ist Deutschland nach Großbritannien das M&A -freudigste Land in Europa.[476]

Das veröffentlichte Transaktionsvolumen der M&A mit europäischer Beteiligung belief sich im Verlagsbereich auf 17,3 Mrd. Euro 1999/2000, 13,8 Mrd. Euro 2000/01 und 5,97 Mrd. Euro 2001/02, insgesamt also auf 37,07 Mrd. Euro innerhalb von nur drei Jahren.

Der Börsenverein des deutschen Buchhandels zählt im Jahr 2003 über 2000 Verlage zu seinen Mitgliedern.[477] Daraus lässt sich entnehmen, dass die Branche insgesamt immer noch mittelständisch geprägt ist. Konzentrationstendenzen sorgen jedoch dafür, dass zunehmend große Verlagsunternehmen mit mehreren Tochtergesellschaften entstehen.[478]

Das volkswirtschaftliche Potential des Rückrufsrechts im Verlagsbereich hätte 1999–2002 also schon insgesamt rund 150 Fälle mit einem Volumen von rund 37 Mrd. Euro betragen.

---

474 FAZ vom 29.03.2003, S. 19; *Spiegel*, FAZ vom 29.03.2003, S. 35; *von Lovenberg*, FAZ vom 24.04.2003, S. 35.
475 Alle Zahlenangaben beruhen auf folgenden Studien: *Arthur Andersen* – M&A Trends in the European Publishing Industry 2001 und *Ernst & Young* – M&A Trends in the European Publishing Industry 2002. Diese Studien bezogen ihr Datenmaterial ihrerseits von der *Securities Data Company, Inc.* Weder das Statistische Bundesamt noch der Börsenverein des deutschen Buchhandels verfügen über entsprechendes Zahlenmaterial.
476 Eine detaillierte Übersicht von M&A Transaktionen im Verlagsbereich mit deutscher Beteiligung findet sich unten im Anhang 1 dieser Arbeit.
477 www.boersenverein.de.
478 Als Beispiele hierfür sind unten im Anhang 2 und 3 dieser Arbeit die Beteiligungsstrukturen der Georg von Holtzbrinck GmbH & Co KG und der FAZ-Gruppe dargestellt. Vgl. zu Konzentration und Verflechtungen im Medienbereich auch *Röper*, MP 2002, 406 ff.

C. Wirtschaftswissenschaftliche Problematik

2. *Filmbereich*

Auch im Filmbereich gab es in jüngster Vergangenheit bedeutende Übernahmen, die in den Medien große Beachtung fanden. Zu denken ist hier insbesondere an den – im Ergebnis gescheiterten – Kauf von 36 % der Anteile und 72 % der Stimmrechte an der Fernsehgruppe Pro Sieben Sat.1 Media AG durch den US-Unternehmer Haim Saban für geschätzte 2 Mrd. Euro.[479] Wie auch im Verlagsbereich werden die meisten Unternehmensveränderungen jedoch nur von Branchenangehörigen wahrgenommen.

Im Segment der Film- und Fernsehproduktion[480] wurden 1998 europaweit 39 Transaktionen abgeschlossen. 1999 waren es bereits 95, im Jahr 2000 144 Transaktionen. Das veröffentlichte Transaktionsvolumen belief sich 1998 auf 9,5 Mrd. Euro, 1999 auf 1,3 Mrd. Euro und 2000 auf 9,5 Mrd. Euro. Der Einbruch des Transaktionsvolumens 1999 beruht darauf, dass es keine so genannten »Mega Deals« gab. So schlug beispielsweise 1998 die Übernahme von Polygram durch Seagram mit 9,1 Mrd. Euro zu Buche. 2000 wurden Endemol von Téléfonica für 5 Mrd. Euro, der Formel 1 Vermarkter Speed Investment Ltd. und der Sesamstraßeneigentümer Jim Henson Productions Inc. für 1,8 Mrd. Euro bzw. 0,7 Mrd. Euro von der EM.TV & Merchandising AG erworben.

Deutschland war in allen drei Jahren das akquisitionsstärkste Land Europas. 1999 wurden in Deutschland 28 Transaktionen abgeschlossen, im darauffolgenden Jahr 69. Zweitstärkste Käufernation war in beiden Jahren Großbritannien mit 25 bzw. 26 Transaktionen.[481]

---

479 FAZ vom 18.03.2003, S. 13; FAZ vom 05.06.2003, S. 13.
480 Bei dem Datenmaterial sind neben den Film- und Fernsehproduzenten auch Filmlizenzhändler und Filmverleiher berücksichtigt worden. Die Zahlenangaben stützen sich auf die von *Arthur Andersen* herausgegebenen Studien »M&A Trends in der Europäischen Unterhaltungsindustrie 2000« und »M&A Trends in the European Entertainment Industry 2001«. Die Studien basieren auf Datenmaterial der Securities Data Company, Inc. Weder das Statistische Bundesamt, noch die Spitzenorganisation der deutschen Filmwirtschaft halten entsprechendes Zahlenmaterial bereit.
481 Eine detaillierte Übersicht von M&A Transaktionen mit deutscher Beteiligung im Filmbereich findet sich unten im Anhang 4 dieser Arbeit.

3. Stellungnahme

Im Rahmen der Konzentrationsprozesse im Verlags- und Filmbereich kam und kommt es zu zahlreichen Unternehmensveräußerungen und Beteiligungsänderungen. Raum für den in § 34 III UrhG geregelten Interessenkonflikt zwischen Urhebern und Verwertern ist also mehr als genug vorhanden. Allerdings werden Situationen, in denen es dem Urheber nicht zuzumuten ist, von einem neuen Unternehmen verwertet zu werden, wohl Einzelfälle bleiben. Hinzu kommt, dass viele M&A Aktivitäten Bereiche betreffen, die nur eine geringe urheberpersönlichkeitsrechtliche Färbung aufweisen. Je weniger sich aber die Persönlichkeit des Urhebers in dem Werk widerspiegelt, desto seltener wird die für das Rückrufsrecht erforderliche Unzumutbarkeit der Vertragsfortsetzung für den Urheber anzunehmen sein. Daher werden wohl nur in verhältnismäßig wenigen Fällen alle Voraussetzungen des § 34 III UrhG vorliegen.

§ 34 III UrhG regelt mit den Unternehmensveränderungen spezielle Situationen. Er dient dazu, in Einzelfällen Härten zu vermeiden und die Stellung des Urhebers gegenüber der aus § 314 BGB begründeten Rechtsposition zu verbessern. Brisanz bekommt die Vorschrift also nicht durch eine zu erwartende häufige Anwendung, sondern durch ihre möglicherweise hohen finanziellen Auswirkungen in den eher wenigen Anwendungsfällen.

II. Auswirkungen des Rückrufsrechts auf die Urhebervergütung

Weil das Recht des Urhebers, bei Unternehmensveräußerungen eingeräumte Nutzungsrechte zurückzurufen, im Vergleich zur vorherigen Rechtslage an niedrigere Voraussetzungen geknüpft ist, besteht für den Nutzungsrechtsinhaber ein erhöhtes Risiko, sein Nutzungsrecht entschädigungslos zu verlieren. Fraglich ist, ob dieses erhöhte Rückrufsrisiko dazu führt, dass den Urhebern die Einräumung eines Nutzungsrechts geringer vergütet wird. Unter Vergütung versteht man ein Entgelt für den in dem Nutzungsrecht enthaltenen wirtschaftlichen Wert.[482] Reduziert sich dieser Wert durch das Rückrufsrecht, so läge es aus Sicht des Nutzungsrechtinhabers nahe, die Wertminderung in Form einer niedrigeren Urhebervergütung zu kompensieren.

Die die Urhebervergütung beeinflussenden Faktoren sind zu heterogen, um sie einheitlich für Film- und Verlagsbereich darzustellen. Daher be-

---

482 *Schricker*, § 22 VerlG, Rn. 1; Allfeld, S. 107.

schränkt sich die folgende Darstellung auf das Beispiel des Buchverlags,[483] wo § 34 III ohne die Einschränkungen des § 90 UrhG seine Wirkung entfaltet. Zunächst werden die Grundlagen der Autorenvergütung umrissen, um dann etwaige Auswirkungen des Rückrufsrechts auf die Urhebervergütung aufzeigen zu können.

1. Arten der Vergütung

Der Verleger ist gemäß § 22 VerlG verpflichtet, dem Autor die vereinbarte Vergütung zu zahlen. Hierfür sind verschiedene Berechnungsmethoden denkbar und verbreitet. Am häufigsten erhält der Autor eine prozentual vom Brutto- oder Nettoladenpreis abhängige Vergütung, wobei die Bestimmung des Ladenpreises gemäß § 21 VerlG dem Verleger zusteht. Die Vergütung kann entweder als Absatz- oder als Auflagenhonorar vereinbart werden. Erfolgt die Vergütung nach Maßgabe des Absatzes, so kann ihre endgültige Höhe erst nach und nach bestimmt werden. Beim unabhängig vom Absatz ausgestalteten Auflagenhonorar hingegen richtet sich die Vergütung nach der gesamten Zahl der Werkexemplare der Auflage.[484] Als Maßgröße für eine prozentuale Honorarberechnung kann statt des Brutto- oder Nettoladenpreises auch der Reingewinn oder der Umsatz vereinbart werden.[485]

Weiter ist es möglich, ein Pauschalhonorar für die gesamte Auflage zu vereinbaren. Dann muss der Verleger dem Autor die Vergütung unabhängig davon zahlen, ob, wann und wie er das Werk absetzt.[486] Gleiches gilt, wenn dem Honorar des Autors die Zahl der Druckbögen zugrunde gelegt wird, das Honorar sich also allein nach dem Umfang des Werkes bestimmt.[487] Da diesen beiden Berechungsmethoden kein prozentualer Beteiligungsanspruch des Urhebers zu Grunde liegt, ist besonders darauf zu achten, dass die Vergütung angemessen ist und den Anforderungen des § 32 UrhG genügt.[488]

---

483 Selbst hier können noch je nach Verlagsprogramm, Unternehmensgröße, Zielgruppe usw erhebliche Unterschiede bestehen, die dann entsprechend berücksichtigt werden müssen.
484 *Schricker*, § 22 VerlG, Rn. 7.
485 *Schricker*, § 22 VerlG, Rn. 8, 12, 13.
486 *Schricker*, § 22 VerlG, Rn. 10.
487 *Schricker*, § 22 VerlG, Rn. 11.
488 *Nordemann*, Urhebervertragsrecht, S. 79 ff.

II. Auswirkungen des Rückrufsrechts auf die Urhebervergütung

2. Die Vergütungshöhe beeinflussende Faktoren

Die vier wichtigsten die Vergütungshöhe beeinflussenden Faktoren sind Kosten, Absatz, Risiko und Gesetzesvorgaben. Der Einfluss dieser Faktoren ist je nach Vergütungsart unterschiedlich groß. Während beispielsweise bei einem Absatzhonorar die *tatsächliche* Absatzentwicklung maßgeblich ist, kommt bei einem Auflagenhonorar der vom Verleger *geschätzten* Absatzentwicklung und der darauf beruhenden Auflagenhöhe entscheidende Bedeutung zu. Beim Auflagenhonorar trägt also allein der Verleger das Risiko, dass der Absatz hinter den Erwartungen zurückbleibt, während beim Absatzhonorar der Autor an diesem Risiko beteiligt wird.

a) Kosten

Die Kosten des Verlegers markieren die Grenze des Ladenpreises und damit auch der Autorenvergütung nach unten. Typisch für das Verlagswesen ist ein hoher Anteil an Fixkosten, die unabhängig von der abgesetzten Auflagenzahl entstehen. Hierzu gehören die Kosten für Auswahl und Lektorierung des Werkes, Satz, Umbruch, Werbung und gegebenenfalls Pauschal- oder Garantiehonorare.[489] Die Kosten der Publikationsvorbereitung fallen an, bevor mit der eigentlichen Vervielfältigung des Werkes begonnen wird. Der Anteil der variablen Kosten für die Produktion – hier ist beispielsweise an Papier, Einband und Druckkosten zu denken – ist dagegen vergleichsweise gering. Daher sinken die Stückkosten des Verlegers mit zunehmender Auflagenstärke bis zu einem gewissen Punkt, dem Stückkostenminimum.

Weil sich bei einer hohen Auflagenzahl proportional zur Zeitdauer des Buchabsatzes auch die Zins- und Lagerkosten erhöhen, könnten sich die Degressionsgrößenvorteile der Produktion einer großen Auflage irgendwann relativieren und die Stückkosten wieder ansteigen. Diesem Effekt ist aber aus zweierlei Gründen nur ein geringer Stellenwert beizumessen: Einmal wird der Großteil des Umsatzes einer Auflage innerhalb von fünf Jahren nach Erscheinen erzielt, so dass eine deutlich längere Lagerhaltung ohnehin nicht notwendig sein wird.[490] Zum anderen lassen sich durch elektronische Textverarbeitung bei der Neuauflage eines Buches ein Teil der fixen Kosten einsparen. Dadurch kann auf betriebswirtschaftlich vertretbare Weise die Buch-

---

489 *Heinold*, S. 150.
490 *Rürup/Klopffleisch/Stumpp*, S. 50; *Stumpp*, S. 69.

produktion durch mehrere kleine, zeitlich verteilte Auflagen besser der Absatzentwicklung angepasst werden.[491]

Der Verlauf der Kostenkurven hängt ex ante vor allem von den Absatzerwartungen des Verlegers ab, ex post von der Höhe und zeitlichen Verteilung des tatsächlichen Absatzes.

b) Erwarteter und tatsächlicher Absatz

Absatz und Absatzerwartung begrenzen Ladenpreis und Autorenhonorar nach oben hin. Maßgeblich für die Absatzmöglichkeiten ist die Nachfrage der Käufer. Da die Erstveröffentlichung eines Werkes eine Produktinnovation ist, kann der Verleger nicht mit einer auf dem Markt gegebenen Nachfragefunktion kalkulieren. Die Nachfrage nach dem neuen Werk muss sich auf dem Markt erst bilden oder durch Werbemaßnahmen vom Verleger geschaffen werden. Gemäß den verschiedenen Marktphasen wird die Nachfrage unmittelbar nach dem Erscheinen des neuen Werkes zunächst gering sein, dann ansteigen, später stagnieren und schließlich wieder zurückgehen.[492] Kann der Verleger die Preis-Mengenbeziehung der Nachfrage und den erwarteten Absatz genau einschätzen, so lässt sich seine Preiskalkulation optimieren. Besonders schwierig ist das indes beispielsweise bei Romanen und Gedichten unbekannter Autoren.[493] Absatz und Absatzerwartung werden beeinflusst von Kriterien wie Ansehen und Bekanntheit des Autors, Konkurrenzfähigkeit des Werkes, Größe und Kaufkraft der Zielgruppe und anderen mehr.[494]

c) Risiko

Das unternehmerische Risiko des Verlegers ist im Vergleich zu anderen Gütermärkten hoch: Er muss die absetzbare Menge im vorhinein schätzen, da sich die Nachfrage erst entwickelt. Der marktbedingte Zwang zu niedrigen

---

491 *Tietzel*, S. 39; insbesondere zum Printing on Demand *Melichar*, S. 230 ff.
492 *Prosi*, S. 33. Natürlich können die einzelnen Phasen unterschiedlich lang sein, überdies sind Abweichungen möglich. So kann beispielsweise bei erfolgreichen Fortsetzungsromanen wie den Harry Potter Bänden bereits vor Erscheinen des jeweiligen Bandes eine große Nachfrage bestehen oder bei einem wissenschaftlichen Standardwerk wie dem Palandt ein Rückgang der Nachfrage nicht abzusehen sein.
493 *Rürup/Klopffleisch/Stumpp*, S. 52.
494 *Schricker*, § 21 VerlG, Rn. 3.

II. Auswirkungen des Rückrufsrechts auf die Urhebervergütung

Preisen, die nur über eine hohe Auflage und dadurch niedrigen Durchschnittskosten möglich werden, steht im Konflikt mit dem Risiko, für eine zu hoch gewählte Auflage keine Abnehmer zu finden.[495] Der Verleger muss für die Beurteilung des ökonomischen Wertes des Werkes und für die Berechnung der für ihn betriebswirtschaftlich tragbaren Autorenvergütung eine möglichst genaue Vorstellung über die Höhe der Herstellungskosten und des Verkaufserlöses haben. Kann er nicht genau abschätzen, wie sich der Markt entwickelt, so »belohnt« er sich für seine Bereitschaft, dieses Risiko zu tragen, mit einer Risikoprämie. Je größer für den Verleger das Risiko einer Fehleinschätzung des Marktes ist, desto höher wird er seine Risikoprämie ansetzen und desto tiefer liegt die Obergrenze seines Angebotes an den Autor.[496] Insbesondere bei Vereinbarung einer Pauschalvergütung, bei der der Verleger alle Risiken alleine trägt, kommt der einkalkulierten Risikoprämie entscheidende Bedeutung zu.[497] Erfolgt die Berechnung der Vergütung prozentual vom Brutto- oder Nettoladenpreis, so wird der Verleger die Risikoprämie bei der Bestimmung des Ladenpreises mit einkalkulieren.

d) Gesetzesvorgaben

Schließlich wirken gesetzliche Vorgaben auf die Autorenvergütung ein. Hier ist insbesondere an § 22 VerlG und § 32 UrhG zu denken.

Gemäß § 22 I VerlG ist der Verleger verpflichtet, dem Verfasser die ausdrücklich oder stillschweigend vereinbarte Vergütung zu zahlen. Ist deren Höhe nicht bestimmt, so ist gemäß § 22 II VerlG eine angemessene Vergütung in Geld als vereinbart anzusehen. Wenn zwischen Verleger und Autor keine Einigung darüber erreicht werden kann, was angemessen ist, muss diese vor Gericht bestimmt werden. Es hat dabei alle Umstände des Einzelfalles zu berücksichtigen, insbesondere die Kosten des Verlegers und die Absatzfähigkeit des Werkes.[498]

Neben der Spezialvorschrift des § 22 VerlG garantiert der mit Wirkung zum 01.07.2002 neu eingefügte § 32 UrhG dem Urheber eine angemessene

---

495 *Rürup/Klopffleisch/Stumpp*, S. 52; *Stumpp*, S. 69.
496 *Prosi*, S. 30.
497 *Prosi*, S. 45 ff. Die Pauschalvergütung ist daher für den Verleger nur dann die vorzuziehende Alternative, wenn der erwartete Gewinnzuwachs höher bewertet wird als der Risikozuwachs.
498 *Schricker*, § 22 VerlG, Rn. 18.

C. Wirtschaftswissenschaftliche Problematik

Vergütung für die Einräumung von Nutzungsrechten und die Erteilung von Nutzungserlaubnissen.[499] Angemessen ist die Vergütung gemäß § 32 II 1 UrhG, wenn sie nach einer gemeinsamen Vergütungsregel gemäß § 36 UrhG ermittelt worden ist oder wenn sie gemäß § 32 II 2 UrhG im Zeitpunkt des Vertragsschlusses dem entspricht, was im Geschäftsverkehr üblicher- und redlicherweise zu leisten ist. Dabei sind alle Faktoren, die in der Geschäftspraxis berücksichtigt werden, heranzuziehen: Art und Umfang der Nutzungsmöglichkeit, Dauer und Zeitpunkt der Nutzung, Rang und Marktbedeutung des Werkes und des Urhebers, zu erwartende Einnahmen des Verwerters sowie die Herstellungs- und Verbreitungskosten.[500]

3. Mischkalkulation und Quersubventionierung als Konsequenz

Nach oben Gesagtem ist eine zuverlässige Umsatz- und Gewinnprognose für einzelne Werke unmöglich. Daher ist der Verleger zur Mischkalkulation und Quersubventionierung gezwungen. Er muss also mit den Gewinnen aus dem Verkauf von Bestsellern die Verluste anderer Werke finanzieren. Die weniger erfolgreichen Titel werden durch andere Einnahmenquellen – Buchclub-Märkte, Verfilmung, Merchandising oder Taschenbuchausgaben erfolgreicherer Werke – quersubventioniert. Das kann durchaus ökonomisch rational sein, da der Verlag durch eine breite Produktpalette nicht nur den hohen Fixkostenanteil auslastet, sondern auch die Wahrscheinlichkeit erhöht, einen Bestseller in seinem Programm zu haben. Hinzu kommt, dass der Verlag auch durch wirtschaftlich unrentable Titel seine Reputation verbessern und dadurch künftig vielversprechende Werke in sein Programm aufnehmen kann.[501]

4. Einordnung des Rückrufsrisikos

Durch das Rückrufsrecht verliert das Nutzungsrecht für den Verleger an Wert. Der Verleger könnte deshalb – sofern er davon ausgeht, künftig von Unternehmensveränderungen iSv § 34 III UrhG und damit von dem erhöhten Rückrufsrisiko betroffen zu sein – dem Urheber die Einräumung des Nutzungsrechts entsprechend geringer vergüten, also die Werteinbuße an den

---

499 Beide Vorschriften sind parallel nebeneinander anwendbar, vgl. *Haas*, Rn. 160. Ausführlich zu § 32 UrhG *Wandtke/Bullinger/Grunert*, § 32, Rn. 1 ff.
500 *Haas*, Rn. 148.
501 Zur Mischkalkulation und Quersubvention im Verlagswesen *Stumpp*, S. 72 ff.

II. Auswirkungen des Rückrufsrechts auf die Urhebervergütung

Autor weiterleiten. Den vermehrten Schutz seines Urheberpersönlichkeitsrechts hätte der Urheber dann in Form wirtschaftlicher Einbußen selbst zu bezahlen.

Diese Kausalkette wird vermutlich aber aus verschiedenen Gründen nicht in spürbarer Stärke auftreten:[502]

Erstens ändert sich die Situation nur insoweit, als das neue Rückrufsrecht dem Urheber einen über das Kündigungsrecht aus wichtigem Grund hinausgehenden Schutz zu Lasten des Verwerters gewährt.[503] Diese Fälle werden aber selbst aus Verwertersicht eher selten sein, so dass es für den Verleger betriebswirtschaftlich kaum notwendig sein wird, die Einräumung von Nutzungsrechten prinzipiell geringer zu vergüten als zuvor.

Zweitens ist, wie oben dargelegt, die Kostenkalkulation des Verlegers so vielschichtig, dass eine erhöhte Risikoprämie als ein Teil dieser Kosten in der Gesamtsumme kaum ins Gewicht fällt. Der Verleger muss im Rahmen seiner Verlagskalkulation die nur schwer vorherzusehende Nachfrage für das jeweilige Werk berücksichtigen und ist ohnehin auf Mischkalkulation und Quersubventionierung angewiesen. Dass er dabei dem selbst im unwahrscheinlichen Falle eines Verlagsverkaufs immer noch unwahrscheinlichen Fall eines Rückrufs der Nutzungsrechte eigene Bedeutung beimisst, dürfte nur selten vorkommen.

Drittens wird auch die als subjektiver Faktor nur schwer einzuschätzende Furcht der Nutzungsrechtsinhaber vor einem Rückruf der Nutzungsrechte nicht zu spürbaren Veränderungen führen. Denn wenn ein Verleger, der Buchpreis und Autorenvergütung jedenfalls zum Teil nach Gefühl bestimmt,[504] zu ungünstige Marktprognosen stellen und damit dem Autor eine deutlich geringere Vergütung als zuvor anbieten würde, würde der wettbewerbliche Überbietungsprozess der Verleger gegenüber dem Autor wieder zu marktgerechten Verhältnissen führen. Spätestens aber verhindert die von

---

502 Die Auswirkungen eines Gesetzes auf die Praxis sind nur schwer prognostizierbar. Aus diesem Grund hat der Gesetzgeber bei der Umsetzung der EU-Richtlinie »Urheberrecht in der Informationsgesellschaft« beschlossen, beispielsweise § 52a UrhGE zunächst bis zum 31.12.2006 zu befristen, um spätestens dann ggf. Anpassungen vornehmen zu können, vgl. BT-Drs. 15/837, S. 2, und *Kaube*, FAZ vom 10.04.2003, S. 37.
503 Vgl. zum Verhältnis § 314 BGB und § 34 III UrhG oben S. 97 ff.
504 Diese Komponente scheint man nicht unterschätzen zu dürfen, vgl. *Schricker*, § 21 VerlG, Rn. 3.

143

§ 32 UrhG garantierte angemessene Vergütung, dass der Urheber sein Rückrufsrecht im Ergebnis selbst finanzieren muss. Ein subjektiv erhöhtes Geschäftsrisiko des Verwerters kann danach im Ergebnis nicht auf den Urheber abgewälzt werden.[505]

Ein spürbarer Einfluss des Rückrufsrechts auf die Autorenvergütung ist nach alledem nicht zu erwarten. Es empfiehlt sich für den Verleger aber, die Autorenvergütung anhand von Beteiligungsmethoden zu bestimmen, da dann – anders als bei einem Auflagen-, Pauschal- oder Druckbogenhonorar – nicht die Situation eintreten kann, dass der Verleger zunächst das vereinbarte Honorar gezahlt hat und anschließend die Werkverwertung wegen erfolgten Rückrufs nicht mehr vornehmen kann.

III. Auswirkungen des Rückrufsrechts auf den Unternehmenskauf

Das Rückrufsrecht erhöht im Falle eines Unternehmenskaufs oder anderen von § 34 III UrhG erfassten Unternehmensveränderungen das Risiko, dass der Urheber die eingeräumten Nutzungsrechte entschädigungslos zurückruft. Anders als bei der Urhebervergütung macht sich das erhöhte Risiko beim Unternehmenskauf deutlich bemerkbar, da es nun um seine Berücksichtigung in genau der Situation geht, in der sich das Risiko realisieren kann. Das erhöhte Risiko sollte bei drei Phasen des Unternehmenskaufs beachtet werden: im Rahmen der Due diligence, bei der Unternehmensbewertung und bei der Vertragsgestaltung.

1. Rückrufsrisiko und Due diligence

Bei allen Unternehmens- und Beteiligungskäufen ist der Käufer daran interessiert, das Kaufobjekt genau kennen zu lernen. Dies geschieht im Rahmen der so genannten »Due diligence«, der systematischen Untersuchung des Zielunternehmens durch den Kaufinteressenten.[506] Meist stellt der Verkäufer dazu entsprechend aufbereitete Unterlagen zum Zielunternehmen in einem »Data Room« bereit, so dass sich der potentielle Käufer unter Verpflichtung

---

505 *Wandtke/Bullinger/Grunert*, § 32, Rn. 34.
506 *Hölters/Semler*, S. 539; *Peemöller/Helbling*, S. 159; *Beisel/Klumpp*, 2. Kapitel, Rn. 2; *Holzapfel/Pöllath*, Rn. 12 mwN.

III. Auswirkungen des Rückrufsrechts auf den Unternehmenskauf

zur Geheimhaltung[507] den notwendigen Einblick in vor allem rechtliche, wirtschaftliche, finanzielle und technische Interna verschaffen kann.[508] Die Due diligence dient dem Käufer zunächst dazu, etwaige Risiken im Zielunternehmen aufzudecken, um entscheiden zu können, ob er das Zielunternehmen tatsächlich kaufen möchte. Neben der Risikoidentifizierung und -minimierung kommt der Due diligence entscheidende Bedeutung als Grundlage für die Bemessung des Kaufpreises zu. Schließlich spielt die Due diligence im Hinblick auf die Gewährleistung des Verkäufers eine zentrale Rolle, da hier alle Punkte aufzudecken sind, welche die vertragliche Vereinbarung einer Gewährleistung erforderlich machen.[509]

Die Due diligence wird meist unter Zeitdruck durchgeführt, so dass der Prüfungsaufwand überschaubar bleiben muss. In Bereichen, in denen eine Risikorealisierung nur zu Schäden in geringer Höhe führen würde oder sehr unwahrscheinlich ist, wird man daher auf nähere Untersuchungen verzichten müssen. In allen anderen Bereichen ist eine sorgfältige Analyse indes unerlässlich. Wenn also einzelne Nutzungsrechte und Lizenzverträge zentrale Vermögensgegenstände des zu erwerbenden Unternehmens bilden oder Anhaltspunkte dafür bestehen, dass der materielle Bestand der Schutzrechte zweifelhaft ist, wird eine vertiefte Prüfung unabdingbar sein.[510]

Handelt es sich bei dem Zielunternehmen um eines, das urheberrechtliche Nutzungsrechte innehat und in den Anwendungsbereich des § 34 III UrhG

---

507 Kommt es nicht zum Kauf, so ist der ehemalige Kaufinteressent durch seine nunmehr genauen Kenntnisse der Unternehmensinterna eine Gefahr für den Verkäufer. Vgl. *Hölters/Semler*, S. 547 ff, Praxisbeispiel bei *Angersbach*, S. 156 ff.
508 Man unterscheidet verschiedene Bereiche der Due diligence: Financial, Tax, Legal, Commercial, Human Resources und Environmental due diligence, vgl. *Beisel/Klumpp*, 2. Kapitel, Rn. 8; *Peemöller/Helbling*, S. 159 f.; *Holzapfel/ Pöllath*, Rn. 13; *Fleischer/Körber*, BB 2001, 841. Ausführlich zu Planung und Durchführung der Due diligence *Berens/Hoffjan/Strauch*, S. 123 ff. mwN.
509 *Hölters/Semler*, S. 540; *Peemöller/Helbling*, S. 159. Außerdem sind die Rechte des Käufers wegen eines Mangels gemäß § 442 I BGB ausgeschlossen, wenn er den Mangel bei Vertragsschluss kennt; vgl. *Gaul*, ZHR 166 (2002), 63; *Angersbach*, S. 136 ff. Zum Zusammenhang zwischen Due diligence und Gewährleistung auch *Merkt*, BB 1995, 1041 ff. und *Fleischer/Körber*, BB 2001, 841 ff.
510 *Völker*, BB 1999, 2420 f.; *Fritzsche*, S. 383; *Bryer/Simensky/Burshtein*, 8.42 f., speziell zum Verlagsbereich 8.55 f.

fällt[511], so empfiehlt es sich, im Rahmen der Due diligence zu überprüfen, ob der oder die Urheber der anstehenden Unternehmensveräußerung entweder zugestimmt haben, sie ablehnen oder gar nicht informiert sind. Je stärker die anstehende Unternehmensveränderung in die Struktur und Philosophie des Zielobjektes eingreift und je wichtiger die urheberrechtlichen Nutzungsrechte für das erwerbende Unternehmen sind, desto genauer muss dieser Punkt beachtet werden. Denn wenn die Urheber der Veränderung nicht zugestimmt haben und diese so einschneidend ist, dass eine künftige Ausübung der Nutzungsrechte durch den Erwerber für die Urheber unzumutbar sein könnte, dann besteht aus Käufersicht durch das unverzichtbare Rückrufsrecht ein erhebliches Risiko, das bei der Berechnung des Unternehmenswertes und der Vertragsgestaltung berücksichtigt werden sollte. Wird hingegen im Rahmen der Due diligence festgestellt, dass kein ernstzunehmendes Rückrufsrisiko besteht, etwa weil die Urheber dem Unternehmensverkauf ausdrücklich zugestimmt haben, es keine nennenswerten Unterschiede zwischen dem veräußerten und dem übernehmenden Unternehmen gibt oder die urheberrechtlichen Nutzungsrechte kaum urheberpersönlichkeitsrechtliche Färbung aufweisen, so bedarf es strenggenommen keiner weiteren Berücksichtigung des Rückrufsrechts. Aber auch in diesem Fall sollte aus Gründen der Rechtssicherheit eine diesbezügliche vertragliche Vereinbarung getroffen werden.

2. *Rückrufsrisiko und Unternehmenswert*

Ist im Rahmen der Due diligence ein Rückrufsrisiko festgestellt worden, so stellt sich die Frage, wie man dies bei der Unternehmensbewertung und der darauf aufbauenden Kaufpreisberechnung berücksichtigt.

a) Grundlagen der Unternehmensbewertung

Es gibt zahlreiche Methoden, um den Unternehmenswert zu bestimmen.[512] Die bekanntesten sind Substanzwert-, Vergleichs-, Ertragswert- und Discoun-

---

511 Bei internationalen Transaktionen muss im Rahmen der Legal due diligence auch geklärt werden, inwiefern sich ein etwaiges Rückrufsrecht überhaupt nach deutschem Urheberrecht bestimmt, vgl. Joppich, K&R 2003, 215 f.; *Völker*, BB 1999, 2413, die allerdings vom für das Urheberrecht insoweit verfehlten Schutzlandprinzip ausgehen. Vgl. hierzu unten S. 157 ff.
512 Im Folgenden können nur die für die Einordnung des Rückrufsrisikos unerlässlichen Grundlagen der Unternehmensbewertung dargestellt werden. Eine ausführ-

III. Auswirkungen des Rückrufsrechts auf den Unternehmenskauf

ted cash-flow- (DCF) Verfahren, wobei die Einteilung nicht immer einheitlich ist und häufig Mischverfahren angewandt werden.[513]

aa) Substanzwertverfahren

Mit dem Substanzwertverfahren wird der Unternehmenswert durch eine isolierte Bewertung aller im Unternehmen vorhandenen immateriellen und materiellen Vermögensgegenstände und Schulden festgestellt. Dabei können zur Bewertung verschiedene Maßstäbe herangezogen werden. Am gebräuchlichsten ist der bereinigte Ansatz von Herstellungs-, Reproduktions- und Wiederbeschaffungs- oder aber von Liquidationswerten. Bei der ersten Variante geht man von der Unternehmensfortführung aus, bei der letzten von der Unternehmenszerschlagung. Je nach Prämisse gelangt man zu unterschiedlichen Werten.[514] Der Substanzwert zeigt jedoch lediglich einen statischen, vergangenheitsorientierten Wert des Unternehmens auf. Da ihm der Bezug zu künftigen Zahlungsströmen fehlt, kommt ihm bei der Ermittlung des Unterneh-

---

liche Darstellung aller in Deutschland üblichen Bewertungsverfahren findet sich bei *Peemöller* im 3. Kapitel mit umfangreichen Literaturangaben zu jedem Verfahren auf S. 260 f., 358 ff., 373, 399 und 425 f.

513 Vgl. die Übersicht über die Bewertungsverfahren bei *Peemöller/Mandl/Rabel*, S. 51; im amerikanischen Werk von *Bryer/Simensky/Lamb*, 2.6 ff. sind beispielsweise Comparable Company Analysis, Comparable Transactions Analysis, DCF Analysis und die Option Valuation als die vier gebräuchlichsten Methoden aufgelistet.

514 *Peemöller/Mandl/Rabel*, S. 77 ff.; ausführlich *Peemöller/Sieben/Maltry*, S. 377 ff. Schwierig gestaltet sich hierbei oftmals die Einzelbewertung immaterieller Vermögenswerte, zu denen auch die urheberrechtlichen Nutzungsrechte gehören. Deren Bewertung kann anhand verschiedener Methoden vorgenommen werden. Gewöhnlich unterscheidet man zwischen Market approach, Cost approach und Income approach (DCF-Analysis), hierzu ausführlich *Smith/Parr*, S. 163 ff.; *Bryer/Simensky/Lasinski*, 4.9 ff.; *Contractor/Schweihs*, S. 250 ff. In der deutschen Literatur führt die Bewertung urheberrechtlicher Nutzungsrechte bislang ein Schattendasein. Eine Vielzahl von Veröffentlichungen findet sich jedoch zur Markenbewertung. Die dort gewonnenen Erkenntnisse lassen sich weitgehend auf die Bewertung urheberrechtlicher Nutzungsrechte übertragen. Vgl. zur Markenbewertung *Rohnke*, DB 1992, 1941 ff.; *Franzen*, DStR 94, 1625 ff.; *Stein/Ortmann*, BB 96, 788 f.; *Donle*, DStR 97, 75 mwN in Fn. 8.

menswertes keine eigenständige Bedeutung mehr zu.[515] Auf das Substanzwertverfahren soll daher nicht näher eingegangen werden.

bb) Vergleichsverfahren

Die Vergleichsverfahren bestimmen den Wert eines Unternehmens aus Börsenkurswerten oder anderen realisierten Marktpreisen vergleichbarer Unternehmen. Beim Comparative-Company-Approach[516] geht man von tatsächlich realisierten Marktpreisen aus und errechnet auf dieser Basis den potenziellen Marktwert des Bewertungsobjekts. Die Multiplikatormethode[517] hingegen benutzt so genannte »market multiples«, die Erfahrungssätze aus den in der Vergangenheit in einer bestimmten Branche realisierten Marktpreisen darstellen. Der Unternehmenswert ermittelt sich dann als potenzieller Marktpreis durch Multiplikation einer bestimmten Kenngröße des zu bewertenden Unternehmens mit einem branchenspezifischen Faktor, dem Multiplikator. Da den Vergleichsmethoden in der Praxis nur eine die Ertragswert- und DCF-Modelle ergänzende Funktion zukommt, wird auf eine nähere Darstellung verzichtet.[518]

---

515 Vgl. die vom Institut der Wirtschaftsprüfer herausgegebenen Grundsätze zur Durchführung von Unternehmensbewertungen (IDW S 1), WPg 2000, 825, 841, Rn. 172; *Hommel/Braun/Schmotz*, DB 2001, 341, 342 f.; *Beisel/Klumpp*, Kapitel 3, Rn. 58.
516 *Peemöller/Mandl/Rabel*, S. 73 f.
517 *Peemöller/Mandl/Rabel*, S. 76 f.; *Peemöller/Löhnert/Böckmann*, S. 403 ff. Die Multiplikatormethode findet in der Praxis nach dem Ertragswert- und den DCF-Verfahren am dritthäufigsten Anwendung, vgl. die empirischen Erhebungen von *Peemöller/Bömelburg/Denkmann*, WPg 1994, 742 und *Pellens/Rockholtz/Stienemann*, DB 1997, 1935.
518 Laut IDW S 1, WPg 2000, 825, 839, Rn. 144 f. kann die Multiplikatormethode lediglich im Einzelfall Anhaltspunkte für eine Plausibilitätskontrolle der Ergebnisse der Bewertung nach der Ertragswertmethode bzw. den DCF-Verfahren bieten, diese jedoch nicht ersetzen. Kritik an den Vergleichsmethoden wird vor allem deshalb geübt, weil es für Unternehmen wegen ihrer Individualität gar keinen Marktpreis gebe oder jedenfalls in Deutschland nicht genügend Unternehmenstransaktionen stattfinden, aus denen sich ein aussagekräftiger Marktpreis und Multiplikator gewinnen lasse. Zudem fehle der Multiplikatormethode eine theoretische Grundlage. Ein Überblick über die Kritik findet sich bei *Peemöller/Löhnert/Böckmann*, S. 404.

III. Auswirkungen des Rückrufsrechts auf den Unternehmenskauf

cc) Ertragswert- und DCF-Verfahren

(1) Grundsätzliches Vorgehen

Ertragswert- und die verschiedenen Discounted cash- flow-Verfahren (man unterscheidet je nach Definition der bewertungsrelevanten Cashflows und der anzuwendenden Diskontierungssätze zwischen dem *WACC-Ansatz*, dem *APV-Ansatz* und dem *Equity-Ansatz*)[519] sind in Deutschland und bei internationalen M&As die mit Abstand vorherrschenden Bewertungsmethoden.[520] Sie beruhen auf dem gleichen investitionstheoretischen Fundament: Der Unternehmenswert wird durch den Barwert zukünftiger Zahlungsströme an die Unternehmenseigner bestimmt. Diesen Barwert erhält man, indem die künftigen Zahlungen mit dem Kapitalisierungszinssatz auf den Bewertungsstichtag diskontiert werden.[521] Vereinfacht ergibt sich somit:

$$\text{Unternehmenswert} = \sum_{t=1}^{T} \frac{E_t - A_t}{(1+i)^t}$$

E = *Einnahmen einer Periode*   *A* = *Ausgaben einer Periode*
t = *Periode*   *i* = *Periodenzins*

Die Verfahren unterscheiden sich lediglich in der Vorgehensweise. Geht man von identischen Bedingungen aus und berücksichtigt die den einzelnen Ver-

---

519 Für die Einzelheiten muss hier auf die Darstellungen bei IDW S 1, WPg 2000, 825, 837 ff., Rn. 125 ff.; *Peemöller/Mandl/Rabel*, S. 62 ff.; *Peemöller/Baetge/ Niemeyer/Kümmel*, S. 267 ff.; *Klein/Jonas*, S. 183 ff. und *Siepe/Dörschell/ Schulte*, WPg 2000, 953 ff. verwiesen werden.
520 *Peemöller/Kunowski*, S. 202 ff. mit ausführlichen Angaben zu diesbezüglichen Umfrageergebnissen. Ertragswert- und DCF-Verfahren werden auch vom IDW als einzig geeignete Methoden anerkannt, vgl. IDW S 1, WPg 2000, 825, 835.
521 Statt vieler IDW S 1, WPg 2000, 835, Rn. 106; *Klein/Jonas*, S. 179; *Hölters/Widmann*, S. 170; *Siepe*, WPg 1998, 325. Vergangenheitsbezogene Faktoren wie etwa das Alter eines Verlages oder in der Vergangenheit erzielte Gewinne werden höchstens indirekt berücksichtigt, vgl. *Haag*, S. 60. Speziell zur Bewertung von Intellectual Property mit DCF-Methoden *Smith/Parr*, S. 257 ff. (Chapter 9).

fahren innewohnenden Besonderheiten, so ergibt sich nach allen Methoden derselbe Unternehmenswert.[522]

Das Schwierigste bei der Unternehmensbewertung mittels Ertragswert- und DCF-Methoden ist die Prognose der künftigen Erfolgszahlen und die Bestimmung des Kapitalisierungszinssatzes. Hier besteht Raum für subjektive Schätzungen und Interessen. Durch den großen Ermessensspielraum können die ermittelten Werte stark differieren. Zuweilen spielen strategische Interessen eine Rolle, die den Kaufpreis erheblich beeinflussen können. Die Bewertung von strategischen Interessen erfordert die präzise Kenntnis der einschlägigen Unternehmensinterna. Der mit der Bewertung beauftragte Wirtschaftsprüfer wird sich diese Kenntnis in der Regel nicht umfassend verschaffen können.

(2)   Berücksichtigung des Risikos

Bei Unternehmen der Verlags- und Filmwirtschaft sind betriebswirtschaftliche Chancen und Risiken und damit die künftigen finanziellen Überschüsse vergleichsweise schwer vorhersehbar.[523] Dennoch müssen Risiken bei der Unternehmensbewertung berücksichtigt werden, wenn man nicht einen unrealistischen Unternehmenswert erhalten möchte. Dazu gibt es zwei unterschiedliche Konzepte: die einwertigen und die mehrwertigen Verfahren.

Bei einwertigen Verfahren wird das Risiko entweder als Abschlag vom Erwartungswert der finanziellen Überschüsse – so genannte »Ergebnisabschlagsmethode«[524] – oder als Zuschlag zum Kapitalisierungszinssatz – so

---

522 *Ballwieser*, WPg 1998, 81 f. Weitere Unterschiede werden beschrieben bei *Hölters/Widmann*, S. 171 f., der ebenfalls darauf hinweist, dass die Unterschiede zwischen den Verfahren nicht grundsätzlicher Natur und die Modelle kompatibel sind.

523 In aller Regel sind Immaterialgüterrechte und damit auch Unternehmen, deren Wert sich vornehmlich aus immateriellen Wirtschaftsgütern zusammensetzt, schwieriger zu bewerten als materielle Güter; vgl. *Bryer/Simensky/Gaughan*, 1.8. Aber auch hier gibt es Unterschiede. Gefestigte wissenschaftliche Titel, wie die Produktion gut eingeführter Fachbücher und Fachzeitschriften, lassen eher zuverlässige Aussagen über künftige Entwicklungen zu als etwa belletristische Werke, vgl. *Haag*, S. 65.

524 Auch »Sicherheitsäquivalenzmethode« genannt, vgl. IDW S 1, WPg 2000, 833; *Siepe/Dörschell/Schulte*, WPg 2000, 950.

genannte »Zinszuschlagsmethode«[525] – berücksichtigt. Bei der Ergebnisabschlagsmethode wird das Unternehmerrisiko im Zähler in Form eines Abschlags vom Erwartungswert der künftigen Zahlungsströme berücksichtigt und die Abzinsung der so gebildeten Sicherheitsäquivalente dann mit einem risikofreien Zinssatz vorgenommen. Es ergibt sich somit:

$$\text{Barwert} = \frac{\text{Erwartete Nettoeinzahlungen} - \text{Risikoabschlag}}{1 + \text{risikoloser Zinssatz}}$$

Umgekehrt verfährt die Zinszuschlagsmethode, die die unsicheren Erwartungswerte der künftigen Zahlungsströme im Nenner mit einem risikoangepassten Zinssatz berücksichtigt, im Zähler jedoch von risikofreien Zahlungsströmen ausgeht. Hier ergibt sich:

$$\text{Barwert} = \frac{\text{Erwartete Nettoeinzahlungen}}{1 + \text{risikoloser Zinssatz} + \text{Risikoprämie}}$$

In Deutschland und international üblich ist die zweite Methode.[526] Beiden Methoden liegt indes eine »einwertige« Betrachtung zugrunde, d.h. die vielschichtigen Risiken werden im Rahmen einer zukunftsorientierten Ertragsprognose nur summarisch in einem starren Erwartungsszenario berücksichtigt.

Kritiker dieses Ansatzes sind der Ansicht, dass man das künftige Risiko nur mit so genannten »mehrwertigen« Verfahren zufriedenstellend einschätzen kann.[527] Ein solches Verfahren ist die Szenariotechnik.[528] Dabei werden im Rahmen einer Unternehmensbewertung mittels Ertragswert- oder DCF-Verfahren alternativ denkbare Entwicklungsmöglichkeiten des Unternehmens herausgearbeitet. Die unterschiedlichen Szenarien werden sodann einzeln bewertet. Die für worst case und best case ermittelten Extremwerte konstitu-

---

525 Auch »Risikozuschlagsmethode« genannt, vgl. IDW S 1, WPg 2000, 833; *Siepe/Dörschell/Schulte*, WPg 2000, 950.
526 *Hölters/Widmann*, S. 126; *Siepe*, WPg 1998, 326; *Keller*, S. 131 ff.; *Behringer*, DStR 1999, 734; IDW S 1, WPg 2000, 833 f. mwN und ausführlichen Erläuterungen.
527 Vgl. zur Kritik an einwertigen Verfahren nur *Bretzke*, ZfbF 1988, 820 ff.
528 Auf Sensitivitätsanalysen und Simulationstechnik als weitere mehrwertige Verfahren kann nicht weiter eingegangen werden, vgl. hierzu *Keller*, S. 138 mwN in Fn. 440 f.

ieren dann die Wertbandbreite für die betrachtete Akquisition. Indem in einem abschließenden Schritt die einzelnen Szenarien mit der subjektiven Eintrittswahrscheinlichkeit gewichtet werden, erhält man den gesuchten Erwartungswert.[529]

b) Berücksichtigung des Rückrufsrisikos

Das durch die Neufassung von § 34 III UrhG entstandene Rückrufsrisiko kann bei der Unternehmensbewertung zunächst nach einer der beiden beschriebenen einwertigen Methoden entweder im Zähler oder im Nenner berücksichtigt werden. Beides ist aber unbefriedigend: Der Rückruf von Nutzungsrechten ist einerseits ein seltener Ausnahmefall, kann aber andererseits zu enormen wirtschaftlichen Einbußen führen. Die Alternativen wirken sich so unterschiedlich auf die Zukunft des zu bewertenden Unternehmens aus, dass man ihnen kaum mit einer einheitlichen Erfassung im Risikoabschlag oder Zinszuschlag gerecht werden kann. Die Geschäftsentwicklung des verkauften Unternehmens ist wegen des Rückrufsrisikos und den daraus resultierenden ungewissen Marktchancen der Nutzungsrechte ungewöhnlich schwer vorhersehbar.

Berücksichtigt man das Rückrufsrisiko hingegen in einer mehrwertigen szenariobasierten Bewertung, so müsste man als best case den Verbleib aller Nutzungsrechte im Unternehmen bewerten, als worst case hingegen den Verlust sämtlicher Nutzungsrechte. Da die Nutzungsrechte in aller Regel das wesentliche Kapital des Unternehmens bilden, ergäbe sich eine so große Wertbandbreite, dass der subjektiven Eintrittswahrscheinlichkeit, die ja die verschiedenen optimistischen und pessimistischen Szenarien gewichtet, eine weit überdurchschnittlich wichtige Rolle zukommen würde. Bei einer solch herausragenden Bedeutung des subjektiven Moments kann auch die Szenariomethode nicht überzeugen.

3. Rückrufsrisiko und Vertragsgestaltung

Da die Ermittlung des erwarteten Zukunftserfolgs im Hinblick auf das Rückrufsrecht des Urhebers bei Unternehmensveräußerungen so ungewiss ist, dass es fast unmöglich erscheint, mit betriebswirtschaftlichen Methoden schlüssige Unternehmenswerte festzustellen, ist es unabdingbar, das Rückrufsrisiko

---

529 Ausführlich zum Szenarioverfahren *Keller*, S. 138 ff. mwN.

III. Auswirkungen des Rückrufsrechts auf den Unternehmenskauf

bei der Vertragsgestaltung zu berücksichtigen. Hier bieten sich insbesondere das so genannte »Earn-out Verfahren« und die Vereinbarung von Garantien an.

a) Earn-out Verfahren

Unter Earn-out Verfahren[530] versteht man eine verzögerte Kaufpreisfestsetzung. Der Verkäufer erhält zunächst einen Basispreis und dann abhängig vom künftigen Gewinn oder einer anderen Maßgröße während einer Anzahl von Jahren zusätzliche Beträge. Beides zusammen ergibt den Gesamtkaufpreis. Üblicherweise erstreckt sich die Kaufpreisperiode auf zwei bis fünf Jahre.[531] Die Earn-out Methode empfiehlt sich bei Unternehmen mit stark schwankenden Erfolgen oder bei stark divergierenden Beurteilungen der künftigen Unternehmenserträge und -risiken durch die Vertragsparteien.[532] Anders als bei einer Garantie wird hier nicht einseitig der Käufer davor geschützt, dass bestimmte vom Verkäufer als erreichbar dargestellte und in die Kaufpreiskalkulation eingeflossene Ziele unterschritten werden. Vielmehr wird das Risiko des Unternehmensverkaufs auf beide Vertragsparteien verteilt.[533] Die Earn-out Methode ist weiter zu unterscheiden von dem Unternehmenskauf auf Rentenbasis, bei dem der Verkaufspreis bei Vertragsab-

---

530 In der Literatur auch »verzögerte Kaufpreisbestimmung«, »Methode des realisierten Ertragswerts«, »ergebnisabhängige Preisvereinbarung« oder »Besserungsoption« genannt, vgl. *Keller*, S. 155; *Delcker*, DB 1992, 2453.
531 Teils wird der Earn-out Zeitraum auch bis auf sieben Jahre ausgedehnt, vgl. *Meuli*, S. 58 mwN in Fn. 22.
532 *Baums*, DB 1993, 1273; *Keller*, S. 156; *Hölters/Semler*, S. 573; *Peemöller/Helbling*, S. 172, der die Earn-out Methode insbesondere bei Unsicherheiten über den Weiterbestand von Positionen wie Generalvertretungsverträgen, Mietverträgen oder Konzessionen einerseits und die Werthaltigkeit von Forderungen andererseits empfiehlt. In diese Aufzählung lässt sich der urheberrechtliche Nutzungsvertrag problemlos einreihen.
533 *Baums*, DB 1993, 1273; *Bing*, S. 135, die darauf hinweist, dass sich durch solche flexiblen Verträge der zu den Transaktionskosten zählende Informationsaufwand für Marktanalysen und Bewertungsvorgänge reduziert, was auch aus volkswirtschaftlicher Sicht positiv zu bewerten ist.

C. Wirtschaftswissenschaftliche Problematik

schluss bereits feststeht, aber nicht sofort beglichen, sondern in Form meist jährlicher Renten gezahlt wird.[534]

Der Basispreis als fester Kaufpreisanteil wird nach einer der oben dargestellten Unternehmensbewertungsmethoden berechnet. Die Parteien werden sich auf den Betrag einigen, den bei Vertragsschluss der Käufer höchstens zu zahlen bereit ist und den der Verkäufer mindestens verlangt. Der Zusatzpreis als variable zweite Kaufpreiskomponente bestimmt sich nach verschiedenen Kriterien. Käufer und Verkäufer müssen festlegen, welche Auswirkungen bestimmte Maßgrößen – etwa Umsatz, Gewinn und Cash-flow – innerhalb eines bestimmten Zeitraumes auf den variablen Kaufpreisanteil haben. Je nach Unternehmensentwicklung wird der Basiskaufpreis im Ergebnis nach oben oder unten korrigiert und auf diese Weise das mit einer Unternehmensveräußerung verbundene Risiko berücksichtigt.[535]

Dem mit § 34 III 2 UrhG einhergehenden Rückrufsrisiko können die Vertragsparteien mit der Earn-out Methode befriedigend begegnen. So lässt sich beispielsweise ein Basispreis festlegen, der davon ausgeht, dass kein Urheber von seinem Rückrufsrecht Gebrauch machen wird. Kommt es doch zu einem Rückruf und damit über eine Umsatz-, Gewinn- oder Cash-flowreduzierung zu einem Wertverlust des Zielunternehmens, so wird der Kaufpreis entsprechend angepasst. Denkbar wäre ebenfalls, den Basispreis unter der Prämisse festzulegen, dass alle Urheber die eingeräumten Nutzungsrechte zurückrufen und dann diesen Preis entsprechend nach oben zu korrigieren. Das ist jedoch nicht zu empfehlen, da es sich bei dem Rückruf um eine Ausnahme handelt, von deren Eintritt nicht als Basis für die Kaufpreisberechnung ausgegangen werden sollte. Hier wären die vorzunehmenden Korrekturen zu umfangreich.

Geht man – wie hier vertreten[536] – davon aus, dass der Urheber von seinem Rückrufsrecht innerhalb von sieben Monaten nach der Unternehmensveränderung Gebrauch gemacht haben muss, so ist nur dieser Zeitraum zur Bestimmung der variablen Kaufpreiskomponente heranzuziehen.

---

534 Unternehmensverkauf auf Rentenbasis dient nur dazu, die finanziellen Belastungen des Käufers auf mehrere Jahre zu verteilen, nicht hingegen der Risikoberücksichtigung; vgl. *Meuli*, S. 48 in Fn. 4.
535 Ausführlich zu den verschiedenen Maßgrößen und Beispielen zur Berechnung eines Unternehmenskaufpreises nach der Earn-out Methode *Meuli*, S. 57 ff.
536 Oben S. 101 ff.

b) Garantien

Beim Unternehmenskauf greifen die gesetzlichen Gewährleistungsregeln.[537] Da diese jedoch überwiegend als für den Unternehmenskauf ungeeignet angesehen werden und überdies Ungewissheiten über Anwendbarkeit und Reichweite der gesetzlichen Gewährleistungsrechte bestehen,[538] pflegt die Vertragspraxis umfangreiche Garantieabreden[539] in die Kaufverträge aufzunehmen. Üblich sind Garantieabreden insbesondere für Angaben über Rechtsverhältnisse, die nicht bilanzierungsfähig sind, aber erhebliche wirtschaftliche Auswirkungen haben können wie, Miet-, Liefer- oder Lizenzverträge. Außerdem können Zusagen des Verkäufers, bestimmte Verträge abzuschließen oder den Fortbestand verschiedener Konzessionen oder gewisser Vertragsverhältnisse des Unternehmens zu erhalten, Gegenstand von Garantievereinbarungen sein.[540]

Eine Garantieabrede bezüglich des Rückrufsrisikos könnte beispielsweise darin bestehen, dass eine Klausel in den Vertrag aufgenommen wird, die den Verkäufer verpflichtet, den Nutzungsrechtsbestand für eine bestimmte Dauer zu gewährleisten. Erfolgt vor Ablauf dieses Zeitraums ein Rückruf der Nutzungsrechte, so kann der Käufer wahlweise eine entsprechende Minderung des Kaufpreises oder Schadensersatz verlangen oder vom Vertrag zurücktreten. Denkbar ist weiterhin, dass sich der Verkäufer verpflichtet, bis zu einem bestimmten Zeitpunkt die ausdrückliche Zustimmung der lizenzgebenden Urheber einzuholen, und die Erteilung der Zustimmung garantiert.

IV. Zwischenergebnis

Das volkswirtschaftliche Potential des Rückrufsrechts ist hoch. Im Verlags- wie im Filmbereich finden jeweils durchschnittlich etwa 50 Transaktionen

---

537 Hierzu *Hölters/Semler*, S. 595 ff., insbesondere zu den Auswirkungen der Schuldrechtsmodernisierung auf S. 621. Ausführlich zu Nacherfüllung, Rücktritt, Minderung und Schadensersatz beim Unternehmenskauf *Gaul*, ZHR 166 (2002), 53 ff.; *Beisel/Klumpp*, Kapitel 16, Rn. 40 ff.
538 *Picot*, S. 117 ff.; *Merkt*, S. 1046; *Keller*, S. 158.
539 Seit der Schuldrechtsmodernisierung ist die Garantie gesetzlich in § 443 BGB geregelt, vgl. zur Garantie beim Unternehmenskauf *Gaul*, ZHR 166 (2002), 60 ff.
540 *Hölters/Semler*, S. 615; *Grabowski/Harrer*, DStR 1993, S. 21; *Keller*, S. 160; vgl. den ausführlichen Katalog bei *Holzapfel/Pöllath*, Rn. 503 ff., in dem auch Lizenzverträge sowie Urheber- und Verlagsrechte aufgelistet sind.

C. Wirtschaftswissenschaftliche Problematik

mit deutscher Beteiligung pro Jahr statt. Dennoch wird dem Rückrufsrecht wohl keine große praktische Bedeutung zukommen, da die Kombination von Unternehmensveränderung und Unzumutbarkeit zu selten vorkommen dürfte. Brisanz erhält § 34 III 2 UrhG vornehmlich durch die möglichen hohen finanziellen Auswirkungen in den wenigen Anwendungsfällen.

Auswirkungen des Rückrufsrechts auf die Höhe der Urhebervergütung sind nicht zu erwarten. Der Verwerter kalkuliert ohnehin mit vielen verschiedenen Risiken, so dass sich das mit § 34 III 2 UrhG einhergehende erhöhte Rückrufsrisiko in der Vielschichtigkeit der Kalkulation verlieren dürfte.

Im Rahmen der Due diligence sollte vor allem geprüft werden, ob die Urheber des Zielunternehmens über die anstehende Unternehmensveränderung informiert sind und ob sie ihre Zustimmung hierzu erteilt haben. Der Prüfungsumfang wird sich im Einzelfall an der Bedeutung der Nutzungsrechte für das erwerbende Unternehmen sowie an der Wahrscheinlichkeit eines Rückrufs orientieren.

Mit den Ertragswert- und DCF-Verfahren als den bei Unternehmensbewertungen maßgeblichen Methoden lässt sich das Rückrufsrisiko nur unbefriedigend steuern. Empfehlenswert ist daher in jedem Fall neben der Vereinbarung von Garantien eine gestaffelte Kaufpreisfestsetzung nach dem Earn-out Verfahren.

D. Die Rechtslage im Ausland

Urheberrechtsrelevante Verträge weisen oft Auslandberührung auf. So können beispielsweise Nutzungsrechtsinhaber ausländischen Verwertungsunternehmen Unterlizenzen für die Werknutzung in einem bestimmten Land einräumen. Auch durch die bei Verlags- und Verfilmungsverträgen übliche Vergabe von »Weltrechten« und »Weltverfilmungsrechten« an inländische Nutzungsrechtsinhaber können internationale Bezüge entstehen.[541] Bei Urheberrechtsverträgen mit Bezug zum Ausland ist stets zu prüfen, welche Rechtsordnung auf schuldrechtlicher und »dinglicher« urheberrechtlicher Ebene Anwendung findet. Das ist nach den Regeln des Internationalen Privatrechts zu ermitteln.

In diesem Zusammenhang interessiert, ob das in § 34 III des deutschen UrhG normierte Rückrufsrecht bei Unternehmensveräußerungen auch im internationalen Zusammenhang Wirkung entfalten kann. Außerdem soll in einem zweiten Abschnitt untersucht werden, ob andere Staaten vergleichbare Regelungen kennen, um so das deutsche Rückrufsrecht umfassend würdigen zu können. Die Darstellung des internationalen Urhebervertragsrechts sowie des Vertragsrechts der einzelnen Länder bleibt dabei auf die für die Einordnung des Rückrufsrechts unerlässlichen Grundzüge beschränkt.[542]

I. Grundlagen des Internationalen Urhebervertragsrechts

1. Urheberrechtsstatut

Grundlegend für die Beurteilung der Frage, welches Staates Recht im internationalen Urhebervertragsrecht gilt, ist die Bestimmung des Urheberrechtsstatuts. Anders als bei der Bestimmung des Patent- und Markenrechtssta-

---

541 Beispiele für Auslandsbezüge im Urhebervertragsrecht gibt *Katzenberger* in FS Schricker, S. 227 f.
542 Weiterführende Literatur zum internationalen Urhebervertragsrecht und zur Rechtslage in den einzelnen Ländern bei *Schack*, Urheberrecht, Rn. 1141 und 1151 f.

D. Die Rechtslage im Ausland

tuts[543] herrscht diesbezüglich keine Einigkeit. Maßgebliche Weichenstellung ist die Entscheidung zwischen Territorialitäts- und Universalitätsprinzip.[544] Während das Territorialitätsprinzip zunächst nur besagt, dass ein inländisches Schutzrecht nur im Inland, ein ausländisches nur im jeweiligen Ausland verletzt werden kann,[545] möchte das Universalitätsprinzip das Urheberrecht, ungeachtet seiner unterschiedlichen Ausgestaltung in den nationalen Rechtsordnungen grundsätzlich als einheitliches Ganzes anerkennen, um so dem universellen Anspruch und den naturrechtlichen Wurzeln des Urheberrechts gerecht zu werden.[546]

Auf dem Territorialitätsprinzip fußt das Schutzlandprinzip, das das Urheberrecht insgesamt, also Entstehung, Inhaberschaft, Übertragbarkeit, Wirkung und Erlöschen, dem Recht des jeweiligen Schutzlandes (*lex loci protectionis*) unterstellt. Das auf das Urheberrecht anwendbare Recht richtet sich immer nach dem Land, für das Schutz beansprucht wird mit der Folge, dass international kein einheitliches Recht, sondern ein Bündel territorialer Rechte besteht.[547]

Folgt man hingegen dem Universalitätsprinzip, so bedarf es einer fiktiven Belegenheit des Urheberrechts, die nach überwiegender Ansicht im Recht des Ursprungslandes, d.h. am Ort der ersten Veröffentlichung des Werkes (*lex publicationis*), angesiedelt wird.[548] Nach dieser Auffassung hängen die Über-

---

543 Hierzu *Woeste*, S. 193 f.
544 Zur ausführlichen Auseinandersetzung mit der Problematik sei verwiesen auf die Darstellungen bei *Schack*, Urheberrecht, Rn. 798 ff. einerseits; und *Katzenberger* in FS Schricker, S. 238 ff. andererseits, jeweils mwN zum Streitstand; vgl. außerdem für das Universalitätsprinzip *A. Braun*, S. 115 ff., 162; für das Territorialitätsprinzip *Mäger*, S. 33 ff.
545 BGHZ 126, 252, 256 – Folgerecht bei Auslandsbezug; *Katzenberger* in FS Schricker, S. 239 mwN; das Territorialitätsprinzip enthält keine kollisionsrechtliche Aussage, vgl. *Schack*, Urheberrecht, Rn. 798 ff., 804; *Schack*, ZUM 1989, 275 f.; *Wandtke/Bullinger/von Welser*, vor §§ 120 ff., Rn. 5.
546 *Schack*, Urheberrecht, Rn. 806 mwN.
547 So die h.M., vgl. *Schricker*, Einl. VerlG, Rn. 37; *Ulmer*, Urheber- und Verlagsrecht, S. 82 f.; *Palandt/Heldrich*, Art. 40 EGBGB, Rn. 13.
548 *Schack*, Urheberrecht, Rn. 900 ff.; *Wandtke/Bullinger/von Welser*, vor § 120 ff., Rn. 11; *Soergel/Kegel*, Art. 12 EGBGB, Anh., Rn. 28; *A. Braun*, S. 180 ff.; zurückgehend auf *Schack.*, Anknüpfung, Nr. 66, 98, 115; und zuletzt in IPRax 2003, 141 f. und MMR 2000, 64; *Drobnig*, RabelsZ 40 (1976), 195, 202; *Neuhaus*, RabelsZ 40 (1976), 191, 195. Für Filmwerke bestimmt sich die lex rei sitae

tragung und die Übertragbarkeit des Urheberrechts also davon ab, in welchem Land das Werk zuerst veröffentlicht worden ist.

Da sich letztlich für eine territoriale Begrenzung des auf Grundlage der Lehre vom geistigen Eigentum[549] ausgestalteten Urheberrechts keine überzeugende Begründung finden lässt und auch der Hinweis auf die Rechtslage bei registrierungspflichtigen technischen Schutzrechten mangels Vergleichbarkeit[550] nicht überzeugen kann, wird sich in absehbarer Zeit das Universalitätsprinzip mit seiner Anknüpfung des Urheberrechtsstatuts an das Recht des Ursprungslandes durchsetzen. Allein diese einheitliche Anknüpfung kann auch den Anforderungen eines immer weiter zusammenwachsenden Weltmarktes gerecht werden. Deshalb soll in den folgenden Ausführungen das Universalitätsprinzip zugrunde gelegt werden. Auf Abweichungen, die sich durch das in der deutschen Rechtspraxis noch herrschende Territorialitätsprinzip ergeben, wird ggf. hingewiesen.

2. Vertragsstatut

Ebenso wie im materiellen Recht trennt man auch kollisionsrechtlich zwischen Verpflichtungs- und Verfügungsgeschäft. Das auf das schuldrechtliche Geschäft anzuwendende Recht beurteilt sich unstreitig nach dem Vertragsstatut.[551] Dies bestimmt sich nach Art. 27, 28 EGBGB und ist gemäß Art. 31 I, 32 EGBGB maßgebend für Auslegung, Erfüllung sowie Folgen der Nichterfüllung oder Nichtigkeit des Vertrages.[552]

---

nach dem tatsächlichen Sitz des Filmherstellers, vgl. *Peifer*, S. 279 f.; *Schack*, ZUM 1989, S. 279. Vgl. zur Anknüpfung an das Ursprungsland auch die Darstellungen bei *Regelin*, S. 153 ff.; *Intveen*, S. 88 ff.; ablehnend zu diesem Ansatz *Ulmer*, S. 83; *Kleine*, S. 25 f.

549 Zur Lehre vom geistigen Eigentum, die das Urheberrecht als aus der Natur der Sache hergeleitetes ius naturalis ansieht und damit seinen einheitlichen, umfassenden und jenseits nationaler Gesetzgebung anzusiedelnden Geltungsanspruch begründet, *Schack*, Urheberrecht, Rn. 99 ff.; *von Gamm*, UFITA 94 (1982), 73 ff.

550 *Schack*, MMR 2000, 62; *Regelin*, S. 71 ff.

551 *Schack*, Urheberrecht, Rn. 1146; *Katzenberger* in FS Schricker, S. 248; *Loewenheim*, ZUM 1999, 924; *Hausmann* in FS Schwarz (1988), S. 51 mwN.

552 Die Form internationaler Urheberrechtsverträge hingegen richtet sich nach Art. 11 I EGBGB. Formgültigkeit ist danach gegeben, wenn das Rechtsgeschäft die Formerfordernisse der auf seinen Gegenstand anzuwendenden Rechtsordnung oder des am Vornahmeortes geltenden Rechts erfüllt. Vgl. zur dieser alternativen

D. Die Rechtslage im Ausland

a) Freie Wählbarkeit, Art. 27 I 1 EGBGB

Ausgangspunkt für die Bestimmung des Vertragsstatuts ist der im internationalen Vertragsrecht geltende Grundsatz der Parteiautonomie. Art. 27 I 1 EGBGB überlässt es den Vertragsparteien, welcher Rechtsordnung sie ihren Vertrag unterstellen möchten.[553] Die Vereinbarung kann ausdrücklich, aber auch stillschweigend erfolgen.

b) Engste Verbindung, Art. 28 I 1 EGBGB

Enthält der Vertrag keine solche Rechtswahlvereinbarung, so unterliegt er gemäß Art. 28 I EGBGB dem Recht des Staates, zu dem er die engsten Verbindungen aufweist. Art. 28 II EGBGB stellt die Vermutung auf, dass dies der Staat ist, in dem die Vertragspartei, welche die charakteristische Leistung zu erbringen hat, im Zeitpunkt des Vertragsschlusses ihren gewöhnlichen Aufenthalt bzw. bei einer juristischen Person ihre Hauptverwaltung hat. Was bei einem Vertrag die charakteristische Leistung ist, kann von Vertragstyp zu Vertragstyp variieren. Beim Verlagsvertrag wird das in aller Regel die Vervielfältigung und Verbreitung durch den Verleger sein, so dass das am Sitz des Verlegers geltende Recht anwendbar ist.[554] Übernimmt hingegen der Nutzungsrechtserwerber – wie im Filmbereich üblich – keine Ausübungs-, sondern lediglich eine Geldzahlungspflicht, dann erbringt der Rechtsinhaber die charakteristische Leistung mit der Folge, dass das am Ort des Lizenzgebers geltende Recht maßgeblich ist.[555]

c) Arbeitnehmerurheber, Art. 30 EGBGB

Bei internationalen Urheberrechtsverträgen über Werke von Arbeitnehmerurhebern muss außerdem Art. 30 EGBGB berücksichtigt werden. Danach darf die Rechtswahl der Parteien dem Arbeitnehmer nicht den Schutz entziehen,

---

Anknüpfung des Formstatuts *Schack*, Urheberrecht, Rn. 1150; *Hausmann* in FS Schwarz (1988), S. 69 ff.
553 Ausführlich Staudinger/*Magnus*, Art. 27, Rn. 21 ff.; MünchKomm/*Martiny*, Art. 27, Rn. 1 ff.; *Mäger*, S. 46.
554 *Schack*, Urheberrecht, Rn. 1143; *Katzenberger* in FS Schricker, S. 253; *Hausmann* in FS Schwarz (1988), S. 54 f.; Staudinger/*Magnus*, Art. 28, Rn. 607; MünchKomm/*Martiny*, Art. 28, Rn. 264.
555 *Schack*, Urheberrecht, Rn. 1144; *Katzenberger* in FS Schricker, S. 253; *Hausmann* in FS Schwarz (1988), S. 55 f.; MünchKomm/*Martiny*, Art. 28, Rn. 265 f.

der ihm durch die zwingenden Bestimmungen des Rechts gewährt wird, das an dem Ort gilt, an dem er in Erfüllung des Vertrages gewöhnlich seine Arbeit verrichtet oder in dem sich die Niederlassung befindet, die ihn eingestellt hat.[556] Art. 30 EGBGB modifiziert also die allgemeinen Anknüpfungsregeln und regelt abweichend von Art. 28 EGBGB die objektive Anknüpfung für individuelle Arbeitsrechtsbeziehungen. Im Interesse der Arbeitnehmer wird hier die Rechtswahlfreiheit eingeschränkt.[557]

3. Die Verfügung zwischen Urheberrechts- und Vertragsstatut

So weitgehend einig man sich in bezug auf die schuldrechtliche Ebene ist, so zerstritten ist man im Hinblick auf das Verfügungsgeschäft. Hierzu haben sich verschiedene Auffassungen herausgebildet.

a) Spaltungstheorie

Die insbesondere im kollisionsrechtlichem Schrifttum vertretene Spaltungstheorie besagt, dass Verfügungsgeschäfte über Urheberrechte nicht dem Vertragsstatut, sondern dem Urheberrechtsstatut zu unterstellen sind.[558] Da die Anhänger der herkömmlichen Spaltungstheorie von der Geltung des Territorialitätsprinzips ausgehen, bestimmt sich hier das Urheberrechtsstatut nach dem Recht des jeweiligen Schutzlandes.[559] Für die Spaltungstheorie spricht neben der Vereinbarkeit mit dem Abstraktionsprinzip Art. 33 I, II EGBGB.[560] Sie hat aber iVm dem Territorialitätsprinzip den Nachteil, dass im Hinblick auf das Verfügungsgeschäft eine territoriale Zersplitterung eintritt, die zu erheblichen Schwierigkeiten führt.

b) Einheitstheorie

Die Anhänger der Einheitstheorie möchten diese Zersplitterung vermeiden, indem sie auch auf die meisten Fragen des Verfügungsgeschäfts das Ver-

---

556 Staudinger/*Magnus*, Art. 30, Rn. 98 ff.; *Katzenberger* in FS Schricker, S. 253 f.
557 Staudinger/*Magnus*, Art. 30, Rn. 1, 93.
558 *Reithmann/Martiny/Joch*, S. 1052; *von Gamm*, Urheberrechtsgesetz, Einf., Rn. 145; *Wille*, S. 5.
559 *Hausmann* in FS Schwarz (1988), S. 62 f.; *Kleine*, S. 97 ff.
560 *Schack*, Urheberrecht, Rn. 1147; *Katzenberger* in FS Schricker, S. 248 f. jeweils mwN.

tragsstatut anwenden. Diese von den allgemeinen kollisionsrechtlichen Regeln abweichende Auffassung wird von der Mehrheit des urheberrechtlichen Schrifttums und auch in der Rechtsprechung vertreten.[561] Aus Gründen der Praktikabilität wird – insbesondere unter Hinweis auf § 9 VerlG und das Fehlen eines numerus clausus der Nutzungsrechte[562] – für das Urhebervertragsrecht die Geltung des Abstraktionsprinzips verneint und nicht zwischen Verpflichtungs- und Verfügungsgeschäft getrennt.

c) Modifizierte Spaltungstheorie

Schack folgt der Spaltungstheorie, unterstellt dabei jedoch die Verfügungsgeschäfte dem einheitlichen Urheberrechtsstatut[563] und gelangt so abweichend von der herkömmlichen Spaltungstheorie[564] zum Recht des Ursprungslandes.[565]

Diese Ansicht hat verschiedene Vorzüge. Zunächst wird durch die einheitliche Anknüpfung des Verfügungsgeschäftes die Beurteilung der dinglichen Ebene nach nur *einer* Rechtsordnung erreicht, eine Zersplitterung damit vermieden. Außerdem muss das auch im Urheberrecht geltende und dem Verkehrsschutz dienende Abstraktionsprinzip nicht geleugnet werden.[566] Schließlich bestünde bei einer Beurteilung des Verfügungsgeschäfts nach dem frei wählbaren Vertragsstatut für die Urheber die Gefahr, sich durch die Wahl eines ihnen ungünstigen Vertragsstatuts die ihrem Schutz dienenden urheberrechtlichen Verfügungsbeschränkungen abhandeln zu lassen.[567] Diese Gefahr

---

561 OLG Frankfurt GRUR 1998, 141, 142 – Macintosh-Entwürfe; *Loewenheim*, ZUM 1999, 925; *Katzenberger* in FS Schricker, S. 249 mwN; Kritik an der Einheitstheorie übt *Hausmann* in FS Schwarz (1988), S. 62 f.
562 *Katzenberger* in FS Schricker, S. 249 f.; *Hausmann* in FS Schwarz (1988), S. 61 f.; *Wille*, S. 4 f.; *Regelin*, S. 199 f.
563 *Schack*, Urheberrecht, Rn. 1147, 914.
564 Daher wird *Schacks* Ansicht teils auch als »universale Spaltungstheorie« bezeichnet, vgl. *Wille*, S. 6.
565 *Schack*, Urheberrecht, Rn. 900; 914; *Wandtke/Bullinger/von Welser*, vor § 120 ff., Rn. 11; vgl. auch oben Fn. 548.
566 *Schack*, Urheberrecht, Rn. 914.
567 *Schack*, Urheberrecht, Rn. 914. Allerdings möchten die Vertreter der Einheitstheorie zwingende Normen zum Schutz des Urhebers als schwächerer Vertragspartei über Art. 34 EGBGB gesondert anknüpfen. Zu solchen zwingenden Normen werden vielfach auch die Rückrufsrechte gem. §§ 41, 42 UrhG gezählt, vgl.

besteht nicht bei der Anknüpfung an das nicht dispositive Urheberrechtsstatut.

d) Stellungnahme

Die herkömmliche Spaltungstheorie führt in der Praxis zu kaum überwindbaren Hindernissen, da sie auf Verfügungsebene einen »Flickenteppich« von verschiedenen Rechtsordnungen zur Folge hat. Ursache für die Stückelung ist, dass von dem für das Urheberrecht überholten Territorialitätsprinzip ausgegangen wird. Die Spaltungstheorie ist daher sowohl in ihrem Ausgangspunkt, als auch wegen ihrer Auswirkungen abzulehnen. Ebenso abzulehnen ist die Einheitstheorie, da sie mit allgemeinen Grundsätzen des Internationalen Privatrechts ebenso bricht wie mit dem Abstraktionsprinzip. Ihr Ziel, die einheitliche Beurteilung auf Verfügungsebene, lässt sich auch anhand der Spaltungstheorie erreichen – wenn man auf der Basis des Universalitätsprinzips an das Ursprungsland anknüpft. Das hat überdies den Vorteil, dass die den Urheber schützenden Normen wie die dinglich wirkenden Rückrufsrechte nicht disponibel werden. Zu folgen ist daher der modifizierten Spaltungstheorie.

4. *Einordnung des Rückrufsrechts aus § 34 III 2 UrhG*

Das Rückrufsrecht bei Unternehmensveräußerungen stärkt die vertragliche Stellung der Urheber. Außerdem weist es im Hinblick auf seine Voraussetzungen Parallelen zum Kündigungsrecht aus wichtigem Grund auf. Deshalb ließe sich überlegen, das Rückrufsrecht als Element mit schuldrechtlichem Einschlag dem Vertragsstatut zu unterstellen. Andererseits entfaltet es – wie auch die Rückrufsrechte aus §§ 41, 42 UrhG – dingliche Wirkung, da es dazu dient, bereits eingeräumte Nutzungsrechte zurückzurufen. Es ist deshalb als actus contrarius des vorhergegangenen Übertragungsgeschäfts gleich anderen Verfügungen einzuordnen. Das Rückrufsrecht untersteht daher dem Urheberrechtsstatut,[568] das sich nach dem Recht des Ursprungslandes bestimmt, für

---

Schricker/Katzenberger, vor §§ 120 ff., Rn. 166; *Katzenberger* in FS Schricker, S. 256; kritisch zu einer so weiten Auslegung von Art. 34 EGBGB *Hilty/Peukert*, GRUR Int. 2002, 649 f. Dazu auch *von Welser*, IPRax 2002, 365 und sogleich unten.

568 So für die Rückrufsrechte aus §§ 41, 42 UrhG *Schack*, Anknüpfung, Nr. 116; *ders.*, Urheberrecht, Rn. 915; *von Welser*, IPRax 2002, 365; a.A. *Katzenberger* in

das wiederum der Ort der ersten Veröffentlichung maßgeblich ist. Liegt dieser im Anwendungsbereich des UrhG, so steht dem Urheber unabhängig von späteren Entwicklungen das Rückrufsrecht gemäß § 34 III 2 UrhG zu. Das Rückrufsrecht wird also nicht durch die Wahl eines bestimmten Vertragsstatuts beeinflusst.

Nach hier vertretener Ansicht ist damit eine § 32b UrhG entsprechende Vorschrift – die Norm schließt eine etwaige Umgehung der §§ 32, 32a UrhG durch die Wahl ausländischen Rechts aus – für das Rückrufsrecht des Urhebers aus § 34 UrhG entbehrlich, da dieses ohnehin dem nach dem Ursprungsland zu bestimmenden Urheberrechtsstatut unterfällt.[569] Deshalb muss man § 34 III 2 UrhG auch nicht als Eingriffsnorm iSd Art. 34 EGBGB deuten, um die Anwendung des Rückrufsrechts zum Schutz des Urhebers auch im internationalen Kontext sicherzustellen.[570]

II. Die Rechtslage in ausgewählten Staaten

1. Österreich

a) Grundzüge des Urhebervertragsrechts

Nach österreichischem Urheberrecht, das ebenfalls der monistischen Theorie folgt, ist das Urheberrecht – genau wie in Deutschland – zwar vererblich (§ 23 I öUrhG 1936), unter Lebenden aber nicht übertragbar (§ 23 III ö-UrhG).[571] Um einer anderen Person dennoch die Nutzung des Werkes zu ermöglichen, erlaubt § 24 I öUrhG dem Urheber, Werknutzungsbewilligungen und Werknutzungsrechte einzuräumen. Die Werknutzungsbewilligung gibt dem Nutzer das nicht ausschließliche Recht, das Werk auf eine der in

---

FS Schricker, S. 251, der mit der Einheitstheorie die Rückrufsrechte nach dem Vertragsstatut beurteilen will.

569 Gegen Joppich, K&R 2003, 215 f. Die zur Einfügung des § 32b UrhG führenden Überlegungen sind dargestellt in der Formulierungshilfe vom 14.01.2002, abgedruckt bei *Hucko*, S. 163 f. Hierzu auch *von Welser*, IPRax 2002, 365 f.; *Nordemann*, Urhebervertragsrecht, S. 105 ff.; *Haas*, Rn. 469 ff; ausführlich *Hilty/Peukert*, GRUR Int. 2002, 643 ff.

570 Für die Vertreter der Einheitstheorie stellt sich diese Frage jedoch, vgl. oben Fn. 567 und die Ausführungen bei Joppich, K&R 2003, 215 f.

571 *Dillenz*, S. 80; *Hauser/Thomasser*, Rn. 960; *Eggersberger*, S. 165, auch S. 154 ff. zur historischen Entwicklung der Übertragbarkeit des Urheberrechts in Österreich.

§§ 14–18 öUrhG beschriebenen Verwertungsarten zu nutzen, wohingegen das Werknutzungsrecht als absolutes Recht eine ausschließliche Werknutzung ermöglicht.[572] Das Werknutzungsrecht wirkt daher gegen jedermann, also auch gegen den Urheber selbst. Der Inhaber eines Werknutzungsrechtes ist Rechtsnehmer des Urhebers und erwirbt ein vom Verwertungsrecht unabhängiges Recht, dessen Inhalt und Umfang sich nach dem mit dem Urheber geschlossenen Vertrag richtet, § 26 S. 1 öUrhG.

Die Werknutzungsrechte sind gemäß § 27 I öUrhG vererblich und veräußerlich. § 27 II öUrhG schränkt diesen Grundsatz jedoch insoweit ein, als die Übertragung auf Sondernachfolger nur mit Einwilligung des Urhebers möglich ist.[573] Eine Sondernachfolge liegt beispielsweise vor, wenn ein Verleger einzelne Buchtitel an einen anderen Verleger verkauft oder jemand Eigentum an solchen Titeln auf einer Konkursversteigerung erwirbt.[574] Durch das Zustimmungserfordernis soll der persönlichkeitsrechtlichen Bindung des Urhebers an sein Werk Rechnung getragen werden.[575]

b) Rückrufsrecht bei Unternehmensveräußerungen

Wird ein Werknutzungsrecht mit dem Unternehmen, zu dem es gehört, oder mit einem Unternehmensteil übertragen, so bedarf es abweichend von § 27 II keiner Einwilligung des Urhebers, § 28 I öUrhG. Hierdurch soll den praktischen Bedürfnissen des Wirtschaftsverkehrs entsprochen werden, die Werknutzungsrechte ohne Beschränkungen seitens der Urheber handeln zu können. Die Lizenzverträge haben in aller Regel eine so überragende Bedeutung für den Betrieb, dass die Abwägung des Gesetzgebers zu Lasten der Urheber ausgefallen ist.[576] Die Vorschrift entspricht insoweit dem deutschen § 34 III UrhG vor dem 01.07.2002. Ein Rückrufsrecht des Urhebers bei Unterneh-

---

572 *Dillenz*, S. 81 f.; *Hauser/Thomasser*, Rn. 963 ff.
573 *Eggersberger*, S. 172 weist darauf hin, dass auch abweichende Vereinbarungen möglich sind. So können die Parteien die volle Veräußerungsfreiheit, aber auch ein absolutes Veräußerungsverbot vereinbaren.
574 *Dillenz*, S. 96; *Hauser/Thomasser*, Rn. 985.
575 *Dillenz* zitiert auf S. 96 aus der anlässlich verschiedener in Deutschland erfolgter Verlagsverkäufe entfachten Diskussion: Der Urheber soll nicht »in der Morgenzeitung lesen müssen, wer gerade sein Verleger ist«. Außerdem soll durch § 27 II öUrhG verhindert werden, dass der »Urheber verkauft wird wie der Sklave mit seiner Plantage«.
576 *Dillenz*, S. 98; *Krejci*, ÖJZ 1975, 454.

mensveräußerungen enthält das österreichische UrhG nicht. Lediglich für den Konkurs des Nutzungsberechtigten gibt § 32 II 1 öUrhG dem Urheber ein Rücktrittsrecht, sofern zur Zeit der Eröffnung des Insolvenzverfahrens mit der Vervielfältigung des Werkes noch nicht begonnen worden ist.

Gemäß § 30 II öUrhG bleiben allgemeine Vertragsauflösungsmöglichkeiten neben den Spezialregelungen des öUrhG anwendbar. Obwohl eine ausdrückliche Regelung im Gesetz fehlt, steht dem Urheber daher nach allgemeiner Meinung die Möglichkeit zu, das Vertragsverhältnis durch eine fristlose Kündigung aus wichtigem Grund zu beenden, wenn ihm die Vertragsfortsetzung wegen schwerwiegender Beeinträchtigung seiner ideellen Interessen nicht zuzumuten ist.[577] Die außerordentliche Kündigung von Dauerschuldverhältnissen ist zwar im ABGB (anders als heute in § 314 BGB) nicht allgemein geregelt. Jedoch ist sie als Rechtsgrundsatz in Analogie zu §§ 1162, 1117 f. und 1212 ABGB entwickelt worden und allgemein anerkannt.[578] Als Beispiele für die Kündigung aus wichtigem Grund werden ideelle Beeinträchtigungen, wie die Übertragung des Werknutzungsrechts an einem religiösen Werk an einen Verleger, der nur atheistisches Schrifttum herausbringt, oder des Werknutzungsrechts an einem politischen Werk an einen Parteiverlag gegnerischer Richtung angeführt.[579] Damit entspricht die Rechtslage in Österreich im Wesentlichen der deutschen vor der Urhebervertragsrechtsreform von 2002.

2. Schweiz

a) Grundzüge des Urhebervertragsrechts

Im schweizerischen URG[580] finden sich keine ausführliche Vorschriften zum Urhebervertragsrecht. Lediglich der Verlagsvertrag hat in Art. 380 bis 393 OR eine Regelung erfahren.

Gemäß Art. 16 I URG ist das Urheberrecht übertragbar und vererblich.[581] Hierin unterscheidet es sich vom deutschen UrhG. Jedoch ist – entgegen dem

---

577 *Dittrich*, S. 229; *Rintelen*, S. 371.
578 *Dullinger*, S. 66; *Koziol/Welser*, S. 197 mwN.
579 *Dittrich*, S. 229.
580 Das Bundesgesetz über das Urheberrecht und verwandte Schutzrechte (URG) vom 09.10.1992 (in Kraft getreten am 01.07.1993) ist auch abgedruckt in GRUR Int. 1993, 149 ff.

Wortlaut des Art. 16 I URG – anerkannt, dass die unbeschränkte Übertragbarkeit zumindest im Hinblick auf das Urheberpersönlichkeitsrecht eingeschränkt werden muss.[582] Wie beispielsweise aus Art. 11 II URG hervorgeht, kann sich der Urheber stets einer persönlichkeitsverletzenden Entstellung des Werkes widersetzen.[583]

Die Übertragung des Urheberrechts kann in unterschiedlichem Umfang erfolgen. Von der Übertragung des Vollrechts zu unterscheiden ist die Einräumung von Nutzungsrechten. Die Übertragung kann zeitlich, räumlich oder gegenständlich beschränkt werden.[584] Sie ist gemäß Art. 11 I OR formlos möglich. Ein gutgläubiger Erwerb ist wie im deutschen Recht ausgeschlossen, da es an einem Publizitätsträger fehlt.[585] Zu beachten ist, dass sich in Zweifelsfällen der Umfang der Rechtsübertragung nach der Zweckübertragungstheorie richtet, Verträge daher »in dubio pro auctore« ausgelegt werden.[586]

b) Rückrufsrecht bei Unternehmensveräußerungen

aa) Gesetzliches Rückrufsrecht

Weder das URG noch das OR enthalten eine Bestimmung, wie mit den eingeräumten Rechten im Fall einer Unternehmensveräußerung verfahren werden soll. Ein Rückrufsrecht im Hinblick auf eingeräumte Urheber- oder Nutzungsrechte kann dem Gesetz für diese Situation ebenso wenig entnommen werden, wie für die Fälle der Nichtausübung des Rechts durch den Berechtig-

---

581 Zur historischen Entwicklung der Übertragbarkeit des Urheberrechts in der Schweiz *Eggersberger*, S. 175 ff.
582 UrhQuellen, Bd. 5, Schweiz/I, S. 10; *von Büren/David*, Bd. II/1, S. 210 ff.; *Barrelet/Egloff*, Art. 16, Rn. 6. Rehbinder, Schweizerisches Urheberrecht, Rn. 155 geht davon aus, dass das Urheberpersönlichkeitsrecht stets beim Urheber verbleibt.
583 UrhQuellen, Bd. 5, Schweiz/I, S. 11; *von Büren/David*, Bd. II/1, S. 211 f. mit Hinweis auf Art. 19 II OR, der Art. 16 I URG vorgehe.
584 *Rehbinder*, Schweizerisches Urheberrecht, Rn. 156.
585 *Rehbinder*, Schweizerisches Urheberrecht, Rn. 155.
586 *Barrelet/Egloff*, Art. 16, Rn. 20 f.; die Zweckübertragungstheorie ist in der Schweiz nicht normiert, als Auslegungsregel indes anerkannt. Das kann Art. 1 I a, 16 II URG entnommen werden. Im Übrigen wird auf die deutsche Kodifizierung in § 31 V UrhG verwiesen.

D. Die Rechtslage im Ausland

ten oder der gewandelten Überzeugung des Urhebers.[587] Möglich ist jedoch die außerordentliche Kündigung des Urhebervertrags nach allgemeinem Recht.[588] So ist insbesondere für den Verlagsvertrag eine Kündigungsmöglichkeit aus wichtigem Grund analog Art. 337 II OR anerkannt.[589] Allgemein gilt als wichtiger Grund jeder Umstand, bei dessen Vorhandensein dem Kündigenden nach Treu und Glauben die Fortsetzung des Vertragsverhältnisses nicht mehr zugemutet werden darf. Der wichtige Grund kann dabei in veränderten Verhältnissen, in der Art und Weise der Vertragsabwicklung oder in persönlichen Umständen liegen. Eine Änderung der Mehrheitsverhältnisse in einem Verwertungsunternehmen kann ebenso ein wichtiger Grund sein wie ein Wechsel in der Unternehmensleitung oder der Wandel in der Unternehmenspolitik.[590] Letztlich muss im Einzelfall geklärt werden, inwiefern die für das Dauerschuldverhältnis wesentliche Vertrauensgrundlage zerstört oder hinreichend erschüttert ist, so dass dem kündigenden Teil ein Festhalten am Vertrag vernünftigerweise nicht zugemutet werden kann.[591]

bb) Vertragliches Rückrufsrecht

Da die gesetzlichen Möglichkeiten über eine Kündigung aus wichtigem Grund nach den allgemeinen Regeln nicht hinausgehen, bietet es sich für den Urheber aus Gründen der Rechtssicherheit an, eine vertragliche Vereinbarung für den Fall einer Unternehmensveränderung zu treffen. So wird beispielsweise empfohlen, eine außerordentliche Kündigungsmöglichkeit in den Ver-

---

587 *Barrelet/Egloff*, Art. 16, Rn. 17; *Rehbinder*, Schweizerisches Urheberrecht, Rn. 159; *Staub*, S. 25.
588 *Staub*, S. 110 f. mwN, und S. 221 speziell zur Kündigung aus wichtigem Grund bei einem Wechsel der Eigentumsverhältnisse im Verlagsunternehmen.
589 Weitere Kündigungsvorschriften aus wichtigem Grund für Dauerschuldverhältnisse enthalten die Art. 266g, 297, 418r, 527 und 545 II OR; speziell zum Verlagsvertrag *Guhl/Schnyder*, § 48, Rn. 16. Vereinzelt wurde in der älteren Literatur eine analoge Anwendbarkeit der gesetzlich geregelten Kündigungsvorschriften aus wichtigem Grund auf urheberrechtliche Lizenzverträge mit dem Argument der fehlenden Vergleichbarkeit verneint. Aber auch nach dieser Auffassung musste eine Kündigung aus wichtigem Grund möglich sein, Rechtsgrundlage sollte dann »indirekt« Art. 4 ZGB sein, der den Richter auf eine Entscheidung nach Recht und Billigkeit verweist; vgl. *Muttenzer*, S. 47.
590 *Uhl*, S. 174; vorsichtiger *Staub*, S. 221.
591 *von Büren/David*, Bd. I/1, S. 319 ff.

trag aufzunehmen für den Fall, dass sich die Eigentumsverhältnisse beim Vertragspartner grundlegend ändern.[592]

Erwähnenswert ist in diesem Zusammenhang der Muster-Verlagsvertrag für belletristische Werke, der von AutorInnen-Verbänden, der Verlegerseite und »Pro Litteris« unterzeichnet worden ist.[593] Darin heißt es in der »Verlagsübernahme« betitelten Ziffer 3.3: »Bei einer allfälligen Verlagsübernahme durch einen Drittverlag kann der Autor bzw. die Autorin bei Vorliegen wichtiger Gründe die unter Ziffer 3.1 und 3.2 aufgeführten Rechte[594] vor Ablauf dieses Vertrages zurückverlangen. Als wichtige Gründe gelten beispielsweise die Änderungen des Verlagsprogramms, der krasse Wechsel der weltanschaulichen oder sonstigen Ausrichtung des Verlages, der Wegzug des Verlages ins Ausland etc.« Hier ist ein vertragliches Rückrufsrecht normiert, das an § 13 des deutschen Normvertrages für belletristische Werke (s.o. S. 67 f.) erinnert. Ebenso wie bei diesem wird das Problem darin bestehen, dass es sich um eine dispositive Regelung handelt, von der die Vertragspraxis zu Lasten der Autoren abweichen kann. Diese Gefahr besteht um so eher, je unbekannter und unerfahrener ein Autor ist.

3.   Frankreich

a)   Grundzüge des Urhebervertragsrechts

Dem französischen Urheberrecht[595] liegt – anders als dem deutschen – ein dualistischer Ansatz zu Grunde, Urheberpersönlichkeitsrecht und Verwertungsrechte sind selbständig und damit unterschiedlichen Regelungen zugänglich. So ist das Urheberpersönlichkeitsrecht mit der Person des Urhebers untrennbar verbunden und nicht übertragbar, Art. L. 121-1 CPI. Die Vermögensrechte dagegen können gemäß Art. L. 122-7 Abs. 1, Art. L. 131-3 CPI übertragen werden. Allerdings behandelt das Gesetz nicht die Übertragbar-

---

592 *von Büren/David*, Bd. I/1, S. 280.
593 »Pro Litteris« ist die 1974 gegründete Schweizerische Urheberrechtsgesellschaft für Literatur und bildende Kunst, die rund 6000 Urheber und 700 Verlage zu ihren Mitgliedern zählt (Stand März 2001). Der Musterverlagsvertrag steht in der genehmigten Fassung vom 26.06.1998 als download zur Verfügung unter www.ch-s.ch/deutsch/services/mustervertraege.
594 Betrifft das Verlagsrecht und Nebenrechte.
595 Code de la propriété intellectuelle von 1992 (CPI), abgedruckt in UrhQuellen, Bd. 2, Frankreich/II, S. 1 ff.

D. Die Rechtslage im Ausland

keit des vermögensrechtlichen Bestandteils des Urheberrechts als Ganzes, sondern nur die Übertragung einzelner Rechte des Urhebers. Eine Gesamtveräußerung der Vermögensrechte ist daher nicht möglich.[596] Der Urheber kann dem Rechtserwerber einfache und ausschließliche Rechte einräumen, vgl. Art. 132-8 Abs. 1, Art. 132-24 Abs. 1 einerseits, Art. L. 132-19 Abs. 2 und 3 CPI andererseits. Da dem französischen Recht das Abstraktionsprinzip unbekannt ist, bedarf es zur Rechtseinräumung keiner dinglichen Verträge.[597]

Neben den allgemeinen urheberrechtlichen Vorschriften enthält der CPI auch besonderes Urhebervertragsrecht. Der Verlagsvertrag hat in Art. L. 132-1 ff. eine Regelung erfahren, der Aufführungsvertrag in Art. L. 132-18 ff. und der Verfilmungs- und Filmherstellungsvertrag[598] in Art. L. 132-32 ff., um nur die wichtigsten zu nennen.

b) Rückrufsrecht bei Unternehmensveräußerungen

Die Weiterübertragung der Urheberrechte durch den Vertragspartner des Urhebers und ein Rückrufsrecht bei Unternehmensveräußerungen sind in den allgemeinen Vorschriften nicht geregelt. Das besondere Urhebervertragsrecht enthält jedoch einschlägige Normen.

aa) Verlagsvertrag

Das Gesetz verlangt in den Normen zum Verlagsvertrag zur Gültigkeit einer Weiterübertragung der Rechte die vorherige Erlaubnis des Urhebers, Art. L. 132-16 Abs. 1 CPI.[599] Gleiches gilt, wenn der Verleger die Rechte als Einlage in eine Gesellschaft einbringen möchte. Hierdurch soll den urheberpersönlichkeitsrechtlichen Interessen des Urhebers Rechnung getragen werden.[600] Die Vorschrift entspricht in ihrer Funktion § 34 I UrhG.

Anderes gilt indes, wenn der Verleger die Rechte im Rahmen einer Unternehmensveräußerung überträgt. Hier ist dem Verleger eine Weiterübertra-

---

596 *von Lewinski* in FS Schricker, S. 688. Zur historischen Entwicklung des Urheberrechts und dessen Übertragbarkeit in Frankreich *Eggersberger*, S. 203 ff.
597 *Ferid/Sonnenberger*, S. 519.
598 Im französischen Urheberrecht wird hier nicht unterschieden, sondern generell vom Contrat de production audiovisuelle gesprochen.
599 Eine ähnliche Regelung existiert auch für den Darbietungsvertrag, vgl. Art. L. 132-19. Abs. 4 CPI.
600 *von Lewinski* in FS Schricker, S. 698.

gung ohne vorherige Erlaubnis gestattet. Das ist zwar nicht ausdrücklich gesetzlich normiert, ergibt sich aber aus Art. L. 132-16 CPI.[601] Ist die Veräußerung des Geschäftsunternehmens allerdings geeignet, die materiellen oder persönlichkeitsrechtlichen Interessen des Urhebers erheblich zu gefährden, so ist dieser gemäß Art. L. 132-16 Abs. 2 CPI befugt, Wiedergutmachung, notfalls im Wege der Vertragsauflösung, zu verlangen.[602] Auch das französische Recht kennt also eine dem Rückrufsrecht bei Unternehmensveräußerungen vergleichbare Regelung. Ausschlaggebend ist eine erhebliche Gefährdung der Urheberinteressen. Wann eine solche vorliegt, regelt das Gesetz indes nicht. Es gewährt hier – wie die nach Treu und Glauben zu bestimmende Unzumutbarkeit im Rahmen des § 34 III 2 UrhG – den für Einzelfallentscheidungen nötigen Interpretationsspielraum.

Gesondert geregelt ist die Insolvenz des Verlegers. Ein gerichtliches Sanierungsverfahren des Verlegers zieht nicht die Vertragsauflösung mit sich. Wird ein Verlagsunternehmen im Rahmen eines Sanierungsverfahrens übertragen, so treffen den Erwerber gemäß Art. L. 132-15 Abs. 3 CPI die Pflichten des Verkäufers. Wenn jedoch der Geschäftsbetrieb des Unternehmens seit mehr als drei Monaten eingestellt oder die gerichtliche Liquidation angeordnet ist, kann der Urheber die Auflösung des Vertrages verlangen, Art. L. 132-15 Abs. 4 CPI.

bb) Filmverträge

Weder für Aufführungs- noch für Filmverträge gibt es dem Verlagsbereich vergleichbare ausführliche Regelungen. Während für den Aufführungsvertrag immerhin die Weiterübertragung der Rechte gemäß Art. L. 132-19 Abs. 4 CPI nur mit schriftlichem und ausdrücklichem Einverständnis des Urhebers möglich ist und lediglich Uneinigkeit darüber besteht, inwiefern die übrigen für den Verlagsvertrag geltenden Vorschriften entsprechend angewendet werden können,[603] ist der Urheber bei Filmverträgen in einer rechtlich ungünstigeren Lage. Vorschriften, die den Urheber vor einer Weiterübertragung der Rechte an Dritte schützen, existieren im Filmbereich nicht. Gemäß

---

601 *von Lewinski* in FS Schricker, S. 711.
602 *von Lewinski* in FS Schricker, S. 711 f.; *Lucas/Lucas*, S. 500, die überdies anmerken, dass Art. L. 132-16 CPI keinen Hinweis auf Maßnahmen enthält, die der Urheber im Falle einer Unternehmensveräußerung vorbeugend ergreifen kann.
603 *von Lewinski* in FS Schricker, S. 715 mwN in Fn. 138.

Art. L. 132-26 CPI gewährleistet der Urheber vielmehr dem Filmhersteller die ungehinderte Ausübung der abgetretenen Rechte. Das erinnert an die Privilegierung des Filmherstellers durch § 90 UrhG. Der Schutz des Urheberpersönlichkeitsrechts zieht zugunsten einer besseren wirtschaftlichen Auswertbarkeit der Rechte den Kürzeren, um so den hohen wirtschaftlichen Risiken des Filmgeschäfts Rechnung zu tragen.

Lediglich für den Bereich der Sanierung und Liquidation gibt es für den Urheber eine gesetzliche Möglichkeit, den Vertrag aufzulösen.[604] Zwar geht mit einem gerichtlichen Sanierungsverfahren gegen den Filmhersteller nicht die Vertragsauflösung einher. Ist jedoch die Geschäftstätigkeit des Unternehmens seit mehr als drei Monaten eingestellt oder wird die Liquidation ausgesprochen, so können Urheber und Miturheber die Auflösung des Filmvertrages verlangen, Art. L. 132-30 Abs. 1 und Abs. 5 CPI. Die Vorschrift kopiert die für den Verlagsvertrag geltenden Art. L. 132-15 Abs. 1 und 4 CPI.

4. Großbritannien

a) Grundzüge des Urhebervertragsrechts

Während die Urheberpersönlichkeitsrechte gemäß Sec. 94 I CDPA 1988[605] unter Lebenden nicht übertragbar sind,[606] besagt Sec. 90 I CDPA, dass das aus mehreren Verwertungsrechten bestehende Urheberrecht als Eigentum durch Übertragung, testamentarische Verfügung oder kraft Gesetzes übergehen kann. Die Übertragung unter Lebenden ist also möglich, bedarf aber der Schriftform, um gegenüber Dritten wirksam zu sein. Das Urheberrecht muss nicht vollständig übertragen werden, vielmehr ist eine inhaltlich und zeitlich beschränkte Übertragung möglich, Sec. 90 II CDPA.[607]

Von der Übertragung des Urheberrechts unterscheidet Sec. 90 IV CDPA die als »licence« bezeichnete Einräumung von Nutzungsrechten. Hierdurch erwirbt der Lizenzinhaber die Befugnis, das Werk auf die vereinbarte Art zu

---

604 *von Lewinski* in FS Schricker, S. 720.
605 Copyright, Designs and Patents Act 1988, abgedruckt in UrhQuellen, Bd. 2, Großbritannien/II, S. 1 ff.
606 Möglich ist jedoch ein Verzicht gemäß Sec. 87 CDPA 1988, vgl. hierzu *Cornish*, GRUR Int. 1990, 504 f. Zur historischen Entwicklung der Übertragung des Copyright in Großbritannien *Eggersberger*, S. 241 ff.
607 *Cornish* in FS Schricker, S. 651 f.

nutzen. An einem Urheberrecht können eine oder mehrere, einfache oder ausschließliche Lizenzen bestehen. Eine ausschließliche Lizenz ermächtigt den Lizenznehmer, jedermann von der Ausübung des Urheberrechts auszuschließen (Sec. 92 I) sowie die in Sec. 101, 102 CDPA beschriebenen Rechte und Rechtsbehelfe geltend zu machen. Ob die Einräumung von Unterlizenzen erlaubt ist, ist durch Vertragsauslegung zu ermitteln.

Dem englischen Recht ist das Abstraktionsprinzip unbekannt; zwischen schuldrechtlichem und dinglichem Rechtsgeschäft wird hier nicht unterschieden.[608]

b) Rückrufsrecht bei Unternehmensveräußerungen

Obwohl die britische Verlagsindustrie im Hinblick auf Unternehmensveräußerungen und Beteiligungsänderungen einen europäischen Spitzenplatz einnimmt[609], enthält der CDPA keine Regelung für den Fall der Veräußerung eines Verwertungsunternehmens. Hieraus kann aber nicht geschlossen werden, dass den Urhebern in solchen Fällen eine rechtliche Handhabe fehle. Unbelassen bleibt ihnen eine diesbezügliche vertragliche Vereinbarung. Aussagekräftiger als das Gesetz sind in Großbritannien neben der Rechtsprechung die Verträge zwischen Urheber und Verwerter, die – ebenso wie in den USA – in aller Regel über Agenten geschlossen werden.[610] Überdies wurden zwischen verschiedenen Interessenvereinigungen Vertragsmuster und Normverträge vereinbart.[611] In diesem Zusammenhang besonders hervorzuheben ist

---

608 Ausführlich zum englischen Urhebervertragsrecht UrhQuellen, Bd. 2, Großbritannien/I, S. 18 f.; *Cornish* in FS Schricker, S. 643 ff. mwN.
609 Ältere Zahlen zu Akquisitionen im Verlagsbereich bei *Pilny*, S. 10 ff. (1985–87). Aber auch in den letzten Jahren ist das Vereinigte Königreich mit 99 Käufen im Jahr 1999/2000, 62 Käufen 2000/01 und 45 Käufen 2001/02 die »Top Acquirer Nation« der europäischen Verlagsindustrie; Zahlenangaben nach *Arthur Andersen*, M&A Trends in the European Publishing Industry 2001, S. 7, und *Ernst&Young*, M&A Trends in the European Publishing Industry 2002, S. 9.
610 Für den Verlagsbereich *Pilny*, S. 61 ff.; *Copinger/Skone James*, Bd. I, Rn. 27–21; *Cornish* in FS Schricker, S. 668.
611 Für Verlagsverträge etwa das Minimum Terms Agreement (MTA), vgl. *Copinger/Skone James,* Bd. I, Rn. 27–37; *Hegemann*, UFITA 108 (1988), 131 ff. und *Cornish* in FS Schricker, S. 669; im Filmbereich beispielsweise das Writers' Collective Agreement for Film, Television and Videograms oder die Writers' Col-

D. Die Rechtslage im Ausland

der »Publisher´s Association Code of Practice« in der seit 1997 geltenden Fassung. Hier hat die britische Verlegervereinigung zwanzig Grundregeln aufgestellt, die aus ihrer Sicht wichtig für eine konstruktive Zusammenarbeit mit den Autoren sind und deshalb bei Vertragsschluss Beachtung finden sollten.[612] Einer dieser Grundsätze lautet: »The publisher should endeavour to keep the author informed of changes in the ownership of the publishing rights and of any changes in the imprint under which a work appears«.[613] Hieraus ergibt sich zwar noch kein Rückrufsrecht des Autors, doch wird deutlich, dass für diese Fälle eine vertragliche Vereinbarung getroffen werden sollte. So wird es in der Literatur dann auch als »normal« bezeichnet, dem Autor unter bestimmten Voraussetzungen im copyright agreement ein termination right bei Ereignissen wie Unternehmensveräußerungen und Beteiligungsänderungen einzuräumen.[614]

Die bloße Veräußerung eines gesamten Verlages rechtfertigt indes wohl nur selten den Rückruf der Rechte, weil das ursprüngliche Unternehmen weiterhin erhalten und für die Urheber verantwortlich bleibt. Problematischer scheint der Verkauf einzelner Titel zu sein. Für diesen Fall haben einige Autoren in ihren Verträgen eine so genannte »non-assignment clause« ausgehandelt, die eine Weiterveräußerung der Rechte ohne ihre Zustimmung verbietet.[615]

In der Praxis spielt das Rückrufsrecht bei Unternehmensveräußerungen eine untergeordnete Rolle, wichtige Entscheidungen scheint es hierzu nicht zu geben.[616] Im Ergebnis muss ein Autor, der gesteigerten Wert auf die Verwertung durch einen bestimmten Publisher legt, versuchen, sich mit einer »non-

---

lective Agreements zwischen der BBC und fünfzehn regionalen ITC-Anstalten; vgl. hierzu *Cornish* in FS Schricker, S. 679.
612 *Copinger/Skone James*, Bd. I, Rn. 27–32.
613 Vgl. *Copinger/Skone James*, Bd. I, Rn. 27–36 (S. 1334).
614 *Henry*, S. 252, 14.9 (f) ff. Der typische Verlagsvertrag enthält indes wohl keine dahingehende Bestimmung, sondern gesteht dem Autor ein Rückrufsrecht lediglich bei Vertragsverstößen oder Insolvenz des Verlegers zu; vgl. *Jones*, S. 91. Auch nach *Pilny*, S. 195, Fn. 566 a.E. gelingt es den Verfassern nur selten, die Weiterübertragung des Urheberrechts an ein Vetorecht zu knüpfen.
615 Auskunft von *Hugh Jones*, Copyright Counsel der britischen Verlegervereinigung »The Publishers Association« vom 03.01.2003.
616 Auskunft der Britischen Verlegervereinigung »The Publishers Association« vom 03.01.2003.

assignment clause« vertraglich zu helfen. Das dürfte nur etablierten Urhebern gelingen.

5. Schweden

a) Grundzüge des Urhebervertragsrechts

Gemäß § 27 I schwedUrhG[617] kann das Urheberrecht vorbehaltlich der sich aus § 3 schwedUrhG ergebenden Beschränkungen ganz oder teilweise übertragen werden. Auch wenn eine vollständige Übertragung des Urheberrechts, also sowohl des vermögens- als auch des persönlichkeitsrechtlich bedeutsamen Inhalts, in der Praxis selten vorkommt, ist sie doch – in den Grenzen des § 3 schwedUrhG[618] – möglich.[619] Üblich ist indes die Teilübertragung oder die Einräumung von Nutzungsrechten. Von einer Teilübertragung wird gesprochen, wenn sich die Übertragung auf einzelne Nutzungsrechte bezieht oder zeitlich, inhaltlich oder örtlich beschränkt wird. Eine bloße Nutzungsgenehmigung, »tillstånd« genannt, schließt hingegen andere Personen nicht von der parallelen Nutzung des Werkes aus.[620] Da im schwedischen Urheberrecht weder begrifflich noch rechtlich zwischen Verpflichtungs- und Verfügungsgeschäft unterschieden wird, bedarf es keines besonderen Rechtsgeschäftes, um ein Recht zu übertragen.

Neben den allgemeinen Bestimmungen zur Übertragung des Urheberrechts enthält das schwedische Gesetz Vorschriften zum besonderen Urhe-

---

617 Lag om upphovsrätt till litterära och konstnärliga verk vom 30.12.1960, abgedruckt in UrhQuellen Bd. 5, Schweden/II, S. 1 ff. Weitgehend übereinstimmend mit dem schwedischen Gesetz ist die Weiterübertragung des Urheberrechts und der Nutzungsrechte in Finnland geregelt, vgl. §§ 27, 28 finnUrhG, abgedruckt in GRUR Int. 1998, 681 ff. In Dänemark darf eine Weiterübertragung des Urheberrechts nur erfolgen, sofern sie »üblich oder offensichtlich vorausgesetzt« ist, vgl. §§ 53, 56 II dänUrhG, abgedruckt in GRUR Int. 1997, 893 ff. Ein Rückrufsrecht bei Unternehmensveräußerungen enthalten beide Gesetze nicht, daher soll nicht näher auf sie eingegangen werden.
618 Wird das Werk vervielfältigt oder der Öffentlichkeit zugänglich gemacht, so muss der Urheber in einem den guten Sitten entsprechenden Umfang angegeben werden. Außerdem dürfen weder das literarische oder künstlerische Ansehen, noch die literarische oder künstlerische Eigenart des Künstlers verletzt werden.
619 *Levin/Kur* in FS Schricker, S. 731; UrhQuellen, Bd. 5, Schweden/I, S. 24.
620 *Levin/Kur* in FS Schricker, S. 735 f.

bervertragsrecht. So ist der Verlagsvertrag in §§ 31 ff., der Filmvertrag in §§ 39 f. schwedUrhG näher ausgestaltet.

b) Rückrufsrecht bei Unternehmensveräußerungen

Die Vorschriften des besonderen Urhebervertragsrechts enthalten keine Regelungen über die Weiterübertragung des Urheberrechts. Jedoch finden sich in den allgemeinen Normen relevante Bestimmungen: Wer ein Urheberrecht erworben hat, darf es gemäß § 28 S. 1, Alt. 2 schwedUrhG nicht weiterübertragen – es sei denn, es wurde Abweichendes vereinbart. Die Weiterübertragung ist also nur mit Zustimmung des Urhebers möglich. Das gilt für teilweise Rechtsübertragungen ebenso wie für vollständige. Hierdurch werden ideelle und wirtschaftliche Interessen insbesondere bei starker persönlicher Prägung eines Werkes geschützt.[621]

Wird das Urheberrecht allerdings einem Unternehmen übertragen und dieses ganz oder teilweise von einem Dritten übernommen, so erwirbt der neue Eigentümer auch das Urheberrecht. § 28 S. 2 schwedUrhG macht hier die gleiche Ausnahme zugunsten der unternehmerischen Handlungsfreiheit des Verwerters, wie § 34 III UrhG im deutschen Recht. In § 28 S. 2 Hs. 2 schwedUrhG ist zwar eine gesamtschuldnerische Haftung des übertragenden und des erwerbenden Unternehmens verankert. Eine Rückrufsmöglichkeit für den Urheber fehlt jedoch im Gesetz. Der persönlichkeitsrechtliche Schutz des Urhebers ist in dieser Situation zumindest nach dem Wortlaut des Gesetzestextes geringer als in Deutschland. Fraglich ist aber, inwiefern in der Vertragspraxis abweichende Vereinbarungen üblich sind oder dem Urheber nach allgemeinen Rechtsgrundsätzen ein Recht zur Vertragsauflösung zusteht. In der schwedischen Literatur[622] wird in diesem Zusammenhang darauf hingewiesen, dass dem Urheber in bestimmten Situationen, etwa wenn ein seriöser Buchverlag an eine Person übertragen wird, die die Verlegertätigkeit nicht wie zuvor auszuüben vermag oder dies offenkundig nicht vorhat, ein Recht zur Vertragsauflösung zugestanden werden müsse. Gleiches gelte, wenn die Unternehmensübertragung negative Auswirkungen auf die wirtschaftlichen Interessen des Urhebers haben kann – beispielsweise wenn ein insolventes Unternehmen lediglich aus Spekulationszwecken erworben wird.

---

621 UrhQuellen, Bd. 5, Schweden/I, S. 25; *Levin/Kur* in FS Schricker, S. 742 mwN in Fn. 106 ff., insbesondere auch zur Zwangsvollstreckung; *Rosén*, S. 134.
622 *Levin/Kur* in FS Schricker, S. 742 in Fn. 111; *Rosén*, S. 136.

II. Die Rechtslage in ausgewählten Staaten

6. USA

a) Grundzüge des Urhebervertragsrechts

Das Urhebervertragsrecht der USA ist im Copyright Act von 1976[623] nur rudimentär geregelt und unterscheidet sich grundlegend von dem deutschen. Im Vordergrund stehen das Werk und die Werkverwertung, nicht die Person des Urhebers und ihre persönlichkeitsrechtliche Bindung an das Werk. Das Urheberrecht wird als reine Handelsware betrachtet. Es entsteht zwar grds. in der Person des Schöpfers, doch schon in der in § 201(b) CA 1976 kodifizierten »work made for hire«–Doktrin zeigt sich die Tendenz, zugunsten einer verbesserten Werkverwertung das Urheberpersönlichkeitsrecht gering zu achten: Bei einem work made for hire[624] erwirbt der Arbeit- oder Auftraggeber das Urheberrecht unmittelbar. Die Frage einer vertraglichen Übertragung des Urheberrechts oder der Einräumung von Nutzungsrechten stellt sich dann nicht. Da der Arbeit- oder Auftragnehmer kein Urheberrecht erwirbt, ist der Rechtsinhaber hinsichtlich Verwertung und Verfügung des Werkes völlig frei.[625] Folge der Beschränkung des »Copyright« auf die ökonomische Perspektive ist auch die freie Übertragbarkeit des Urheberrechts. Gemäß § 201(d)(1) CA 1976 kann das Urheberrecht ganz oder mit sachlicher, zeitlicher sowie räumlicher Begrenzung im Wege der Veräußerung, Lizenzierung oder als Sicherheit übertragen werden.[626] Auch die testamentarische Verfügung, der Übergang im Rahmen der gesetzlichen Erbfolge, die Pfändung und Enteignung sind möglich.[627]

Sec. 201(d)(2) CA 1976 regelt die Einräumung von Nutzungsrechten: Unterschieden wird zwischen ausschließlichen und nicht ausschließlichen Lizenzen. Erstere werden als Unterfall der Urheberrechtsübertragung angesehen und gewähren dem Lizenznehmer ein »property right«. Die nicht ausschließliche Lizenz hingegen ist lediglich die vertragliche Zusage des

---

623 Abgedruckt in UrhQuellen, Bd. 6, USA/II, S. 1 ff.
624 Definiert in § 101 CA 1976; hierzu ausführlich *Patry*, S. 373 ff.; *Nimmer*, Vol. 1, § 5.03; *Götting/A. Fikentscher* in *Assmann/Bungert*, Rn. 242 ff.; *Reindl*, S. 123; *Weiche*, S. 69 ff.
625 *Bodewig* in FS Schricker, S. 844 f.
626 UrhQuellen, Bd. 6, USA/I, S. 23; zur historischen Entwicklung der Übertragbarkeit des Urheberrechts in den USA *Eggersberger*, S. 257.
627 *Bodewig* in FS Schricker, S. 847; *Götting/A. Fikentscher* in *Assmann/Bungert*, Rn. 285. Im Konkurs gelten jedoch Besonderheiten.

Lizenzgebers, nicht gegen den Lizenznehmer vorzugehen, wenn er seine Nutzungsrechte ordnungsgemäß ausübt.[628] Dem deutschen Recht vergleichbare Ausprägungen des Urheberpersönlichkeitsrechts – etwa die Unwirksamkeit der Einräumung unbekannter Nutzungsrechte (§ 31 IV UrhG), die Zweckübertragungsregel (§ 31 V UrhG) oder die Übertragungsbeschränkungen des § 34 I UrhG – finden sich im CA 1976 nicht.[629]

b) Gesetzliches Rückrufsrecht bei Unternehmensveräußerungen

Der CA 1976 kennt weder den §§ 41, 42 UrhG vergleichbare Regelungen,[630] noch ein § 34 III UrhG entsprechendes Rückrufsrecht bei Unternehmensveräußerungen. Auch eine grundsätzliche Zustimmungspflicht des Urhebers bei Weiterübertragungen wie § 34 I UrhG sie vorschreibt, ist in den USA unbekannt.[631]

Ein gewisser persönlichkeitsrechtlicher Schutz des Urhebers besteht in Form der Rückrufsrechte[632] (termination rights). §§ 203, 304(c) CA 1976 gewähren dem Urheber und seinem gesetzlichen Rechtsnachfolger nach einem bestimmten Zeitraum ein unverzichtbares, dingliches Rückrufsrecht hinsichtlich einer Rechtsübertragung.[633] Gemäß § 203 CA 1976 kann der Urheber seit dem 01.01.1978 erfolgte Copyrightübertragungen und ausschließliche sowie nicht ausschließliche Lizenzen mit dinglicher Wirkung kündigen. Ein solcher Rückruf ist nach Ablauf von 35 Jahren seit Ausfertigung der Übertragung oder der Lizenz möglich und wird innerhalb einer Frist von fünf Jahren wirksam.[634] Ein Rückruf gemäß § 203 CA ist somit erstmals

---

628 *Bodewig* in FS Schricker, S. 848 f.
629 *Pleister*, GRUR Int. 2000, 675.
630 *Pleister*, GRUR Int. 2000, 675.
631 *Pleister*, S. 75.
632 Wegen der dinglichen Wirkung des termination right wird mit *Hegemann*, GRUR Int. 1988, 403 die Übersetzung mit »Rückrufsrecht« dem »Kündigungsrecht« vorgezogen.
633 UrhQuellen, Bd. 6, USA/I, S. 21 und 24; *Götting/A. Fikentscher* in *Assmann/Bungert*, Rn. 292; *Pleister*, S. 72 f.
634 Umfasst die Rechtseinräumung auch das Recht zur Veröffentlichung, so beginnt die Frist 35 Jahre ab Veröffentlichung oder 40 Jahre ab Rechtseinräumung, je nachdem, welche der beiden Fristen früher abläuft; vgl. UrhQuellen, Bd. 6, USA/I, S. 24. Zur Fristberechnung bei termination rights *Nimmer*, Vol. 3, § 11.05 f.; *Bodewig* in FS Schricker, S. 873; *Reindl*, S. 152.

im Jahr 2013 möglich.[635] Für Rechtseinräumungen vor dem 01.01.1978 gewährt § 304(c) CA 1976 dem Urheber und seinen Rechtsnachfolgern ein termination right, allerdings beginnt hiernach die Fünfjahresperiode für den Rückfall 56 Jahre nach Schutzerlangung. Dieses Rückrufsrecht ist damit auch schon gegenwärtig relevant.[636]

Beide Rückrufsrechte erfassen nur Rechtsgeschäfte unter Lebenden, gelten nicht für works made for hire[637] und sind nach §§ 203(a)(5), 304(c)(5) CA 1976 vertraglich nicht abdingbar. Der Rückruf muss dem Betroffenen im Voraus schriftlich mitgeteilt werden und unter anderem angeben, wann er wirksam werden soll. Mit Wirksamwerden fallen alle gekündigten Rechtsübertragungen und lizenzierten Rechte an den Urheber oder seinen Rechtsnachfolger zurück, § 203(b) CA 1976.[638]

Indem das termination right ein Auseinanderfallen von Vertragslaufzeit und Dauer der urheberrechtlichen Schutzfrist bewirken kann[639], stärkt es die vertragliche Stellung der Urheber.[640] Dennoch bietet es im Verhältnis mit dem deutschen Rückrufsrecht bei Unternehmensveräußerungen einen ungleich geringeren Persönlichkeitsschutz für die Urheber, da es frühestens 35 Jahre nach Ausfertigung der Übertragung oder Lizenz ausgeübt werden kann und sie vorher stattfindenden Rechtsübertragungen tatenlos zusehen müssen. Das liegt daran, dass in Deutschland der Rückruf an besondere Voraussetzungen wertender Natur gebunden ist, in den USA dagegen allein an das Verstreichen einer langen gesetzlichen Frist.[641]

Überdies hinkt ein Vergleich des gesetzlichen termination right mit § 34 III UrhG, weil die Schutzrichtung eine andere ist: Während die deutsche

---

635 *Patry*, S. 494, 497.
636 UrhQuellen, Bd. 6, USA/I, S. 24; *Patry*, S. 494; *Pleister*, S. 72.
637 Der Arbeitnehmerurheber begibt sich also auf Dauer aller Rechte an seinem Werk, er kann auch kein Kündigungsrecht mehr ausüben, vgl. *Reindl*, S. 123.
638 Ausführlich zu den termination rights *Bodewig* in FS Schricker, S. 871 ff.; *Pleister*, S. 71 ff.
639 *Pleister*, S. 307.
640 So wurde auch im Rahmen der Urhebervertragsrechtsreform diskutiert, in das deutsche UrhG ein Kündigungsrecht für Nutzungsverträge nach Ablauf von 30 Jahren seit Einräumung des Nutzungsrechts aufzunehmen, vgl. § 32 V, VI RegE. Dieser Vorschlag konnte sich jedoch nicht durchsetzen, hierzu *Schack*, GRUR 2002, 858.
641 *Hegemann*, UFITA 108 (1988), 92.

D. Die Rechtslage im Ausland

Regelung das Urheberpersönlichkeitsrecht stärken soll, sollen die amerikanischen Vorschriften vornehmlich den wirtschaftlichen Interessen des Urhebers zur Durchsetzung verhelfen.[642] Insofern darf es nicht verwundern, dass der mit §§ 203, 304(c) CA 1976 erzielte Schutz des Urhebers bei Unternehmensveräußerungen verschwindend gering ist – die termination rights greifen in diesem Fall höchstens »zufällig«.

Hinzu kommt, dass einige Verleger in den USA bestrebt sind, die zwingenden Rückrufsregeln zu umgehen, indem sie versuchen, die in ihrem Verlag veröffentlichten Buchausgaben als Bearbeitungen des Werkes durch den Verlag zu qualifizieren, so dass wegen des Bearbeiterprivilegs[643] der §§ 203(b)(1), 304(c)(6)(A) CA 1976 die jeweiligen Ausgaben trotz termination right weitervertrieben werden dürfen.[644] Falls sich solche Bestrebungen durchsetzen, würde der ohnehin geringe Schutz der Urheber weiter gemindert.

c) Vertragliches Rückrufsrecht bei Unternehmensveräußerungen

Unabhängig vom Fehlen eines gesetzlichen Rückrufsrecht bei Unternehmensveräußerungen bleibt es dem Urheber unbelassen, ein solches vertraglich zu vereinbaren. Das wird zwar in der Praxis eher selten vorkommen, jedoch ist zu berücksichtigen, dass es in den USA geschäfts- und vertragserfahrene Literaturagenten gibt, die die Autoren rechtlich betreuen. Insofern sind entsprechende Vertragsklauseln zumindest bei Verträgen von Erfolgsautoren denkbar.[645]

Vertragliche Rücktrittsrechte werden von amerikanischen Autoren indes nicht nur beim Inhaberwechsel des Verlages, sondern auch beim Wechsel des Lektors gefordert.[646] Zwischen Lektor und Autor besteht häufig eine enge Bindung, oft ist der Lektor Fürsprecher des Autors bei der verlagsinternen Verteilung von Werbebudgets und anderen Marketingmaßnahmen. Daher hat der Autor ein Interesse daran, »seinen« Lektor zu erhalten oder ihm bei ei-

---

642 *Hegemann*, GRUR Int. 1988, 403 f. mwN.
643 Hierzu *Hegemann*, GRUR Int. 1988, 408 f.
644 *Pleister*, S. 295 f.
645 So verlangen verschiedene Autoren für den Fall eines Inhaberwechsels des Verlags ein Kündigungsrecht, vgl. *Pleister*, S. 288 in Fn. 2335.
646 *Pleister*, S. 288.

nem Wechsel zu folgen.[647] In der Praxis haben anscheinend einige Verlage tatsächlich ein vertragliches Rückrufsrecht für den Fall des Lektorwechsels vereinbart, solange sie dadurch nicht finanziell belastet werden.[648] Ein termination right für den Fall des Lektorwechsels geht weit über die in Deutschland übliche Praxis hinaus und dürfte auch in der US-amerikanischen Verlagspraxis eine Ausnahme sein. Von § 34 III UrhG jedenfalls ist der Lektorwechsel nicht mehr erfasst.[649]

Anders stellt sich die Situation bei Insolvenz des Verlegers dar. Für diesen Fall enthalten die in den USA üblichen Verlagsverträge regelmäßig eine »bankruptcy clause«, die den Autor dazu berechtigt, den Vertrag zu kündigen, wenn über das Verlagsunternehmen ein Insolvenzverfahren eröffnet wurde oder der Verlag die Geschäfte seinen Gläubigern überträgt oder einstellt.[650] Solche Klauseln sind aber gemäß § 365(e) Bankruptcy Code nur wirksam, wenn der Vertrag als personal service contract einzustufen ist, also ein Vertrauensmoment enthält.[651]

Die Rechtslage im Fall der Unternehmensveräußerung ist für den Urheber in den USA hinsichtlich der ihm von Gesetzes wegen zustehenden Rechte unbefriedigender als in Deutschland, allerdings können – wie stets – zumindest die erfolgreichen Autoren ihre Lage durch vertragliche Rücktrittsrechte verbessern. Für unbekannte Urhebern mit schwacher Verhandlungsposition ist das allerdings kaum eine realistische Option.

III. Zwischenergebnis

Ob dem Urheber bei internationalen Verträgen ein Rückrufsrecht gemäß § 34 III 2 UrhG zusteht, bestimmt sich im Ergebnis nach dem Ort der ersten Veröffentlichung des in Rede stehenden Werkes. Liegt dieser im Anwendungsbereich des UrhG, so kann der Urheber – sofern die Rückrufsvoraussetzungen vorliegen – unabhängig von der Wahl eines bestimmten Vertragsstatuts von seinem Rückrufsrecht Gebrauch machen.

---

647 *Pleister*, S. 288 mwN aus dem US-amerikanischen Recht in Fn. 2336 f.
648 Sog. »editors clause«, die aber wohl nur etablierte Autoren durchsetzen können, vgl. *Pleister*, S. 288; *ders.*, GRUR Int. 2001, 686 in Fn. 251.
649 Vgl. oben S. 75 f.
650 *Pleister*, S. 287.
651 Vgl. zur Insolvenz des Verlegers *Pleister*, S. 287 f. und speziell für den Musikverlagsvertrag *Reindl*, S. 174 ff., jeweils mwN.

D. Die Rechtslage im Ausland

Folgt man indes der in Deutschland noch herrschenden Einheitstheorie, wird man das Rückrufsrecht ungeachtet seines vornehmlich dinglichen Charakters dem Vertragsstatut unterstellen müssen. Dann stellt sich die Frage, ob man § 34 III 2 UrhG als Eingriffsnorm iSd Art. 34 EGBGB ansehen kann, um so zu verhindern, dass sich der Urheber sein Rückrufsrecht vertraglich abhandeln läßt.

Im internationalen Vergleich zeigt sich, dass die Problematik der Weiterübertragung von Nutzungsrechten im Rahmen eines Unternehmensverkaufs in den meisten Rechtsordnungen eine Regelung erfahren hat. In allen untersuchten Ländern wurde die Thematik zumindest in der Literatur angesprochen. Schutz für den Urheber in Form eines gesetzlichen Kündigungs- oder Rückrufsrechts wird allerdings selten gewährt, meist nimmt man sich des Problems auf vertraglicher Ebene an. Mit seinem verstärkten Urheberschutz durch ein unverzichtbares dinglich wirkendes Rückrufsrecht nimmt das deutsche Urheberrechtsgesetz damit eine Sonderstellung ein.

E. Schlussbetrachtung

Das Rückrufsrecht bei Unternehmensveräußerungen stärkt die Stellung des Urhebers. Es wird jedoch nur gewährt, wenn dem Urheber die neue Situation nach Treu und Glauben nicht zumutbar ist. Um den Unternehmenswert nicht durch einen Rückruf zu verringern, sollte der Nutzungsrechtsinhaber nun mit größerer Sorgfalt entscheiden, ob, wie und an wen er sein Unternehmen veräußert, der potentielle Erwerber hingegen sich genauer überlegen, welches Unternehmen er kauft. Denn wenn keine allzu großen Unterschiede zwischen veräußertem und erwerbendem Unternehmen bestehen, reduziert sich das Rückrufsrisiko erheblich. Empfehlenswert ist in jedem Fall, vor einer strukturell schwerwiegenden Unternehmensveränderung die Zustimmung der Urheber einzuholen.

Die Unebenheiten des Gesetzes müssen durch Literatur und Rechtsprechung geglättet, Lücken gefüllt werden. Bis das erfolgt ist, sind vertragliche Regelungen unerlässlich. Im einzelnen sollte folgendes beachtet werden:

Die Urheber müssen vornehmlich darauf achten, von ihrem Rückrufsrecht rechtzeitig Gebrauch zu machen. Da nicht davon ausgegangen werden kann, dass der Gesetzgeber ihnen das Recht unbefristet zugestanden hat, empfiehlt es sich für sie, die Nutzungsrechte möglichst sofort, spätestens innerhalb eines Monats nach Bekanntwerden des zum Rückruf berechtigenden Umstandes, zurückzurufen. Zur Beseitigung von Unsicherheiten sollte der zwischen Urheber und Verwerter geschlossene Nutzungsvertrag den Nutzungsrechtsinhaber verpflichten, den Urheber über Unternehmensveränderungen zu informieren. Mit dieser Information sollte die Frist für die Ausübung des Rückrufsrechts beginnen.

Dem Unternehmensverkäufer muss daran gelegen sein, den Urheber vor der Unternehmensveräußerung rechtzeitig und umfassend zu informieren. Dabei sollten dem Urheber alle Umstände, die ihn zu einem Rückruf veranlassen könnten, mitgeteilt werden. Aus Urhebersicht mag insbesondere relevant sein, ob sich der Name des sein Werk verwertenden Unternehmens ändert oder nicht. In jedem Fall empfiehlt es sich für den Veräußerer, die ausdrückliche Zustimmung der Urheber einzuholen. Hierdurch kann er zum einen die Erwerberhaftung des § 34 IV UrhG ausschließen, zum anderen das Rückrufsrisiko auf Null reduzieren. Beides liegt in seinem Interesse, da er

E. Schlussbetrachtung

hierdurch etwaigen Rücktritts- und Minderungsrechten des Käufers zuvorkommt.

Der Unternehmenskäufer sollte sich durch einen am Earn-out Verfahren orientierten Kaufpreis und die Vereinbarung von Garantien absichern. Insbesondere sollte er sich eine Kaufpreisminderung oder ein Recht zum Rücktritt vom Unternehmenskauf für den Fall einräumen lassen, dass wichtige Nutzungsrechte von den Urhebern zurückgerufen werden. Sofern der Verkäufer dies nicht schon getan hat, ist dem Unternehmenskäufer anzuraten, die Urheber über den anstehenden Verkauf zu unterrichten und ihre ausdrückliche Zustimmung einzuholen. Nur so kann er einer gesamtschuldnerischen Haftung zusammen mit dem Verkäufer entgehen.

Die zentrale Auswirkung der Gesetzesänderung besteht offensichtlich darin, dass es nunmehr notwendig ist, sich der Zustimmung der Urheber zu vergewissern. Bei kleineren Verwertungsunternehmen, die nur mit wenigen Urhebern in Vertragsbeziehung stehen, ist dies kein Problem.[652] Aber auch bei großen Unternehmen hält sich der Aufwand bei den heutigen Kommunikationsmöglichkeiten in Grenzen. Die Mehrbelastungen für die Verwerter sind insofern überschaubar.[653] Der »medienwirtschaftliche Zusammenbruch am Standort Deutschland«[654] ist wegen des Rückrufsrechts jedenfalls nicht zu befürchten.

Da die Kombination von Unternehmensveränderung und Unzumutbarkeit wohl nur selten auftritt, wird das Rückrufsrecht in der Praxis eine eher unter-

---

652 So wurde auch kritisiert, dass der Gesetzgeber 1965 nicht zwischen großen und kleinen Verwertungsunternehmen unterschieden hat, weil seine Begründung für die zustimmungsfreie Übertragung im Rahmen einer Unternehmensveräußerung – es sei dem Unternehmer nicht zuzumuten, zuvor alle Urheber um Zustimmung zu bitten – nur bei großen Unternehmen stichhaltig ist; vgl. *Lößl*, S. 69, *Hemler*, S. 42 ff.

653 Es ließe sich überlegen, ob sich die Transaktionskosten dadurch erhöhen, dass die Urheber für die Erteilung der Zustimmung eine Vergütung verlangen. Dieser Gesichtspunkt wird aber zu vernachlässigen sein, da die Urheber entweder an einer gedeihlichen weiteren Zusammenarbeit interessiert sind und diese nicht durch ein destruktives Verhalten gefährden möchten, oder ihnen die weitere Zusammenarbeit unzumutbar erscheint, so dass sie die Zustimmung auch nicht gegen Zahlung einer Vergütung erteilen werden.

654 Gemeinsame Stellungnahme von ARD und ZDF zum Entwurf eines Gesetzes zur Stärkung der vertraglichen Stellung von Urhebern und ausübenden Künstlern, S. 17, abrufbar unter www.urheberrecht.org.

geordnete Rolle spielen und vornehmlich dazu dienen, Härten zu vermeiden. Dabei darf man indes nicht übersehen, dass die Anforderungen an die Unzumutbarkeit niedriger als bei § 314 BGB liegen und das Rückrufsrecht die Stellung des Urhebers im Vergleich mit der Kündigung aus wichtigem Grund verbessert. Weil die Rechtsprechung diesen Unterschied in Einzelfallentscheidungen konkretisieren muss, wird letztlich sie festlegen, welche praktische Bedeutung § 34 III 2 UrhG zukommt.

Literatur

ALLFELD, Philipp, Das Verlagsrecht, Kommentar, 2. Auflage, München 1929

ANGERSBACH, Carsten J., Due Diligence beim Unternehmenskauf, Baden-Baden 2002, zugleich Diss. München 2001

BALLWIESER, Wolfgang, Unternehmensbewertung mit Discounted Cash Flow-Verfahren, WPg 1998, 81–92

BARRELET, Denis/EGLOFF, Willi, Das neue Urheberrecht, Kommentar zum Bundesgesetz über das Urheberrecht und verwandte Schutzrechte, Bern 1994

BAUMS, Theodor, Ergebnisabhängige Preisvereinbarungen in Unternehmenskaufverträgen (»earn-outs«), DB 1993, 1273–1276

BECHTOLD, Rainer, Kartellgesetz, Gesetz gegen Wettbewerbsbeschränkungen, Kommentar, 3. Auflage, München 2002

BECK, Hans Dieter, Der Lizenzvertrag im Verlagswesen, München 1961

BEHRINGER, Stefan, Unsicherheit und Unternehmensbewertung, DStR 1999, 731–736

BEISEL, Wilhelm/KLUMPP, Hans-Hermann, Der Unternehmenskauf: Gesamtdarstellung der zivil- und steuerrechtlichen Vorgänge einschließlich gesellschafts-, arbeits- und kartellrechtlichen Fragen bei der Übertragung eines Unternehmens, 4. Auflage, München 2003

BERENS, Wolfgang/HOFFJAN, Andreas/STRAUCH, Joachim, Planung und Durchführung der Due Diligence, in: Berens, Wolfgang/Brauner, Hans U./Strauch, Joachim, Due Diligence bei Unternehmensakquisitionen, 3. Auflage, Stuttgart 2002, S. 121–172

BERGER, Christian, Das neue Urhebervertragsrecht, Baden-Baden 2003

BEUCHER, Klaus/FRENTZ, Wolfgang Frhr. Raitz von, Kreditsicherung bei Filmproduktionen, ZUM 2002, 511–525

BING, Friederike, Die Verwertung von Urheberrechten: eine ökonomische Analyse unter besonderer Berücksichtigung der Lizenzvergabe durch Verwertungsgesellschaften, Berlin 2002, zugleich Diss. Kiel 2001

BOCK, Thomas, Die Option im Musik- und Buchverlag, Baden-Baden 2002, zugleich Diss. München 2001

BODEWIG, Theo, Urhebervertragsrecht in ausgewählten Ländern: USA, in: Urhebervertragsrecht, Festgabe für Gerhard Schricker zum 60. Geburtstag, München 1995, S. 833–883

BOOR, Hans Otto de, Urheberrecht und Verlagsrecht, Stuttgart 1917

BOOR, Hans Otto de, Vom Wesen des Urheberrechts: Kritische Bemerkungen zum Entwurf eines Gesetzes über das Urheberrecht an Werken der Literatur, der Kunst und der Photographie, Marburg 1933

BRANDI-DOHRN, Matthias, Der urheberrechtliche Optionsvertrag, Diss. München 1967

BRAUN, Alfons Maria, Die internationale Coproduktion von Filmen im Internationalen Privatrecht, München 1996

BRAUN, Eberhard, Insolvenzordnung, Kommentar, München 2002

BRETZKE, Wolf-Rüdiger, Risiken in der Unternehmensbewertung, ZfbF 1988, 813–823

BRYER, Lanning/SIMENSKY, Melvin (Hrsg.), Intellectual Property Assets In Mergers And Acquisitions, New York 2002

BÜREN, Roland v./DAVID, Lucas, Schweizerisches Immaterialgüter- und Wettbewerbsrecht, Erster Bd., Teilband 1, Allgemeiner Teil, Zweiter Bd., Teilband 1, Urheberrecht, beide Basel, Frankfurt/M. 1995

CEPL, Philipp, Lizenzen in der Insolvenz des Lizenznehmers, NZI 2000, 357–362

COPINGER AND SKONE JAMES ON COPYRIGHT, 14. Auflage, London 1999

CORNISH, William R., Der Schutz des Urheberpersönlichkeitsrechts nach dem neuen britischen Urheberrechtsgesetz von 1988, GRUR Int. 1990, 500–505

CORNISH, William R., Urhebervertragsrecht in ausgewählten Ländern: Großbritannien, in: Urhebervertragsrecht, Festgabe für Gerhard Schricker zum 60. Geburtstag, München 1995, S. 643–684

DAUNER-LIEB, Barbara/HEIDEL, Thomas/LEPA, Manfred/RING, Gerhard (Hrsg.), Anwaltskommentar, Schuldrecht, Erläuterungen der Neuregelungen zum Verjährungsrecht, Schuldrecht, Schadensersatzrecht und Mietrecht, Bonn 2002

DEGENHART, Christoph, Die allgemeine Handlungsfreiheit des Art. 2 I GG, JuS 1990, 161–169

DELCKER, Matthias, Risiken beim Unternehmenskauf – Absicherung durch Besserungsoption, DB 1992, 2453–2454

DELP, Ludwig, Kleines Praktikum für Urheber- und Verlagsrecht, 4. Auflage, München 2000

DIETZ, Adolf, Der Entwurf zur Neuregelung des Urhebervertragsrechts, AfP 2001, 261–265

DILLENZ, Walter, Praxiskommentar zum österreichischen Urheberrecht und Verwertungsgesellschaftenrecht, Wien New York 1999

DITTRICH, Robert, Das österreichische Verlagsrecht, Wien 1969

DONLE, Christian, Die Bedeutung des § 31 Abs. 5 UrhG für das Urhebervertragsrecht, Diss. München 1992

DONLE, Christian, Gewerbliche Schutzrechte im Unternehmenskauf, DStR 1997, 74–80

DREIER, Horst, Grundgesetz, Kommentar, Bd. I, Art. 1–19, Tübingen 1996, Bd. III, Art. 83–146, Tübingen 2000

DROBNIG, Ulrich, Originärer Erwerb und Übertragung von Immaterialgüterrechten im Kollisionsrecht, RabelsZ 40 (1976), 195–218

DULLINGER, Silvia, Bürgerliches Recht, Bd. II, Schuldrecht Allgemeiner Teil, Wien New York 2000

ECKSTEIN, Ernst, Deutsches Film- und Kinorecht, Mannheim 1924

EGGERS, Dirk, Filmfinanzierung: Grundlagen-Beispiele, 3. Auflage, Berlin 2001

EGGERSBERGER, Michael, Die Übertragbarkeit des Urheberrechts in historischer und rechtsvergleichender Sicht, München 1992, zugleich Diss. München 1991

EICKMANN, Dieter/FLESSNER, Axel/IRSCHLINGER, Friedrich/KIRCHHOF, Hans-Peter/KREFT, Gerhart/LANDFERMANN, Hans-Georg/MAROTZKE, Wolfgang, Heidelberger Kommentar zur Insolvenzordnung, 2. Auflage, Heidelberg 2001

EISENHARDT, Ulrich, Gesellschaftsrecht, 8. Auflage, München 1999

EMMERICH, Volker/HABERSACK, Mathias, Aktien- und GmbH-Konzernrecht, 2. Auflage, München 2001

Emmerich, Volker/Sonnenschein, Jürgen/Habersack, Mathias, Konzernrecht, Das Recht der verbundenen Unternehmen bei Aktiengesellschaft, GmbH, Personengesellschaften, Genossenschaft, Verein und Stiftung, 7. Auflage, München 2001

ERDMANN, Willi, Urhebervertragsrecht im Meinungsstreit, GRUR 2002, 923–931

ERMAN, Walter, Bürgerliches Gesetzbuch, Kommentar, 10. Auflage, München 2000

FERID, Murad/SONNENBERGER, Hans Jürgen, Das Französische Zivilrecht, Bd. 2, Schuldrecht: Die einzelnen Schuldverhältnisse, Sachenrecht, 2. Auflage, Heidelberg 1986

FLECHSIG, Norbert P., Der Entwurf eines Gesetzes zur Stärkung der vertragsrechtlichen Stellung von Urhebern und ausübenden Künstlern, ZUM 2000, 484–499

FLEISCHER, Holger/KÖRBER, Torsten, Due diligence und Gewährleistung beim Unternehmenskauf, BB 2001, 841–849

FRANZEN, Ottmar, Markenbewertung mit Hilfe von Ertragswertansätzen, DStR 1994, 1625–1630

FRENTZ, Wolfgang Frhr. Raitz von/MARRDER, Larissa, Insolvenz des Filmrechtehändlers, ZUM 2001, 761–770

Literatur

FRENTZ, Wolfgang Frhr. Raitz von/MARRDER, Larissa, Filmrechtehandel mit Unternehmen in der Krise, ZUM 2003, 94–108

FRITZSCHE, Michael, Due Diligence aus rechtlicher Sicht, in: Berens, Wolfgang/Brauner, Hans U./Strauch, Joachim, Due Diligence bei Unternehmensakquisitionen, 3. Auflage, Stuttgart 2002, S. 363–387

FROHNE, Renate, Rilkes Briefwechsel mit seinem Verleger Anton Kippenberg von 1906 bis 1926, UFITA 316 (2002), 119–132

FROMM, Friedrich Karl/NORDEMANN, Wilhelm, Urheberrecht, Kommentar, 9. Auflage, Stuttgart, Berlin, Köln 1998

GAITANIDES, Michael, Ökonomie des Spielfilms, München 2001

GAMM, Otto-Friedrich von, Urheberrechtsgesetz, Kommentar, München 1968

GAMM, Otto-Friedrich von, Zur Lehre vom geistigen Eigentum, UFITA 94 (1982), 73–78

GAUL, Björn, Schuldrechtsmodernisierung und Unternehmenskauf, ZHR 166 (2002), 35–71

GAUL, Björn/OTTO, Björn, Unterrichtungsanspruch und Widerspruchsrecht bei Betriebsübergang und Umwandlung, DB 2002, 634–640

GEULEN, Rainer/KLINGER, Remo, Verfassungsrechtliche Aspekte des Filmurheberrechts, ZUM 2000, 891–897

GIERKE, Otto von, Deutsches Privatrecht, Dritter Bd., Schuldrecht, München und Leipzig 1917

GÖTTING, Horst-Peter, Allgemeines Urhebervertragsrecht, Urheberrechtliche und vertragsrechtliche Grundlagen, in: Urhebervertragsrecht, Festgabe für Gerhard Schricker zum 60. Geburtstag, München 1995, S. 53–75

GÖTTING, Horst-Peter/FIKENTSCHER, Adrian, Gewerblicher Rechtsschutz und Urheberrecht, in: Assmann, Heinz-Dieter / Bungert, Hartwin, Handbuch des US-amerikanischen Handels-, Gesellschafts- und Wirtschaftsrechts, Bd. 1, München und Wien 2001, S. 393–503

GOTTWALD, Peter (Hrsg.), Insolvenzrechts-Handbuch, 2. Auflage, München 2001

GRABOWSKI, Olaf/HARRER, Herbert, Wesentliche Elemente von Zusicherungen und/oder Garantien beim Unternehmenskauf, DStR 1993, 20–23

GUHL, Theo, Das Schweizerische Obligationenrecht, 9. Auflage, Zürich 2000

HAAG, Herbert, Zur Bewertung von Verlagsunternehmen, in: Beiträge zur Ökonomie des Verlagsbuchhandels, herausgegeben von Friederike Kästing und Franz-Joachim Klock, Baden Baden 1990, S. 59–69

HAAS, Lothar, Das neue Urhebervertragsrecht, München 2002

HABERSTUMPF, Helmut/HINTERMEIER, Jürgen, Einführung in das Verlagsrecht, Darmstadt 1985

HABERSTUMPF, Helmut, Verfügungen über urheberrechtliche Nutzungsrechte im Verlagsrecht, in: Forkel, Hans/Kraft, Alfons (Hrsg.), Festschrift für Heinrich Hubmann zum 70. Geburtstag – Beiträge zum Schutz der Persönlichkeit und ihrer schöpferischen Leistungen , Frankfurt/M. 1985, S. 127–144

HACHENBURG, Max, Gesetz betreffend die Gesellschaften mit beschränkter Haftung (GmbHG), Großkommentar, Erster Bd., §§ 1–34, 8. Auflage, Berlin New York 1992; Zweiter Bd., §§ 35–52, 8. Auflage, Berlin New York 1997

HAERTEL, Kurt/SCHIEFLER, Kurt (Hrsg.), Urheberrechtsgesetz und Gesetz über die Wahrnehmung von Urheberrechten und verwandten Schutzrechten: Textausgabe mit Verweisungen und Materialien, Köln Berlin Bonn München 1967

HAGE, Volker/SCHULZ, Thomas, Das große Aufräumen, Der Spiegel 8/2003 vom 17.02.2003, S. 160–162

HAINZ, Fritz, Verlagsvertrag und literarische Unternehmen des Verlegers, Diss. Erlangen 1935

HANFELD, Michael, Geiselnahme: Wie Holtzbrinck in Berlin die Pressefreiheit verkauft, FAZ vom 02.04.2003, S. 42

HARTLIEB, Horst von, Handbuch des Film-, Fernseh- und Videorechts, 3. Auflage, München 1991

HAUSER, Werner/THOMASSER, Andreas, Wettbewerbs- und Immaterialgüterrecht, Wien 1998

HAUSMANN, Rainer, Möglichkeiten und Grenzen der Rechtswahl in internationalen Urheberrechtsverträgen, in: Beiträge zum Film- und Medienrecht, Festschrift für Wolf Schwarz zum 70. Geburtstag, Baden-Baden 1988, S. 47–74

HAUSMANN, Rainer, Insolvenzklauseln und Rechtefortfall nach der neuen Insolvenzordnung, ZUM 1999, 914–923

HAUSMANN, Rainer, Auswirkungen der Insolvenz des Lizenznehmers auf Filmlizenzverträge nach geltendem und künftigem Insolvenzrecht, in: Aktuelle Rechtsprobleme der Filmproduktion und Filmlizenz, Festschrift für Wolf Schwarz zum 80. Geburtstag, Baden-Baden 1999, S. 81–105

HEGEMANN, Gerd F., Der Rückruf im US-amerikanischen Urheberrechtsgesetz, GRUR Int. 1988, 402–418

HEGEMANN, Gerd F., Der »Rückruf« im US-Urheberrechtsgesetz von 1976: eine »selbstgerechte Sachnorm«?, in: UFITA 108 (1988), 91–100

HEGEMANN, Gerd F., Neue Vertragsnormen im britischen Buchverlagswesen, Die Minimum Terms Agreement vom 04. Februar 1987, UFITA 108 (1988), 131–148

HEINOLD, Wolfgang Erhardt, Bücher und Büchermacher, Verlage in der Informationsgesellschaft, 5. Auflage, Heidelberg 2001

HELD, Christoph, Weiterübertragung von Verlagsrechten – Zur Weitergeltung von § 28 VerlG, GRUR 1983, 161–166

HENRY, Michael, Publishing and Multimedia Law, London Dublin Edinburgh, 1994

HEMLER, Tobias, Das Urheberrecht bei Veränderungen im Verlagsunternehmen, Diss. Freiburg 1992

HEMLER, Tobias, Die Stellung des Autors beim Verlagsverkauf, GRUR 1994, 578–586

HENNEBERG, Heinrich, Die Rechtsstellung des Verlegers nach modernem Recht, Diss. Erlangen 1907

HENNERKES, Christian, Medienfonds als Finanzierungsinstrument für deutsche Kinospielfilmproduktionen, Baden-Baden 2002

HENNING-BODEWIG, Frauke, Urhebervertragsrecht auf dem Gebiet der Filmherstellung und -verwertung, in: Urhebervertragsrecht, Festgabe für Gerhard Schricker zum 60. Geburtstag, München 1995, S. 389–425

HERSCHEL, Wilhelm, Außerordentliche Kündigung eines Musikverlagsvertrages, UFITA 83 (1978), 91–105

HEYMANN, Ernst, Verlagsrechts-Fragen, RabelsZ 11 (1937), 2–39

HINTERMEIER, Hannes, Soviel Macht war nie, Konzentration: Random House kauft die Springer-Buchverlage, FAZ vom 12.02.2003, S. 35

HINTERMEIER, Hannes, Großer Gerneklein: Revolution der Buchwelt? Random House und das Kartellamt, FAZ vom 05.04.2003, S. 33

HILTY, Reto M./PEUKERT, Alexander, Das neue deutsche Urhebervertragsrecht im internationalen Kontext, GRUR Int. 2002, 643–668

HÖLTERS, Wolfgang, Handbuch des Unternehmens- und Beteiligungskaufs, 5. Auflage, Köln 2002

HOLZAPFEL, Hans-Joachim/PÖLLATH, Reinhard, Unternehmenskauf in Recht und Praxis, 10. Auflage, Köln 2001

HOMMEL, Michael/ BRAUN, Inga/SCHMOTZ, Thomas, Neue Wege in der Unternehmensbewertung? – Kritische Würdigung des neuen IDW-Standards (IDW S 1) zur Unternehmensbewertung – DB 2001, 341–347

HOYNINGEN-HUENE, Gerrick von, Betriebsverfassungsrecht, 4. Auflage, München 1998

HUBER, Christina Nicola, Rechtsprobleme von Verlagskooperationen: eine Untersuchung des Gemeinschaftsverlages unter besonderer Berücksichtigung der gesellschafts- und urhebervertragsrechtlichen Probleme, München 1998

HUBER, Peter/FAUST, Florian, Schuldrechtsmodernisierung: Einführung in das neue Recht, München 2002

HUCKO, Elmar, Das neue Urhebervertragsrecht, Halle 2002

HÜFFER, Uwe, Aktiengesetz, Kommentar, 4. Auflage, München 1999

IMMENGA, Ulrich/MESTMÄCKER, Ernst-Joachim, GWB, Kommentar, 3. Auflage, München 2001

INTVEEN, Carsten, Internationales Urheberrecht und Internet, Baden-Baden 1999, zugleich Diss. Freiburg 1999

ISELE, Hellmut Georg, Optionsrechte des Verlegers, in: Fritz Hodeige (Hrsg.), Das Recht am Geistesgut, Festschrift für Walter Bappert, Freiburg im Breisgau 1964, S. 87–100

JARASS, Hans D./PIEROTH, Bodo, Grundgesetz, Kommentar, 6. Auflage, München 2002

JONES, Hugh, Publishing Law, London 1996

JOPPICH, Brigitte, § 34 UrhG im Unternehmenskauf, K&R 2003, 211–217.

KALLMEYER, Harald, Umwandlungsgesetz, Kommentar, 2. Auflage, Köln 2001

KAROW, Lutz, Die Rechtsstellung des Subverlegers im Musikverlagswesen, Diss. München 1970

KATZ, Richard Alexander, Darf der Verleger das Verlagsrecht ohne Einwilligung des Autors an Andere abtreten?, in: Verhandlungen des 25. Deutschen Juristentages (1900), Bd. II, S. 147–175

KATZENBERGER, Paul, Urheberrechtsverträge im Internationalen Privatrecht und Konventionsrecht, in: Urhebervertragsrecht, Festgabe für Gerhard Schricker zum 60. Geburtstag, München 1995, S. 225–259

KAUBE, Jürgen, Lektüre für Helden, Weihnachtsbücher für die HJ – Wie der fromme Verlag unter den unfrommen Nazis prosperierte und sich einen Namen machte: Bertelsmann im Dritten Reich, FAZ vom 8.10.2002, S. 35

KAUBE, Jürgen, Nur einer wollte keine Volksausgabe, FAZ vom 29.10.2002, S. 44.

KAUBE, Jürgen, Kopiert euch frei! Müllverbreitungsanlage: Das Netz des neuen Urheberrechts, FAZ vom 10.04.2003, S. 37

KELLER, Günther, Risikomanagement bei Unternehmensakquisitionen: Konzeptionelle Grundlagen und Elemente eines Instrumentariums zur Identifikation, Evaluation und Steuerung von Akquisitionsrisiken, München 2002, zugleich Diss. Erlangen 2002

KLEIN, Klaus-Günter/JONAS, Martin, Due Diligence und Unternehmensbewertung, in: Berens, Wolfgang/Brauner, Hans U./Strauch, Joachim (Hrsg.), Due Diligence bei Unternehmensakquisitionen, 3. Auflage, Stuttgart 2002, S. 173–192

KLEINE, Nikola, Urheberrechtsverträge im internationalen Privatrecht, Frankfurt/M., Bern, New York 1986

KNAAK, Roland, Der Verlagsvertrag im Bereich der Belletristik, in: Urhebervertragsrecht, Festgabe für Gerhard Schricker zum 60. Geburtstag, München 1995, S. 263–289

KOLLER, Ingo/ROTH, Wulf-Henning/MORCK, Winfried, Handelsgesetzbuch, Kommentar, 3. Auflage, München 2002

KOZIOL, Helmut/WELSER, Rudolf, Grundriss des bürgerlichen Rechts, Bd. I, Allgemeiner Teil und Schuldrecht, 10. Auflage, Wien 1995

KRAFT, Alfons/KREUTZ, Peter, Gesellschaftsrecht, 11. Auflage, Neuwied 2000

KRAßER, Rudolf, Verpflichtung und Verfügung im Immaterialgüterrecht, GRUR Int. 1973, 230–238

KRAßER, Rudolf, Urheberrecht in Arbeit-, Dienst- und Auftragsverhältnissen, in: Urhebervertragsrecht, Festgabe für Gerhard Schricker zum 60. Geburtstag, München 1995, S. 77–115

KRAUSS, Diether, Die Option im Verlagsrecht, Frankfurt/M. 1958, zugleich Diss. Mainz 1958

KREILE, Johannes, Die Pläne der Bundesregierung zu einer gesetzlichen Regelung des Urhebervertragsrecht, ZUM 2001, 300–305

KREJCI, Heinz, Ist zur Vertragsübernahme bei Unternehmensveräußerung Dreiparteieneinigung erforderlich?, ÖJZ 1975, 449–459

KRÜGER-NIELAND, Gerda, Zur außerordentlichen Kündigung eines Musikverlagvertrages aus wichtigem Grund seitens des Komponisten, UFITA 89 (1981), 17–44

KÜBLER, Bruno M./PRÜTTING, Hanns, Kommentar zur Insolvenzordnung, Loseblattsammlung, 14. Lieferung, Köln 2002

KÜHNKE, Hans Helmut, Rücktritt und Kündigung beim Verlagsvertrag, UFITA 9 (1936), 123–143

KÜTING, Karlheinz/ZWIRNER, Christian, Bilanzierung und Bewertung bei Film- und Medienunternehmen des Neuen Marktes, FB 2001, Beilage 3, 3–38

KUHLENBECK, Ludwig, Das Urheberrecht und das Verlagsrecht, Leipzig 1901

KUNSTMANN, Emil, Die Übertragbarkeit der Verlegerrechte, Diss. Erlangen 1913

KUßMAUL, Heinz, Sind Nutzungsrechte Vermögensgegenstände bzw. Wirtschaftsgüter?, BB 1987, 2053–2065

LEISS, Ludwig, Verlagsgesetz, Kommentar mit Vertragsmustern, Berlin New York 1973

LEVIN, Marianne/KUR, Annette, Urhebervertragsrecht in ausgewählten Ländern: Skandinavien – unter besonderer Berücksichtigung Schwedens, in: Urhebervertragsrecht, Festgabe für Gerhard Schricker zum 60. Geburtstag, München 1995, S. 725–769

LEWINSKI, Silke von, Urhebervertragsrecht in ausgewählten Ländern: Frankreich, in: Urhebervertragsrecht, Festgabe für Gerhard Schricker zum 60. Geburtstag, München 1995, S. 685–723

LÖFFLER, Martin, Presserecht, Kommentar, 4. Auflage, München 1997

LÖFFLER, Martin/RICKER, Reinhart, Handbuch des Presserechts, 4. Auflage, München 2000

LÖFFLER, Martin, Wann ändert der Verleger die grundsätzliche Haltung seiner Zeitung?, AfP 1979, 290–292

LÖFFLER, Martin/GAITZSCH, Albrecht, Bewertung bei Kauf und Verkauf von Verlagsobjekten, AfP 1976, 161–164

LÖßL, Wolfgang, Rechtsnachfolge in Verlagsverträge, Diss. München 1997

LOEWENHEIM, Ulrich, Rechtswahl bei Filmlizenzverträgen, ZUM 1999, 923–927

LÖWISCH, Manfred, Taschenkommentar zum Betriebsverfassungsgesetz, 3. Auflage, Heidelberg 1994

LOVENBERG, Felicitas von, Mach Fliege!, Eichborn muss sich nach Ferchl und Moers neu orientieren, FAZ vom 06.12.2002, S. 41

Lovenberg, Felicitas von, Artenschutz, Freundliche Übernahme: Berlin Verlag zu Bloomsbury, FAZ vom 24.04.2003, S. 35

LUCAS, A./LUCAS, H.-J., Traité de la propriété littéraire et artistique, Paris 1994

LÜTJE, Stefan, Die Rechte der Mitwirkenden am Filmwerk, Baden-Baden 1987

LUTTER, Marcus, Die Holding – Erscheinungsformen und der für dieses Buch maßgebende Rechtsbegriff der Holding, in: Lutter, Marcus (Hrsg.), Holding-Handbuch: Recht-Management-Steuern, 3. Auflage, Köln 1998, S. 1–32

MÄGER, Stefan, Der Schutz des Urhebers im internationalen Vertragsrecht, Berlin 1995

MANZ, Friederike/VENTRONI, Stefan/SCHNEIDER, Inge, Auswirkungen der Schuldrechtsreform auf das Urheber(vertrags)recht, ZUM 2002, 409–422

MARRÉ, Heribert, Zum Beispiel Suhrkamp – Profilierung im literarischen Verlag, in: Altenhein, Hans (Hrsg.), Probleme des Verlagsgeschäfts, Wiesbaden 1995, S. 87–101

MAYER-MALY, Theo, Grundsätzliches und Aktuelles zum »Tendenzbetrieb«, BB 1973, 761–769

Literatur

MELICHAR, Ferdinand, Printing on Demand – Eine Bestandsaufnahme, in: Tades, Helmuth/Danzl, Karl-Heinz/Graninger, Gernot (Hrsg.), Ein Leben für Rechtskultur: Festschrift für Robert Dittrich zum 75. Geburtstag, Wien 2000, S. 229–237

MENDELSSOHN, Peter de (Hrsg.), Thomas Mann, Briefwechsel mit seinem Verleger Gottfried Bermann Fischer 1932–1955, Frankfurt/M. 1973

MERKT, Hanno, Due Diligence und Gewährleistung beim Unternehmenskauf, BB 1995, 1041–1048

MEULI, Hans Martin, Earn-Out-Methode als Instrument der Preisgestaltung bei Unternehmensverkäufen, Zürich 1996, zugleich Diss. Zürich 1996

MEYER-DOHM, Peter/STRAUß, Wolfgang, Handbuch des Buchhandels in vier Bänden, Bd. II: Verlagsbuchhandel, Hamburg 1975

MÖHRING, Philipp/NICOLINI, Käte, Urheberrechtsgesetz, Kommentar, 2. Auflage, München 2000

MÖHRING, Philipp/SCHULZE, Erich/ULMER, Eugen/ZWEIGERT, Konrad (Hrsg.), Quellen des Urheberrechts, Loseblattsammlung, 50. Lieferung 2001, Neuwied

MÜNCHENER KOMMENTAR ZUM BÜRGERLICHEN GESETZBUCH, Bd. 2a: §§ 241–432, 4. Auflage, München 2003, Bd. 3: §§ 433–606, 3. Auflage, München 1995, Bd. 4: §§ 607–704, 3. Auflage, München 1997, Bd. 10: Art. 1–38 EGBGB, 3. Auflage, München 1998

MÜNCHENER KOMMENTAR ZUM AKTIENGESETZ, Bd. 1: §§ 1–53, 2. Auflage, München 2000

MUNDHENKE, Reinhard/TEUBER, Marita, Der Verlagskaufmann: Berufsfachkunde für Kaufleute in Zeitungs-, Zeitschriften- und Buchverlagen, 9. Auflage, Frankfurt/M. 2002

MUTTENZER, René, Der urheberrechtliche Lizenzvertrag, Basel, Stuttgart 1970

NEUHAUS, Paul Heinrich, Freiheit und Gleichheit im Internationalen Immaterialgüterrecht, RabelsZ 40 (1976), 191–195

NEUMANN-DUESBERG, Horst, Betriebsübergang und Tendenzbetrieb, NJW 1973, 268–272

NIMMER, Melville B./NIMMER, David, Nimmer on Copyright, Loseblattsammlung, 57. Lieferung, New York, San Francisco 2002

NORDEMANN, Wilhelm, Urhebervertragsrecht, München 2002

OETKER, Hartmut, Das Dauerschuldverhältnis und seine Beendigung: Bestandsaufnahme einer tradierten Figur der Schuldrechtsdogmatik, Tübingen 1994

OLENHUSEN, Albrecht Götz von, Der Urheber und Leistungsrechtsschutz der arbeitnehmerähnlichen Personen, GRUR 2002, 11–18

ORY, Stephan, Das neue Urhebervertragsrecht, AfP 2002, 93–104

OSSENBÜHL, Fritz, Die Freiheiten des Unternehmers nach dem Grundgesetz, AöR 115 (1990), 1–32

OSTERRIETH, Albert, Soll der Verleger berechtigt sein, das Verlagsrecht ohne Zustimmung des Autors zu übertragen?, in: Verhandlungen des 25. Deutschen Juristentages (1900), Bd. II, S. 183–209

PALANDT, Otto, Bürgerliches Gesetzbuch, Kommentar, 62. Auflage, München 2003

PARTSCH, Christoph/REICH, Anka, Änderungen im Unternehmenskaufvertragsrecht durch die Urhebervertragsrechtsreform, NJW 2002, 3286–3290

PARTSCH, Christoph/REICH, Anka, Die Change-of-Control-Klausel im neuen Urhebervertragsrecht, AfP 2002, 298–302

PATRY, William F., Copyright Law and Practice, Bd. I, Washington D.C. 1994

PEEMÖLLER, Volker H. (Hrsg.), Praxishandbuch der Unternehmensbewertung, 2. Auflage, Herne/Berlin 2002

PEEMÖLLER, Volker H./BÖMELBURG, Peter/DENKMANN, Andreas, Unternehmensbewertung in Deutschland: Eine empirische Erhebung, WPg 1994, 741–749

PEIFER, Karl-Nikolaus, Werbeunterbrechungen in Spielfilmen: Eine vergleichende Untersuchung nach deutschem, italienischem und internationalem Urheberrecht unter Berücksichtigung des Rundfunkrechts, Baden-Baden 1994, zugleich Diss. Bielefeld 1994

PELLENS, Bernhard/ROCKHOLTZ, Carsten/STIENEMANN, Marc, Marktwertorientiertes Konzerncontrolling in Deutschland: Eine empirische Untersuchung, DB 1997, 1933–1939

PICOT, Gerhard, Handbuch Mergers & Acquisitions, Stuttgart 2000

PILNY, Karl Heinz, Der englische Verlagsvertrag: Verlagswesen und Grundzüge des Urheber- und Verlagsrechts in Bezug auf das deutsche Recht, Diss. München 1989

PLATHO, Rolf, Rückfall, Rück- und Weiterübertragung von Nutzungsrechten und erteilte Unterlizenzen im Urheberrecht, FuR 1984, 135–139

PLEISTER, Christian C.W., U.S.-amerikanische Buchverlagsverträge: Autor-Agent-Verleger; ein Vergleich zu Verlagsrecht und –praxis Deutschlands, Diss. München 1999

PLEISTER, Christian C.W., Buchverlagsverträge in den Vereinigten Staaten – ein Vergleich zu Recht und Praxis Deutschlands, GRUR Int. 2000, 673–687

PLINKE, Manfred, Recht für Autoren, 2. Auflage, Berlin 2002

PROSI, Gerhard, Ökonomische Theorie des Buches: Volkswirtschaftliche Aspekte des Urheber- und Verlegerschutzes, Düsseldorf 1971

REGELIN, Frank Peter, Das Kollisionsrecht der Immaterialgüterrechte an der Schwelle zum 21. Jahrhundert, Diss. Mannheim 1999

REHBINDER, Manfred, Urheberrecht, 12. Auflage, München 2002

REHBINDER, Manfred, Schweizerisches Urheberrecht, 3. Auflage, Bern 2000

REINDL, Andreas, Die Nebenrechte im Musikverlagsvertrag: Urhebervertragsrechtliche und zivilrechtliche Probleme bei der Verwertung musikalischer Werke, (zugleich Diss) Wien 1993

REITHMANN, Christoph/MARTINY, Dieter, Internationales Vertragsrecht, 5. Auflage, Köln 1996

REUPERT, Christine, Der Film im Urheberrecht: Neue Perspektiven nach 100 Jahren Film, Baden-Baden 1995

RGRK, Das Bürgerliche Gesetzbuch, Kommentar, herausgegeben von den Mitgliedern des Bundesgerichtshofes, Band I, §§ 1–240, 12. Auflage, Berlin, New York 1982

RINTELEN, Max, Urheberrecht und Urhebervertragsrecht nach Österreichischem, Deutschem und Schweizerischem Recht, Wien 1958

RÖPER, Horst, Formationen deutscher Medienmultis 2002, MP 2002, 406–432

RÖPER, Horst, Zeitungsmarkt 2002: Wirtschaftliche Krise und steigende Konzentration, MP 2002, 478–490

ROHNKE, Christian, Bewertung von Warenzeichen beim Unternehmenskauf, DB 1992, 1941–1945

ROSÉN, Jan, Upphovsrättens avtal, 2. Auflage, Stockholm 1998

ROTH, Wulf-Henning, Internationales Gesellschaftsrecht nach Überseering (zu EuGH, 05.11.2002 – Überseering), IPRax 2003, 117–127

RÜRUP, Bert/KLOPFLEISCH, Roland/STUMPP, Henning, Ökonomische Analyse der Buchpreisbindung, Frankfurt/M. 1997

SACHS, Michael, Grundgesetz, Kommentar, 2. Auflage, München 1999

SCHACK, Haimo, Urheber- und Urhebervertragsrecht, 2. Auflage, Tübingen 2001

SCHACK, Haimo, Zur Anknüpfung des Urheberrechts im internationalen Privatrecht, Berlin 1979, zugleich Diss. Köln 1978

SCHACK, Haimo, Urheberrechtsverletzung im internationalen Privatrecht – Aus der Sicht des Kollisionsrechts, GRUR Int. 1985, 523–525

SCHACK, Haimo, Die grenzüberschreitende Verletzung allgemeiner und Urheberpersönlichkeitsrechte, UFITA 108 (1988), 51–72

SCHACK, Haimo, Der Vergütungsanspruch der in- und ausländischen Filmhersteller aus § 54 I UrhG, ZUM 1989, 267–285

SCHACK, Haimo, Internationale Urheber-, Marken- und Wettbewerbsrechtsverletzungen im Internet, Internationales Privatrecht, MMR 2000, 59–65

SCHACK, Haimo, Neuregelung des Urhebervertragsrechts, ZUM 2001, 453–466

SCHACK, Haimo, Urhebervertragsrecht im Meinungsstreit, GRUR 2002, 853–859

SCHACK, Haimo, Zum auf grenzüberschreitende Sendevorgänge anwendbaren Urheberrecht (zu OLG Saarbrücken, 28.06.2000 – Sender Felsberg), IPRax 2003, 141–142

SCHAUB, Günter, Arbeitsrechts-Handbuch: systematische Darstellung und Nachschlagewerk für die Praxis, 9. Auflage, München 2000

SCHENZ, A./PLATHO, R., Der Musikverlagsvertrag und seine außerordentliche Kündigung aus wichtigem Grund, FuR 1979, 227–230

SCHLEIFENBAUM, Thekla, Die Unternehmenshaftung bei Unternehmensübertragungen, Diss. Tübingen 1999

SCHMIDT, Karsten, Handelsrecht, 5. Auflage, Köln Berlin Bonn München 1999

SCHMIDT, Uwe, Neuer Luchterhand-Autorenrat installiert: Verlag Die Arche konzediert erstmals volle Autoren-Mitbestimmung, Buchreport Nr. 10 vom 10.03.1988, S. 20–21

SCHMIDT-BLEIBTREU, Bruno/KLEIN, Franz, Kommentar zum Grundgesetz, 9. Auflage, Neuwied, Kriftel 1999

SCHNEIDER, Inge, Das Recht des Kunstverlags, München 1991, zugleich Diss. München 1990

SCHÖNSTEDT, Eduard, Der Buchverlag: Geschichte, Aufbau, Wirtschaftprinzipien, Kalkulation und Marketing, 2. Auflage, Stuttgart 1999

SCHOLZ, Franz, Kommentar zum GmbH-Gesetz, Bd. I, §§ 1–44, 8. Auflage, Köln 1993

SCHRAMM, Carl, Das Konkurrenzverbot im Verlagsvertrag, UFITA 64 (1972), 19–31

SCHRICKER, Gerhard (Hrsg.), Urheberrecht, Kommentar, 2. Auflage, München 1999

SCHRICKER, Gerhard, Verlagsrecht, Kommentar, 3. Auflage, München 2001

SCHULZE, Gernot, Kündigung von Verlagsverträgen, in: Moser, Rolf/Scheuermann, Andreas, Handbuch der Musikwirtschaft, Starnberg, München 1992, S. 615–636

SCHULZE, Marcel, Materialien zum Urheberrechtsgesetz: Texte-Begriffe-Begründungen, Weinheim 1993

SCHWAB, Brent, Die Rechtsstellung des Urhebers in der Insolvenz, KTS 1999, 49–57

SCHWARZ, Mathias/KLINGNER, Norbert, Rechtsfolgen der Beendigung von Filmlizenzverträgen, GRUR 1998, 103–113

SCHWEIHS, Robert P., Copyright Intangibles, in: Contractor, Farok J. (Hrsg.), Valuation of Intangible Assets in Global Operations, Westport, Connecticut 2001, S. 245–263

SCHWEYER, Stefan, Die Zweckübertragungstheorie im Urheberrecht, Diss. München 1982

SIEGER, Ferdinand, Sukzessionsschutz im Urheberrecht, FuR 1983, 580–591

SIEGER, Ferdinand, Die Verlags- und Übersetzungs-Normverträge, ZUM 1986, 319–328

SIEPE, Günter, Kapitalisierungszinssatz und Unternehmensbewertung, WPg 1998, 325–338

SIEPE, Günter/DÖRSCHELL, Andreas/SCHULTE, Jörn, Der neue IDW Standard: Grundsätze zur Durchführung von Unternehmensbewertungen (IDW S 1), WPg 2000, 946–960

SMITH, Gordon V./PARR, Russell L., Valuation of Intellectual Property and Intangible Assets, 3. Auflage, New York u.a. 2000

SOERGEL, Bürgerliches Gesetzbuch, Kommentar, Band II, §§ 104–240, 13. Auflage, Stuttgart 1999

SPIEGEL, Hubert, Wieder frei – Wagemutig: Der Berlin Verlag verlässt Random House, FAZ vom 29.03.2003, S. 35

STAUB, Hermann, Handelsgesetzbuch, Großkommentar, Erster Bd., Einl., §§ 1–104, 4. Auflage, Berlin New York 1995, Dritter Bd., 1. Teilband: §§ 238–289, 4. Auflage, Berlin, New York 2002

STAUB, Roger, Leistungsstörungen bei Urheberrechtsverträgen, Diss. Bern 2000

STAUDINGER, Julius von, Kommentar zum Bürgerlichen Gesetzbuch mit Einführungsgesetz und Nebengesetzen, Zweites Buch, §§ 611–615, 13. Bearbeitung, Berlin 1999; Zweites Buch, §§ 616–630, Neubearbeitung, Berlin 2002; Zweites Buch, §§ 652–740, 12. Auflage, Berlin 1991; EGBGB/IPR, Art. 27–37 EGBGB, 13. Auflage, Berlin 2002

STEIN, Claus/ORTMANN, Martina, Bilanzierung und Bewertung von Warenzeichen, BB 1996, 787–792

STIEBNER, Jörg D., Tendenzschutz bei Mischunternehmen im Verlagswesen, Diss. Augsburg 1979

STRAßER, Robert, Gestaltung internationaler Film-/Fernsehlizenzverträge, ZUM 1999, 928–934

STUMPP, Henning, Die Preisbindung für Verlagserzeugnisse: Wettbewerbsbeschränkung oder Regulierung zur Beseitigung von Marktunvollkommenheiten? Baden-Baden 1999, zugleich Diss. Darmstadt 1998

TIETZEL, Manfred, Literaturökonomik, Tübingen 1995

UHL, Markus, Die rechtsgeschäftliche Verfügung im schweizerischen Urheberrecht, Diss. Bern 1987

ULMER, Eugen, Urheber- und Verlagsrecht, 3. Auflage, Berlin Heidelberg New York 1980

ULMER, Eugen, Die Immaterialgüterrechte im internationalen Privatrecht, Berlin 1975

ULMER, Eugen, Grundfragen des Filmrechts, GRUR 1955, 518–526

VÖLKER, Stefan, Das geistige Eigentum beim Unternehmenskauf, BB 1999, 2413–2421

WALLNER, Christoph, Der Schutz von Urheberwerken gegen Entstellungen unter besonderer Berücksichtigung der Verfilmung, Frankfurt/M. 1995, zugleich Diss. München 1995

WANDTKE, Arthur-Axel/BULLINGER, Winfried, Praxiskommentar zum Urheberrecht, München 2002

WEBER, Peter, Die Pläne der Bundesregierung zu einer gesetzlichen Regelung des Urhebervertragsrechts, ZUM 2001, 311–315

WEICHE, Jens, US-amerikanisches Urhebervertragsrecht, Diss. Potsdam 2001

WEISS, Rainer, »Lektoren in die Fresse!« – Einige Beispiele der Autor-Lektor-Beziehung, in: Das Lektorat: eine Bestandsaufnahme, Beiträge zum Lektorat im literarischen Verlag, herausgegeben von Ute Schneider, Wiesbaden 1997, S. 29–40

WELSER, Marcus von, Neue Eingriffsnormen im internationalen Urhebervertragsrecht, IPRax 2002, 364–366

WENTE, Jürgen K./HÄRLE, Philipp, Rechtsfolgen einer außerordentlichen Vertragsbeendigung auf die Verfügung in einer »Rechtekette« im Filmlizenzgeschäft und ihre Konsequenzen auf die Vertragsgestaltung, GRUR 1997, 96–102

WESTRICK, Ludger/BUBENZER, Piet, Das Urheberrecht in der Insolvenz, in: Festschrift für Paul W. Hertin zum 60. Geburtstag, München 2000, S. 287–333

WILLE, Andreas, Die Verfügung im internationalen Urheberrecht, Diss. Heidelberg 1996

WIMMER, Klaus, Frankfurter Kommentar zur Insolvenzordnung, 3. Auflage, Neuwied, Kriftel 2002

WITTMANN, Reinhard, Geschichte des deutschen Buchhandels, München 1991

WOESTE, Cordula, Immaterialgüterrecht als Kreditsicherheit im deutschen und US-amerikanischen Recht, Osnabrück 2002, zugleich Diss. Kiel 2001

WORZALLA, Michael, Neue Spielregeln bei Betriebsübergang – Die Änderungen des § 613a BGB, NZA 2002, 353–358

Anhang

Anhang 1

M&A Transaktionen im Verlagsbereich mit deutscher Beteiligung (01.08.2000 bis 31.07.2001)

Akquisiteur	Zielunternehmen	Erworbene Anteile in %	Zeitpunkt der Bekanntgabe
20 Minutes Holding AG	Multiprensa Y Mas SL	60,0	Jul 01
Aachener Verlagsgesellschaft mbH	Limburger Weekbladpers-Free Newspapers	100,0	Mrz 01
Apax Partners & Co Ltd	20 Minutes Holding AG	28,0	Nov 00
Attic Futura Verlag GmbH	Sugar and B Magazines	50,0	Mrz 01
Axel Springer Verlag AG	Wilhelm Heyne Verlag	Unveröffentlicht	Dez 00
Axel Springer Verlag AG	Finanzen Verlagsgesellschaft	25,0	Apr 01
Axel Springer Verlag AG	Budapest Lapkiado	100,0	Mai 01
Axel Springer Verlag AG	Zold Ujsag Rt	Unveröffentlicht	Mai 01
Axel Springer Verlag AG	VNU Budapest Lapkiado Rt	Unveröffentlicht	Jun 01
Axel Springer Verlag AG	Vilaggazdasag	Unveröffentlicht	Jun 01
Axel Springer Verlag AG	Automedia	75,0	Jun 01
Bauer Verlagsgruppe	Oficyna Wydawnicza Press Media Sp z oo	100,0	Mai 01
Berlitz International Inc	Atlas Verlag und Werbung GmbH	Unveröffentlicht	Mai 01
Bertelsmann AG	Flaken Verlag GmbH	30,0	Aug 00
Bertelsmann AG	Handy.de	10,0	Okt 00
Bertelsmann AG	Blic	49,0	Nov 00
Bertelsmann AG	Editorial Sudamericana	40,0	Feb 01
Bertelsmann AG	Handy.de	41,0	Mrz 01
Bertelsmann AG	France Loisirs	50,0	Mrz 01
Bertelsmann AG	H + G Immobilien Verlag GmbH	100,0	Apr 01
Bertelsmann AG	Myplay Inc	Unveröffentlicht	Mai 01
Bertelsmann AG	Editions Salabert	Unveröffentlicht	Jun 01
Bertelsmann AG	Transport	100,0	Aug 00
Bertelsmann AG	Schueck und Soehne AG	Unveröffentlicht	Nov 00
Bertelsmann AG	Archipoint	100,0	Feb 01
Bertelsmann AG	Cobosystems	100,0	Feb 01
Bonnier Group	arsEdition GmbH	100,0	Sep 00
Bonnier Group	Thienemann Verlag	100,00	Apr 01

Anhang

Akquisiteur	Zielunternehmen	Erworbene Anteile in %	Zeitpunkt der Bekanntgabe
Burda Holding GmbH & Co KG	Verlagsgruppe Milchstrasse (Internet paper »Tomorrow«)	49,0	Jul 01
Chevrillon Philippe Industrie	Ebner	100,0	Feb 01
CW Niemeyer GmbH & Co KG	Philipp Aug Weinaug Verlag & Neue Medien GmbH	Unveröffentlicht	Nov 01
Deutsche Beteiligungs AG	Metro Zeitschriften Verlags GmbH	49,0	Dez 00
Deutscher Verkehrsverlag – DVV	Transport Echo (Zeitungstitel »De Lloyd«)	75,0	Nov 00
Deutscher Fachverlag GmbH	Verlag Recht und Wirtschaft GmbH	30,0	Nov 00
Deutsche Verlags-Anstalt	Koesel Verlag GmbH & Co KG	100,0	Jun 01
Dino Entertainment AG	VV Vertriebsvereinigung Berliner Zeitungs und Zeitschriften GmbH	Unveröffentlicht	Aug 00
Dino Entertainment AG	Earsandeyes GmbH	20,0	Nov 00
DRW-Verlag Weinbrenner GmbH & Co	G Braun Buchverlag	100,0	Nov 00
Eichborn AG	Pendo Verlag	51,0	Nov 00
Ernst Klett Schulbuchverlag	Athemia AG	51,0	Apr 01
Frankfurter Allgemeine Zeitung	Leadermedia SA	Unveröffentlicht	Dez 00
Haymarket Publishing Group Ltd	Haymarket PR Publications GmbH	50,0	Jan 01
Imako SA	Euroforms GmbH	30,0	Mrz 01
Investor Group	Cash.Medien AG	30,0	Okt 00
Investor Group	Format Werk GmbH & Co KG	100,0	Jul 01
Kressverlag	Xedito	Unveröffentlicht	Mrz 01
Langenscheidt KG	Koenemann Verlagsgesellschaft mbH	51,0	Apr 01
Lichtwer Stiftung	Woman Family Health Magazine	100,0	Apr 01
Mairs Geographischer Verlag	Hallwag Holdiing Food & Drink Book Division	67,0	Apr 01
Mannheimer Morgen Großdruckerei und Verlag GmbH	Schwetzinger Zeitung & Hockenheimer Tageszeitung	100,0	Mai 01
Neue Odersche Verlags & Medien GmbH	Das Magazin	100,0	Jan 01
Nordwest-Zeitung	Alster Radio GmbH & Co KG	Unveröffentlicht	Jun 01
North South Publishing	Attic Futura Verlag GmbH Magazines	100,0	Mrz 01

Anhang 1

Akquisiteur	Zielunternehmen	Erworbene Anteile in %	Zeitpunkt der Bekanntgabe
Presse Druck und Verlags GmbH	VMM Wirtschaftsverlag GmbH	Unveröffentlicht	Apr 01
Private Investor	Net Business GmbH & Co	100,0	Jul 01
Schleswig-Holsteinischer Zeitungsverlag GmbH	KW Verlagsservice GmbH	Unveröffentlicht	Apr 01
Schleswig-Holsteinischer Zeitungsverlag GmbH	Struves Buchdruckerei und Verlag GmbH & Co	100,0	Apr 01
Schleswig-Holsteinischer Zeitungsverlag GmbH	Wochenanzeiger GmbH	100,0	Apr 01
Seat Pagine Gialle SPA	Telegate Holding	Unveröffentlicht	Jan 01
Seat Pagine Gialle SPA	Pan-Adress Direktmarketing	100,0	Jul 01
Süddeutscher Verlag GmbH	Medon Verlag	100,0	Aug 00
Süddeutscher Verlag GmbH	Österreichischer Wirtschaftsverlag GmbH	74,0	Aug 00
Süddeutscher Verlag GmbH	Edition Colibri AG	Unveröffentlicht	Okt 00
Süddeutscher Verlag GmbH	Content Verlag New Media GmbH & Co KG	49,0	Mrz 01
Süddeutscher Verlag GmbH	FID Verlag GmbH – Cable and Satellite Magazine Division	100,0	Apr 01
Süddeutscher Verlag GmbH	Selecta Verlags GmbH – Pharmaceutical Journals Division	100,0	Apr 01
Süddeutscher Verlag GmbH	Weka Group – Magazine Units	51,0	Okt 00
Tomorrow Internet AG	Bellevue Verlag GmbH & Co	100,0	Mrz 01
Verlagsgruppe Georg von Holtzbrinck GmbH	PZV Pädagogischer Zeitschriftenverlag GmbH – Hi Hello Salut	100,0	Mai 01
Video Markt Verlag GmbH & Co KG	MM Musik Media Verlag GmbH	Unveröffentlicht	Aug 00
Vivendi Universal	MediMedia Medizinische Medieninformations GmbH	Unveröffentlicht	Dez 00
Westdeutsche Allgemeine Zeitungs-Verlagsgesellschaft GmbH & Co	Gong-Verlag	75,0	Okt 00
Westdeutsche Allgemeine Zeitungs-Verlagsgesellschaft GmbH & Co	WPS Westdeutsche Post Service GmbH	Unveröffentlicht	Apr 01

Anhang

M&A Transaktionen im Verlagsbereich mit deutscher Beteiligung (01.08.2001 bis 31.07.2002)

Akquisiteur	Zielunternehmen	Erworbene Anteile in %	Zeitpunkt der Bekanntgabe
Ärzte Informations und Verlags GmbH	Dental Magazines (Carl Hanser Verlag GmbH & Co)	100,0	Sep 01
Axel Springer	Propertygate.com AG	71,0	Aug 01
Axel Springer	Zold Jsag Rt	17,0	Nov 01
Axel Springer	Men´s Health France (Rodale Press Inc)	100,0	Jan 02
Axel Springer	Ron Publishing Group (Libedi Sarl)	40,0	Mrz 02
Bauer Verlag	Silver Shark Sp zoo	100,0	Jan 02
Bertelsmann AG	Luchterhand-Verlag	100,0	Okt 01
Buchverlage Langen Mueller Herbig	Book Division (Signum Verlag)	100,0	Okt 01
Deutsch Druck und Verlagsgesellschaft	Öko-Test Verlag GmbH & Co KG	Unveröffentlicht	Aug 01
Deutsche Verlags-Anstalt	Haymon Verlag GmbH	40,0	Aug 01
HNN Helbert News Network AG	Impress Verlag (Internolix AG)	50,0	Apr 02
Holtzbrinck	Heim & Pflege (Verlag Neuer Merkur GmbH)	100,0	Dez 01
Holtzbrinck	American & English Literature Guides (Icon Books Ltd)	100,0	Feb 02
Imako SA	Euroforms GmbH	40,0	Dez 01
Investor Group	GFW-Verlag GmbH	75,0	Jul 02
Ippen Gruppe	Hessische Niedersächsische Allgemeine	Unveröffentlicht	Jan 02
John Wiley & Sons Inc	GIT Verlag GmbH	100,0	Apr 02
Philo Verlags GmbH	Verlag der Kunst G+B Fine Arts GmbH	100,0	Sep 01
Teles AG	SPC Lehrbuchverlag GmbH	75,0	Nov 01
Verlagsgruppe Rhein Main GmbH & Co KG	Franz Träger Druck- und Verlags-GmbH	Unveröffentlicht	Aug 01
Westdeutsche Allgemeine Zeitung	Gong Verlag	25,0	Dez 01
Westdeutsche Allgemeine Zeitung	Politika	49,0	Okt 01
Zürcher Oberland Medien Verlag AG	Kiebitz Verlag & Produktion AG	65,0	Aug 01

Quelle: Arthur Andersen – M&A Trends in the European Publishing Industry 2001 und Ernst&Young – M&A Trends in the European Publishing Industry 2002

Anhang 2

Struktur der Verlagsgruppe von Holtzbrinck GmbH & Co KG (Stand 15.01.2003)

Tochtergesellschaften	
Coron Verlag Monika Schoeller & Co	
Das Bildungshaus GmbH	100% *Tochtergesellschaften* – Advesco Schubi Didactic AG 74,9 % seit 2001 – Verlag Moritz Diesterweg GmbH & Co 100 % seit 1995 – Verlag E. Dorner 100% seit 1995 – education-one GmbH 100 % seit 2001 – LOGO Lern-Spiel-Verlag 100 % seit 1998 – PAETEC Verlag für Bildungsmedien 50 % seit 2000 – Schroedel Verlag GmbH 100 % seit 1981 – Spectra-Lehrmittel-Verlag 100% seit 1998
S. Fischer Verlag GmbH	100 % seit 1965 *Tochtergesellschaften* – Argon Verlag GmbH 100 % seit 1999 – Fischer Taschenbuch Verlag GmbH 100 % seit 1951 – Wolfgang Krüger Verlag GmbH 100 % seit 1970 – Nicolaische Verlagsbuchhandlung Beuermann GmbH 100 % seit 1999
Kiepenheuer & Witsch GmbH & Co KG	85 % seit 2002 (45 % seit 1998) Beteiligung Der Hörverlag GmbH 12,5 % seit 1996
Kindler Verlag GmbH	100 % seit 1979
J.B. Metzler Verlag GmbH	100 % seit 1991 Imprint Hermann Böhlaus Nachfolger Weimar (seit 1998) *Tochtergesellschaft* – GbR Musik Geschichte und Gegenwart 50 % seit 1991

Anhang

Rowohlt Verlag GmbH	100 % seit 1982
	Tochtergesellschaften
	– Rowohlt Berlin Verlag GmbH 100 % seit 1990
	– Rowohlt Taschenbuch Verlag GmbH 100 % seit 1982
	– Imprint
	– Wunderlich Verlag seit 1984
Schaeffer-Poeschel GmbH & Co KG	100 % seit 1996 (bei Verlagsgruppe Handelsblatt)
Spectrum Akademischer Verlag GmbH	100 % seit 1991
Urban & Fischer GmbH & Co KG	100 % seit 1999
	Tochtergesellschaft
	– enmedia GmbH 100 % seit 1999
	– Imprints
	– aescura
	– G.Fischer (Jena)
	– Jungjohann
	– mediscript
Verlagsgruppe Droemer Weltbild	50 % seit 1999
	Tochtergesellschaften
	– Droemersche Verlagsanstalt Th. Knaur Nachf. GmbH & Co KG 100 % seit 1999
	– Pattloch Verlag GmbH & Co KG 100 % seit 1999
	– Scherz Verlag AG 100 % seit 1999
	– Schneekluth Verlag GmbH 75 % seit 1999
	– Weltbild Ratgeber Verlage GmbH & Co KG 100 % seit 1999
	– Imprints
	– Augustus
	– O. W. Barth
	– Battenberg
	– Droemer
	– Droemer Profile
	– Grips
	– KiKa
	– Knaur HC
	– Knaur Taschenbuch
	– Midena
	– Pattloch
	– Scherz HC
	– Scherz Taschenbuch
	– Schneekluth
	– Verlag der Vampire

Quelle: www.aktuell-lexikon.de/buchreport/verlagskompass/vholtzbrinck.html vom 15.01.2003

Anhang 3

Struktur der FAZ-Gruppe (Stand 15.01.2003)

Tochtergesellschaften	
Deutsche Verlags-Anstalt GmbH	100 % seit 1997 Imprint Buchverlag Union BVU Beteiligung dtv Deutscher Taschenbuch Verlag GmbH & Co KG 13,94 %
Engelhorn Verlag GmbH	100 % seit 1956
Julius Hoffmann GmbH	100 % seit 1988
Keysersche Verlagsbuchhandlung GmbH	100 % seit 1984
Klinkhardt & Biermann GmbH	100 % seit 1980
Klöpfer & Meyer GmbH	100 % seit 2000
Koehler & Amelang Verlags GmbH	100 % seit 1991
Kösel-Verlag GmbH & Co KG	100 % seit 2001
Manesse Verlag GmbH	100 % seit 1983
Paracelsus GmbH	100 % seit 1980
F.A.Z. Institut für Markt- und Medieninformation GmbH	100 % seit 1992
Prestel Verlag GmbH & Co KG	60 % seit 1998 Imprints Pegasus-Bibliothek Logo Prestel Jr. Klinkhardt + Biermann (seit 1981)
Xenos Verlag GmbH	100 % seit 1980 / 2002 Imprint Tipp Creativ (seit 2000)

Quelle: www.aktuell-lexikon.de/buchreport/verlagskompass/faz.html vom 15.01.2003

Anhang 4

M&A Transaktionen mit deutscher Beteiligung im Bereich der Film- und Fernsehproduktion (1999)

Akquisiteur	Zielunternehmen	Erworbene Anteile in %	Zeitpunkt der Bekanntgabe
Artemedia AG	FX.Center	100,0	Okt 99
Axel Springer TV International Ltd (Axel Springer Verlag AG)	GRB Entertainment	51,0	Mai 99
Axel Springer Verlag AG	Pro-Film Team GmbH	25,0	Aug 99
Bavaria Entertainment	Monaco Film	100,0	Feb 99
Bavaria Film GmbH	SATEL Fernseh- und Filmproduktions GmbH	74,0	Mrz 99
Brainpool	Mea Culpa	100,0	Jan 99
Cinemedia Film AG	Bavaria Ton	100,0	Jul 99
Cinemedia Film AG	Bavaria On-Air Promotion	100,0	Jul 99
Cinemedia Film AG	Motorvision Film und Fernsehproduktion GmbH	82,0	Jul 99
Cinemedia Film AG	TVF Studios	85,0	Sep 99
Constantin Film Holding GmbH	Olga Film GmbH	Unveröffentlicht	Aug 99
Constantin Film Holding GmbH	Engram Pictures GmbH	51,0	Aug 99
Das Werk Digitale Bildbearbeitungs GmbH	Trixter Films GmbH	70,0	Okt 99
EM.TV & Merchandising AG	Tele München	45,0	Sep 99
EM.TV & Merchandising AG	Igel Spielzeug GmbH	15,0	Sep 99
EM.TV & Merchandising AG	Constantin Film-Holding GmbH	25,0	Jun 99
EM.TV & Merchandising AG	Plus Licens AB	50,0	Okt 99
Intertainment AG	Sightsound.com	26,0	Dez 99
Kinowelt Medien AG	Drela Produktions und Lizenzen GmbH	51,0	Apr 99
Kinowelt Medien AG	Alliance Atlantis Communications Inc.	20,0	Jul 99
Kinowelt Medien AG	Jugendfilm-Verleih GmbH	100,0	Okt 99
Landesbank Hessen - Thüringen	Taunus Film	10,0	Jan 99

Anhang 4

Akquisiteur	Zielunternehmen	Erworbene Anteile in %	Zeitpunkt der Bekanntgabe
Legend Entertainments Inc	ACC Entertainment GmbH&Co Film und Fernsehprodutkions KG	50,0	Dez 99
Mentorn Barraclough Carey Productions	Egoll Films	Unveröffentlicht	Mrz 99
Monarchy/Regency Enterprises	PUMA AG Rudolf Dassler Sport	7,0	Aug 99
Pearson Television (Pearson PLC)	Cologne Sitcom Produktions GmbH&Co KG	Unveröffentlicht	Okt 99
Senator Film AG	Europa Verlag	100,0	Jun 99
Senator Film AG	Mr. Brown Entertainment GmbH	51,0	Jun 99
Senator Film AG	Central Film Vertriebs GmbH	100,0	Nov 99
Splendid Medien AG	Initial Entertainment Group	49,0	Jul 99
TaurusSport (Kirch Media KgaA)	CWL Telesport & Marketing AG	95,0	Aug 99
Team Communication Group Inc	Gemini Filmproduktions GmbH	5,0	Nov 99
UCA Unternehmer Consult AG	Advanced Medien AG	5,0	Jul 99

M&A Transaktionen mit deutscher Beteiligung im Bereich der Film- und Fernsehproduktion (2000)

Akquisiteur	Zielunternehmen	Erworbene Anteile in %	Zeitpunkt der Bekanntgabe
Advanced Medien AG	Europool GmbH	40,0	Jul 00
Advanced Medien AG	Unified Film Organisation	51,0	Mai 00
AvW Invest AG	New Economy Media	20,0	Mai 00
Beuttenmüller Wertpapier	Igel Media AG	40,8	Jul 00
BKN International AG	Arles Animation	100,0	Jun 00
BKN International AG	Design Rights International PLC	100,0	Jul 00
Brainpool TV AG	Gregoire Furrer Productions SA	51,0	Sep 00
Brainpool TV AG	Köln Comedy Festival GmbH	51,0	Mai 00
Brainpool TV AG	Ronin Entertainment AG	20,0	Jun 00
Brainpool TV AG	Westka Kommunikation GmbH	60,0	Sep 00
Cinemedia Film AG	Watch!Entertainment AG	26,0	Jun 00
Constantin Film	Hahn Film AG	25,1	Jan 00
Das Werk	En Efecto SA	100,0	Mai 00
Das Werk	FFP Media GmbH	50,1	Jun 00

211

Anhang

Akquisiteur	Zielunternehmen	Erworbene Anteile in %	Zeitpunkt der Bekanntgabe
Das Werk	Glassworks Post	85,0	Okt 00
Das Werk	Mikros Image Productions Ltd	15,0	Dez 00
Das Werk	Promark Entertainment Group Inc	73,0	Okt 00
Das Werk	Westpark Studios GmbH	25,1	Mrz 00
Dieter Schwartz	Karol Film Produktions GmbH & Co KG	Unveröffentlicht	Mai 00
Digital Advertising AG	Hippo-TV Produktionsservice GmbH	80,0	Aug 00
EM.TV & Merchandising AG	Crown Media Holdings Inc	8,2	Jul 00
EM.TV & Merchandising AG	Dolce Media GmbH	43,2	Mai 00
EM.TV & Merchandising AG	Jim Henson Productions Inc	100,0	Feb 00
EM.TV & Merchandising AG	Networx Media Logistics GmbH	100,0	Feb 00
EM.TV & Merchandising AG	Speed Investment Ltd	100,0	Mrz 00
EM.TV & Merchandising AG	Tabaluga Film und Fernsehproduktion GmbH	100,0	Jan 00
GBK Beteiligungen AG	New Legend Media AG	Unveröffentlicht	Apr 00
Gold-Zack AG	In-Motion AG	14,0	Apr 00
H5B5 Media AG	Burgschmiet Verlag GmbH	50,0	Jun 00
Helkon Media Group AG	Helkon Media AG	18,6	Aug 00
Helkon Media Group AG	Music PL@y GmbH	10,0	Apr 00
Helkon Media Group AG	Newmarket Capital Group	Unveröffentlicht	Jan 00
Helkon Media Group AG	Peppermint Werbung Und Visuelle Kommunikation GmbH	51,0	Apr 00
Helkon Media Group AG	Redbus Film Distribution PLC	51,0	Okt 00
In-Motion AG	J&M Entertainment	100,0	Okt 00
In-Motion AG	Myriad Pictures Inc	76,0	Jul 00
In-Motion AG	Myriad Pictures Inc	24,0	Okt 00
In-Motion AG	SPV Schallplatten Produktion & Vertrieb GmbH	51,0	Dez 00
International Media AG	Boc TV	25,0	Nov 00
Investor Group (Management Helkon Media)	Helkon Media AG	23,3	Aug 00
KG Allgemeine Leasing GmbH	MFP Munich Film Partners	Unveröffentlicht	Mrz 00
Kinowelt Medien AG	B TV Television GmbH & Co KG	10,0	Jun 00
Kinowelt Medien AG	Bioskop Film GmbH & Co Produktions Team KG	100,0	Jan 00

Anhang 4

Akquisiteur	Zielunternehmen	Erworbene Anteile in %	Zeitpunkt der Bekanntgabe
Kinowelt Medien AG	e.Multi Digitale Dienste AG	36,0	Apr 00
Kinowelt Medien AG	Entertainment Concepts LLC	100,0	Mrz 00
Kinowelt Medien AG	Kinopolis	50,1	Mai 00
Kinowelt Medien AG	MCP-Records Produktions & Vertriebs GmbH	100,0	Mrz 00
Kinowelt Medien AG	MedianetCom AG	10,0	Jun 00
Kinowelt Medien AG	Studio Munich Animation GmbH	50,0	Jan 00
Kinowelt Medien AG	Theile Hoyts Kinepolis Gruppe	50,1	Mai 00
Kinowelt Medien AG	Ticktes/S AG	50,0	Mai 00
Kinowelt Medien AG	Trebitsch Produktion Holding GmbH & Co KG	26,0	Apr 00
Kinowelt Medien AG	Village Roadshow Exhibition GmbH	25,0	Sep 00
LHI Leasing und Beteiligungs GmbH	PPC Film Management GmbH	Unveröffentlicht	Mrz 00
Me, Myself & Eye GmbH	Eyeland TV	51,0	Mai 00
Münchener Rückversicherung	Kinowelt Medien AG	4,9	Jan 00
Odeon Film AG	Lunaris Film und Fernsehproduktion Peter Zenk	100,0	Feb 00
Parion-Versicherungsverbund	Katira Media Productions GmbH & Co KG	Unveröffentlicht	Mai 00
Phenomedia AG	Entertainment Channel Network AG	51,0	Sep 00
RTV Family Entertainment AG	Ravensburger AG (Musik und Videoabteilung)	100,0	Dez 00
RTV Family Entertainment AG	Energee Entertainment Pty Ltd	68,0	Feb 00
RTV Family Entertainment AG	Goldbach Productions	51,0	Okt 00
RTV Family Entertainment AG	Off The Fence	100,0	Sep 00
Senator Entertainment AG	CinemaxX AG	25,0	Apr 00
Senator Entertainment AG	X-Filme Creative Pool GmbH	51,0	Okt 00
Senator Entertainment AG	X-Verleih AG-Distribution Activities	100,0	Feb 00
Splendid Medien AG	Polyband Gesellschaft für Bild & Tonträger mbH & Co	100,0	Sep 00
TV-Loonland AG	Familyharbour.de	100,0	Sep 00
TV-Loonland AG	Saerom Entertainment Co Ltd	65,0	Dez 00
TV-Loonland AG	Salsa Distribution SARL	100,0	Sep 00

213

Anhang

Akquisiteur	Zielunternehmen	Erworbene Anteile in %	Zeitpunkt der Bekanntgabe
TV-Loonland AG	Sony Wonder	100,0	Okt 00
TV-Loonland AG	Telemagination Ltd	100,0	Sep 00
Viacom Inc	CIC Video GmbH	Unveröffentlicht	Mrz 00

Quelle: Arthur Andersen – M&A Trends in der Europäischen Unterhaltungsindustrie 2000 und Arthur Andersen – M&A Trends in the European Entertainment Industry 2001